テロと殉教

――「文明の衝突」をこえて

ジル・ケペル
丸岡高弘 訳

産業図書

謝辞

本書が執筆できたのはひとえにパリ政治学院中東・地中海地域講座のアカデミックで例外的な知的環境のおかげである。まず第一にこの研究センターのためにご尽力いただいた方々、資金を提供いただいた実業界・官界の皆様や事務をお世話いただいたイザベル・ド・ヴィエンヌ女史に感謝の意を表させていただきたい。講座所属の修士課程・博士課程の学生諸君との意見交換は多くの仮説を検証するためのこの上ない実験場となり、そのおかげでわたしはたくさんの新しい道をさぐるきっかけをえた。ラミス・アザブ、トマ・エガメール、ステファンヌ・ラクロワ、ハーミド・ナセル、ルルワ・ラシード、クレール・タロンの研究をおおいに活用させていただいたが、博士課程セミナーで定期的に発見や疑問点について意見交換した同僚の方々、講座が主催した講演会やシンポジウムに参加いただいたさまざまな分野の研究者にもわたしは非常におおくのものを負っている。マントンのキャンパスではヨーロッパや近東のさまざまな国からあつまった学部学生がフランス語・英語・アラビア語で一緒に教育をうけている。私はこのキャンパスで教育・研究指導をおこなう機会をえたが、これは複数言語をあやつり、明日のエリートとなるであろう若い世代が自分たちが直面する課題をどんな風に認識しているか、そして問題をどんな風に解決しようとしているかを知るためのまたとない好機となった。

目次

目　次

序章

二〇〇一年九月一一日のテロがおこってまもなく《対テロ戦争》が開始された。ブッシュ大統領とその助言者たちはこれによって世界を《悪》から解放し、世界をつくりなおすのだと主張していた。アル＝カーイダを破壊し、サッダーム・フサイン政権を排除すれば中東に力ずくで民主主義を誕生させることができるだろう。そしてイラクに民主主義が誕生すればイランの神政政治的政権はすぐに崩壊するだろう。さらには、中東地域の既存政権の腐敗と権威主義がジハードの温床になっているのだから、民主主義の出現とともに暴力的なジハードも消滅するだろう。アメリカの善意にみちた指導のもと、三つの啓示宗教の聖地は調和あるグローバリゼーションのプロセスのなかにくみこまれ、アラブ人もイスラーム教徒もイスラエルの存在を容認するだろう。そしてペルシア湾岸の石油が世界の経済に安価にふんだんに供給され、地球全体が「アメリカの新世紀」を祝福するだろう……。ワシントンのシンク・タンクの新保守主義者《ネオコン》たちはこんな輝かしい未来を予言していたのである。

ブッシュ大統領はこうしたプログラムをかかげて二〇〇四年秋に再選をはたした。しかし、こんな単純な考え方では現実に対応できるはずもなかった。だからブッシュの二期目は失意の連続だった。この政策の第一の実験場にえらばれたイラクは混沌とした状況におちいり、アラブ人とクルド人、スンナ派とシーア派が対立して分裂状態になり、宗派間の殺しあい、民族浄化、自爆テロが頻発した。無政府状態はテロ組織にとっては好都合だ。だからアル＝カーイダにつながるジハード主義者たちはこれで生気をとりもどし、イラクの混乱に拍車をかけた。一方、イランでは、ホワイト・ハウスの期待に反してマフムード・アフマディネジャードが大統領にえらばれた。アフマディネジャードも、ブッシュ同様、世界を《悪》から解放することが自分の使命だと信じ、さらにはメシアが到来すると予告さえしていた。大統領となったアフマディネジャードは原爆製造をほのめかして脅しをかけ、イスラエルを地図から消滅させるようよびかけ、アラビア半島の金持ちだが脆弱な隣国をふるえあがらせ、湾岸地域に核の脅威をもたらして石油市場を不安定化させた。テヘランはまたアメリカの失策を最大限に利用してイラクやレバノンのシーア派に影響力を行使した。だから両地域における危機を解決しようにもイランの同意なしには不可能になってしまった。イスラエルはというと、ブッシュの《対テロ戦争》はイスラエルの安全を強化するどころか、正反対の結果をもたらした。イスラエルは二〇〇六年の夏、ヒズブッラー（ヒズボラ）との——実りのない——戦いをおこなわなければならなかった。その戦いの結果、ヒズブッラーとその助言者イランはカイロからジャカルタにいたる世界中のイスラーム民衆からシオニズム、帝国主義、アメリカ、さらには西洋文明一般にたいする抵抗のシンボルとみなされるようになった。パレスチナ問題の深刻化というテーマをメディアは無限に増幅していくのだが、日々、怨嗟と欲求不満がこの問題のまわりに結晶していく。保護者アメリカがイラクに侵攻し、苦もなくサッダームを打倒したように、イスラエルも分離壁と容赦ない鎮圧行動によって第二次インティファーダを制圧し、軍事的には疑問の余地のない勝利をおさめた。が、ジョージ・ブッシュ同様、アリエル・シャロンも、その後継者のエフード・オルメルトも軍事上の勝利を政治的勝利に転換することができなかった。二〇〇五年、イスラエル軍がガザ地区を撤退したときも、そこから利益をえたのはイスラーム主義的ナショナリズム運動ハマースであった。ハマースはイスラエル軍の撤退をジハードの成果と主張し、六ヶ月後におこなわれた立法評議会選挙で勝利をえた。この後、パレスチナの内部対立、ヨルダン西岸とガザ地区の分裂など混迷がつづくが、そのために民衆の困窮は増大し、絶望感がひろがり、一触即発の状況がつくりだされる。アル＝ジャズィーラはそうした状況をさかんに報道し、視聴者の注目の的となる。「こちらパレスチナ！」という報道記者の言葉が有名になる。二〇〇五年秋のフランス郊外蜂起の際にブログでながされたビデオのなかでも、セーヌ＝サン＝ドニの蜂起参加者のひとりがパリ郊外をパレスチナになぞらえ、このスローガンを郊外風のアクセントをまじえながらくりかえしていた。

アメリカの《対テロ戦争》にたいして、イスラーム主義過激派は《殉教作戦》（九・一一テロはその極点だった）を継続し、無限にくりかえして最後の大団円にまでもっていこうとした。ブッシュ同様、かれらも世界から《悪》と罪を消しさろうとしたのだ。ただイスラーム主義者がめざしたのは、戦いのなかでみずから死をとげ、それによってイスラームによる人類征服を実現し、世界中でジハードに抵抗するひとびとを絶滅させることであった。それがかれらにとってイスラームの崇高な（そして幻想的な）運命を実現することに他ならなかった。ワシントンとその同盟軍がイラクを侵略し、占領したために、イラクでもパレスチナの第二次インティファーダをまねた自爆テロが多発している。しかしその犠牲者の大半は「異教徒の」多国籍軍兵士ではなく、イラクのシーア派のひとびとである。スンナ派のテロリストの大部分は外国からやってきたひとたちだったが、かれらはシーア派を主たる標的にしていたのである。アル＝カーイダは殉教をほとんど信仰の対象にまでたかめた。しかしそれはイスラームの敵にたいする勝利をもたらすどころか、イスラーム教徒同士の破滅的な戦争に変化してしまった。ヨーロッパでも殉教をもとめるひとびとが二〇〇五年七月七日のロンドン自爆テロをもたらした。この後も同様のテロが計画されるが、そのほとんどが実行間際で阻止される。この前代未聞の驚愕すべき暴力にくわえて、一連の重大事件がおこる。オランダのモロッコ系イスラーム主義者によるテオ・ファン・ゴッホ殺人事件、デンマークの預言者ムハンマドのカリカチュア事件、フランスの都市郊外の蜂起、イスラームの預言者にかんする教皇発言。こうした一連の事件のためにイギリス式多文化主義の前提がゆるぎ、ヨーロッパにおけるイスラーム教徒の存在のあり方について再検討せざるをえなくなった。しかしアル＝カーイダ指導者の期待に反して、殉教戦略はヨーロッパでも、またその他のどの地域でもイスラーム民衆をふるいたたせ、動員することに成功しなかった。

つまりここには《テロ》と《殉教》というふたつの《大きな物語》が対立しており、それぞれの作者はそれを梃子にして、あたらしい千年紀をむかえたばかりのこの世界を変身させ、コントロールしようとしていたのだ。本書でわたしはこのふたつの《大きな物語》の正体をあきらかにし、分析した上で、その《物語》がふたつとも破綻した原因を検討してみたいとおもう。ジョージ・ブッシュとその新保守主義者《ネオコン》のスタッフたちも、またビン・ラーディン、ザワーヒリー、アル＝カーイダも、民主主義あるいはジハードがかならず勝利すると主張して、双方がプロメテウス的なヴィジョンをかかげていた。しかしこのふたつのヴィジョンのどちらもが、数年もたたないうちにドジな新米魔術師のもたらす悪夢に転じてしまったのである。失敗の原因はなんだったのか、政治的な袋小路から脱出するためにそこからどんな教訓をひきだすべきか、こうしたことを論じてみたい。今、「政治的な」袋小路といったが、中東が、ひいては世界全体がこのふたつの《物語》のために政治的にのみならず、文化的にも、経済的にも、社会的にも行きづまっている。本書でわたしは《対テロ戦争》という《大きな物語》を徹底的に解明し、スンナ派とシーア派の対立を分析し、ジハードと殉教というディスクールを脱構築することをめざしたい。そして、内部に多様なイスラーム系住民をかかえたヨーロッパに回り道をし、ふたつの《大きな物語》以外の選択肢がないかを検討することにしよう。イデオロギーの幻にたいして現実の多様さと厚みを対抗させるためには、まず過熱するメディアが大量にながすイメージから解放されなければならない。

たとえば、二〇〇三年四月九日、バグダードが陥落した後、首都にあったサッダーム・フサインの巨大な彫像の首にケーブルがかけられ、アメリカ軍の戦車にひきずりたおされて破壊されたときの映像である。世界中のテレビ視聴者はこのシーンをみてスターリンやレーニンの巨大彫像の破壊を連想したにちがいない。スターリン像、レーニン像の破壊は共産主義体制の転落を象徴的にしめし、その廃墟のうえに多元主義的な国家が誕生することを予告するものだったが、独裁者から解放されたイラクもおなじような道筋をたどり、そしてそれがひいては中東地域全体の民主化につながる、とワシントンのひとびとは予想していた。つまり《悪の枢軸》にたいする戦いはソビエトという《悪の帝国》への戦いの継続であり、テロやジハードにたいする勝利は共産主義にたいする勝利の延長であるとかんがえられていたのである。しかしこうしたこじつけの連想は中東の現実の頑強さによってすぐさま払拭されてしまった。二〇〇六年一二月三〇日にはサッダーム・フサインその人が絞首刑に処された。かれの処刑は権力をうしなった独裁者の犯罪にたいする模範的な処罰、野蛮さにたいする普遍的正義と法の勝利となるはずだった。しかし処刑はたんなるリンチになってしまった。処刑にたちあった人がその様子を携帯電話のカメラで隠し撮りし、ジハード主義者による欧米人人質の斬首やグアンタナモやアブー・グレイブのアメリカ軍による囚人虐待のビデオをながしていたのとおなじサイトでながされた。戦火に焼かれ、血まみれになったイラクでは一年のあいだに三万四千人ものひとびとが自爆テロの犠牲者になったり、誘拐され残酷な拷問をうけるなど言語に絶する暴力をうけて死んでいった。こうした状況のなかでサッダームの処刑はシーア派とスンナ派の醜悪な報復合戦のひとこまになってしまったのである。戦争の開始からサッダームの絞首刑までのあいだに三千人以上のアメリカ兵が命をうしなった。これは二〇〇一年九月一一日テロでの死者の数をうわまわる。しかも中東はこれまで以上に一触即発の状況になった。イラク戦争は二〇〇四年秋のブッシュ大統領の再選を可能にしたが、そのアメリカにおいてさえ選挙から二年後には戦争は非常に不人気になり、そのために二〇〇六年一一月の中間選挙で共和党は大敗し、上院・下院での過半数をうしなってしまった。ベイカー＝ハミルトンの賢人委員会レポートはイラク占領政策が破局的な結果になっていることをあきらかにし、戦略を根本からみなおすことを勧告したが、勧告は採用されなかった。この報告書にたいして大統領は軍「増派」でこたえた。それによって現場の状況の悪化はどうにかくいとめられたが、それはイラク社会を宗派ごとに地域で分断するという代償をはらってだった。今やシーア派地域とスンナ派地域のあいだには、イスラエルとパレスチナを分断しているのとおなじようなコンクリートのたかい壁がたっている。

　サッダーム・フサイン政権にたいする軍事的勝利にアメリカは有頂天になった。しかしそれから三年すこしでこの勝利は大規模な地震を誘発した。ペルシア湾と聖地エルサレムという二重の緊張地域をかかえる中東を震源としたこの地震の余波はとおくヨーロッパやアメリカにまでおよび、世界全体に影響をあたえた。ベルリンの壁の崩壊がワルシャワ条約機構の国々を民主化したように《対テロ戦争》は「イスラームの家《ダール・アル＝イスラーム》」に欧米式民主主義の勝利をもたらすとかんがえられた。しかしかつての東側陣営と現在の中近東イスラーム諸国のあいだにはひとつ根本的な違いがあった。ソビエトでは党幹部・官僚特権階級は社会基盤から完全に遊離し、共産主義イデオロギーは官僚支配をかくす仮面にすぎなくなっていた。だからモスクワの帝国が崩壊したときには共産主義を信じる者など（ほとんど）誰もいなくなっていた。それにたいしてイスラーム世界ではさまざまな社会の文化がイスラームに準拠し、イスラームが文明のみならず日常生活を豊かにしていた。おおくの、多様な、場合によれば対立的な勢力がイスラームを自分の陣営にとりこみ、その意味と価値にかんしてヘゲモニーを獲得しようとやっきになっていた。ウサーマ・ビン・ラーディンとその一党、サッダーム・フサインとその信奉者、イランやサウディアラビアの指導者、さらには地球全体にちらばった十億をこえるスンナ派やシーア派の一般信者たち、こうしたひとたちみんなが等しく信念をもってイスラームをみずからの信仰の対象としている。ただ、共通の宗教を信仰しながらも、その解釈にはおおきな差異が存在しているのだけれども……。

　《テロ》は神出鬼没の敵である。ブッシュ大統領とその側近たちはそれにたいして容赦ない戦争をしかけ、打破することを決意したのだが、そのためにもかれらはアマルガムを避け、「わるい」イスラーム教徒を「よい」イスラーム教徒から区別して、切りはなそうとした。「テロリスト」というレッテルも特定の人間にはられるだけで、そうした人間だけが排除の対象となるとされた。しかしその境界は政治的には主観的でしかありえない。ワシントンからみれば、テロリストとはまずアル＝カーイダである。しかしそのスペクトルはサッダームやイラン政権、さらにはレバノンのヒズブッラーやパレスチナのハマースにまでひろがっていく。しかし、ヒズブッラーとハマースはおおきな民衆的基盤をもち、選挙にも勝利しているし、国境をこえた広範な支持・共感もえている組織なのである。一方、パキスタンにはビン・ラーディンやとりわけザワーヒリーがたてこもり、そこからテレビやインターネットにジハードの宣言文をおくりつけているのだが、このなんとも不思議なジハード運動の聖域からみれば、九・一一テロの実行犯や何千人もいるその模倣者たちはイスラームのために自分を犠牲にする殉教者の隊列であり、信者共同体の前衛なのである。殉教者たちは信者共同体に自分たちの信仰の証をしめそうとしているのだが、それは同時にかれらを人質にとることでもある。ビン・ラーディンやザワーヒリーにとって《対テロ戦争》はイスラームにたいする究極の十字軍に他ならず、それがかならず失敗すると確信している。かれらはイスラームがこれまでずっと侮辱され、辱められてきたとかんがえる。だからかれらは欧米勢力の抑圧にたいするパレスチナ・ゲリラやイラクの蜂起者のレジスタンスを絶讃し、自分たちがそうしたイスラーム防衛の精兵であると主張する。つまりかれらは各地域でおこなわれている無数のジハードを模範的なみぶりのなかで崇高化し、それに超越的な意味を付与する国際的ジハード戦士なのである。かれらは自己犠牲の観念を極端にまでおしすすめ、信仰共同体《ウンマ》全体を完璧な英雄の自死によって鼓舞して、自分たちの旗印のもとに動員しようとしている。

《テロ》と《殉教》、――これはあたらしい千年紀初頭の今、イスラーム世界の支配権をあらそって対立するふたつの《大きな物語》を象徴的にしめす言葉である。このふたつはどちらもデジタル時代とそのコミュニケーション戦略の申し子だ。《テロ》と《殉教》の物語を最初にながしはじめたのは衛星テレビ放送で、アル＝ジャズィーラのようにそれを専門にするテレビ局もあった。それからインターネットがその後をつぎ、ジハードの武勲や《対テロ戦争》の偉業をさまざまな言語でかたるサイトが無数に増加して物語を展開する。アイマン・ザワーヒリーの声明、人質の尋問や斬首、一斉検挙と爆撃、サッダームのリンチのような死刑、グアンタナモでの拘留者にたいする虐待、アブー・グレイブの囚人を裸にして山積みにしたポルノまがいの光景——こうした映像はイデオロギーをおしえこむためにも有効だが、テレビ視聴者やネットサーファーの不健康な覗き見趣味にもこたえるものである。そこでは伝統的な語彙とポストモダンな文法がからみあい、批判精神や歴史的視点、社会的コンテクストへの配慮などは忘れさられてしまう。

　冷戦時代には各陣営は自分の宣伝機関や国境を中央で管理し、核抑止と恐怖の均衡を中心にしたおなじような記号体系を利用していた。紛争は限定的で、朝鮮半島やベトナム、アフガニスタンなどで局地的《メトニミー》におこなわれるだけだった。それにたいして《テロ》と《殉教》は大量の熱い戦争をもたらす。この戦争は非対称的で不均衡さが特徴である。ネットのサイトは《テロ》と《殉教》のヴァーチャルな前線である。それは戦場や現実のテロ事件のメタファーであり、またその共鳴増幅装置でもある。しかも冷戦とことなり、ここには危機回避装置が存在しない。ジョージ・ブッシュとウサーマ・ビン・ラーディンのあいだのみならず、ホワイトハウスとテヘランのあいだにもホットラインは存在しないのだ。

　しかし、民衆を動員するための終末論的あるいは救世主思想的呪文の背後には十分に計算しつくされた利害関係が隠れている。《対テロ戦争》という《大きな物語》のマニ教的レトリックや《悪の枢軸》政権の廃墟のうえに民主主義を開花させるという野心の背後には一九四五年以来かわらぬアメリカの中東政策の目標がみいだされる。そうした意味で九・一一とその後の一連の事件はアメリカにとって千載一遇の好機だった。つまりアメリカはイラクに無敵艦隊をおくることによって、イスラエル国家の安全とペルシア湾の石油の供給を同時に確保するというおおきな難問をもう一度解決しようとしたのである。サッダーム・フサインを排除するために大量破壊兵器の存在とかアル＝カーイダとの共犯関係があげられたが、そうした嘘の口実など本当はどうでもよかった。目的が手段を正当化してくれる。そしてその目的とはこうだ。イラクを石油輸出国機構から脱退させ、その石油をコントロールすること、反イスラエルのアラブ統一戦線を打破すること、そしてバグダードにシーア派とクルド人の連合政権を樹立させ、九・一一の一九人のテロリストの内一七人が国内で成長することを放置したスンナ派の石油君主諸国に悔悛の情を表明させること、そして最後にイラクを民主主義のモデルにして、それによってイランの体制の変化をいそがせること。しかし五年もたたないうちに現実の試練に直面してこんな幻想はすべてふきとんでしまった。

おなじように、《殉教》という《大きな物語》も、イスラーム大衆がアル＝カーイダの活動家と一体感をもつようになれば、欧米と結託した「背教者」政権にたいする蜂起がおこり、世界的なイスラーム国家の到来をはやめることができると期待した。しかしこのイデオロギーもイスラーム世界内部の現実という試練に直面し、それに対抗する力をもたなかった。ジハード主義者があたえた衝撃も他の政治的・宗教的アクターに利用される結果になってしまった。スンナ派ではムスリム同胞団とそれにちかい人物たち（たとえばアル＝ジャズィーラの宗教番組のスーパースター、ユースフ・カラダーウィー師）が早々にそれを横どりする。かれらは九・一一テロを断罪したが、イスラエルでの「自爆テロ」には喝采をおくり、イラクについても一時的にではあるが同様の態度をとる。かれらは、皮肉きわまりないことであるが、ワシントンがのぞんだ民主化を利用して選挙で候補者をたて、サッダーム政権崩壊後の反米感情の高揚が追い風となってエジプトやパレスチナ、バハレーン、サウディアラビア、トルコなどで（それぞれの政権が許容する範囲内で）得票率を飛躍的にのばす。これはザワーヒリーには痛手だった。かれはジハードの殉教者がながした血を選挙に利用するひとびとをイスラームを騙る裏切り者と口をきわめて批判する。もっと腹立たしいことに、急進的スンナ派の活動家が毛嫌いするシーア派のマフムード・アフマディネジャードがこの《大きな物語》を利用して、中東におけるイランの覇権確立や核兵器保有という野心を実現しようとする。しかしイランにとって、これは単なる本家帰りにすぎない。というのもイスラーム共和国（イラン）は一九八〇年代、イラン＝イラク戦争でたくさんの青年をイラクの地雷敷設地帯におくりこみ、自爆させることによって近代的な自爆テロを「発明した」のだから。これをレバノンのヒズブッラーがまねて、「殉教者」たちが爆弾をしかけた車を運転して自爆し、レバノンに駐留したアメリカ、フランス、イスラエルの兵士を何百人も殺す。ハマースやアル＝カーイダはこのシーア派起源のテクニックをスンナ派の世界に定着させただけなのだ。

情報機関はことあるごとにある強迫観念をくりかえす。《テロ》と《殉教》の弁証法の極致のようなこの妄想はつぎのような想像をする。旧ソ連の兵器廠からプルトニウム爆弾がぬすまれ、バーミンガムかカラーチーのジハード主義者が欧米や中近東の大都市で自爆核テロをおこしてそれを爆発させる。この黙示録的な予想が完全に荒唐無稽であるとは断言できないが、社会科学はどんな条件ならこの危険を最小限にできるか理解する手助けにはなる。言いかえると、どんな風に社会関係の現実をつくりあげていけばひとびとのあいだに連帯感がうまれ、《テロ》と《殉教》というふたつの《大きな物語》がつくりだす対立の論理をのりこえることができるか、という点を考究することが重要なのである。このふたつの《物語》は一見対立しているように見えるが実際は一体のものである。今日、ヨーロッパではイスラーム系住民が定住し、根づいている。本書でわたしはヨーロッパのそうした現状を考慮にいれ、ヨーロッパが《テロ》と《殉教》のイデオロギーをのりこえ、イスラーム系住民との関係をとおしてどんな風にあたらしい社会関係の厚みを構築していくことができるのか、という問題をさぐろうとおもう。ヨーロッパという古い大陸は《対テロ戦争》の人質となり、「自爆テロ」の標的となっている。しかしそれはまた今日のグローバル化された世界におけるひとつの偉大なる地域の中心でもあるのだ。北海からペルシア湾岸にいたる地域は一五世紀以上の古い歴史をもった文化的遺産を共有する一大文明地域である。《対テロ戦争》はあきらかに二〇〇一年九月以来の深刻化する危機を克服することに失敗したのだが、ヨーロッパはその隣人たる中近東地域とともに、危機を克服し平和と繁栄をもたらすことができるのだろうか。殉教の叙事詩を時代おくれなものにすることはできるのだろうか。この地域は全体としてアメリカやアジアと対等の経済力を有している。あたらしい世界がうみだされつつあるこの地域において、どうすれば地中海両岸から発した文明が創造的活力を再発見し、テロと殉教という死をみちびくイデオロギーをのりこえることができるか、——本書の結論でわれわれはそうした問題を論じることになるだろう。

二〇〇八年一月、マリア・セレナとリアード・マダニーにて

第一章 《対テロ戦争》からイラクでの大失策まで

二〇〇一年九月一一日のニューヨークとワシントンにおける大惨事直後、アメリカ指導層はひとつの《大きな物語》を構築し、それが二期にわたるジョージ・W・ブッシュ大統領の外交政策の主要な軸を決定することになる。この《大きな物語》の基礎になっているのは倫理と道徳と法であるとされた。かれらはそれを「テロにたいする世界的戦い《グローバル・ウォー・オン・テラー》」（一般的に「対テロ戦争」とよばれる）と名づけた。「テロリスト」がこの物語の中心人物で、これは完全な「悪役」、決定的に道徳的断罪をうけた悪者である。そしてそうした判断をだれもが共有しなければならないとされた。かれらの悪事の最初の犠牲者となったアメリカ市民や住民は言うにおよばず、ヨーロッパの住民も、イスラーム世界その他の地球上のすべての良心的な人間も。世界的なジハードの信奉者たちはテロリストを新時代建設のシンボルとして肯定的なイメージをつくりあげ、イスラーム民衆がその姿に鼓舞されて、かれらと一体感をかんじるようにしたいとおもっているのだが、しかしアメリカの指導層によれば、かれらは殉教者という倫理的な仮面をかぶっているにすぎず、その背後にはおぞましい素顔がかくされている。テロリストは唾棄すべき人間にすぎず、その狂信的イデオロギーは憎悪と死と荒廃をもたらすばかりである。罪なき民間人の殺戮がその最たるものである。テロリストの暗黒の姿に対抗して文明の広大な連合が形成されるべきである。その先頭にたつのはアメリカと、ブッシュ大統領をささえる新保守主義者《ネオコン》のチームである。テロリストの仮面をはぎとって、「殉教作戦」が卑劣な「自爆テロ」にすぎないことをあきらかにすれば、イスラーム民衆をテロ実行犯からひきはなすこともできるだろう。「殉教作戦」は宗教的な掟を口実にして実行されているのだが、真相をあきらかにすればその逸脱は白日のもとにさらされるだろう。

　しかしこのアメリカ製の《大きな物語》にはたくさんの問題点がある。「テロリスト」という言葉は絶対的な道徳的断罪というニュアンスをふくんでいる。だから、この言葉を発する者はみずからが奉じる崇高な大義への支持を獲得するために、正義と公正さを身にまとい、テロによっておびやかされた文明の最高の美徳を体現しなければならない。さらに、テロリストとは誰かという問題も答えが容易ではない。九・一一の一九人のカミカゼやその黒幕はさておくとして、イスラエルの街角で爆弾を爆発させるパレスチナ人はどこに分類すべきなのだろう。アメリカやイスラエルではかれらをテロリストと批判し、テル・アヴィヴの自爆テロとニューヨークのそれを同一視する人がいるのだが、その一方で、両者を区別し、後者は断罪するが、前者には賛同する人もおおい。アラブ人やイスラーム教徒、アル＝ジャズィーラ放送の視聴者さらには第三世界主義者や反帝国主義者たちは、たくさんのひとを道連れに自爆するパレスチナ人を、〈我が身を犠牲にして殉教者となりアッラーのもとに行くジハード戦士〉とまでは言わないにしても、イスラエル占領軍にたいするレジスタントとかんがえる。かれらにとって、むしろイスラエルの方がテロリストとして非難されるべきなのである。テロリズムをどんな風に定義するかという問題は《対テロ戦争》の意味をさだめ、方向を決めるための論争の焦点にもなる。その結果、アメリカを中心に結集した同盟の内部で深刻な見解の相違が発生する。アメリカは当初は幅広い同盟関係を構築できたのだが、二〇〇三年春、イラク戦争が勃発し戦況がながびくにつれてそれは縮小していくことになる。

　要するにアメリカの指導者たちはテロリストが体現する《悪》を前にして過激な診断をくだし、対症療法に満足せず、病原を特定して、それを根絶するための治療法を処方したのである。テロリズムの温床になっているのはアラブ・イスラーム世界の権威主義的な政治体制であり、そこでは複数政党制も表現の自由もないから政権批判勢力や反体制派にとって暴力にうったえかける以外に選択肢がない。だからそうした政権を打倒し、変身させれば、複数政党制の政治システムがうまれてくるだろう。こうして一九八〇年から一九九〇年の民主化の波にまきこまれなかった中東世界もアメリカ主導で、その博愛的な保護のもと進行している美徳あふれるグローバリゼーションの列にくわわっていくだろう――かれらはこうかんがえたのである。

こうした大規模な治療法は外科手術なしではすまない。だから「正義の戦争」というメスをふるわなければならない。最初の軍事行動ではアル＝カーイダとこのテロ組織にアフガニスタンを根拠地として提供したターリバーン政権がねらわれた。そして第二の作戦では大量破壊兵器を所有しているとされたイラクのサッダーム・フサイン独裁政権が打倒された。フサイン政権の廃墟のうえに模範的民主主義を樹立するためであった。そうすれば周辺国の権力エリートがつぎつぎと打破されて、中東地域に民主主義が波及していくとかんがえられたのである。ドミノ理論である。その結果、イランをはじめとするアメリカの敵もたおれていくだろうし、さらには九・一一実行犯の出身国となったために疑惑をもたれるようになった同盟国（その筆頭にサウディアラビアやエジプトがあげられる）にもその影響は波及していくだろう。

こうして《対テロ戦争》理論とともにテロと民主主義にかんして積極介入主義的な世界観をともなった《大きな物語》が構築される。これは殉教とジハードについてイスラーム主義者たちが構築した《大きな物語》と完全に対照的な形で構成されている。このふたつのディスクールのそれぞれは固有なイデオロギーをもっているが、両者はその実践形態や設定目標がおどろくほど類似している。ジハードは神の命令にもとづき、殉教がその最高の形態とかんがえられている。それに参加する戦士や支持者にとってジハードはなにより神聖な正義の戦争であり、その目的は悪（イスラエルや親欧米的なアラブ・イスラーム指導者）を根絶し、中東世界を再編成し、そこにイスラーム国家を樹立することである。そこには欧米世界が衰退し、イスラームが最終的な勝利をおさめるというメシア思想的考え方がある。「祝福されるべき九・一一の二重テロ」はその予兆とかんがえられているのである。

一方、テロと民主主義という《大きな物語》は、一番純粋な形では、新保守主義に属するさまざまなシンクタンクや雑誌によってつくりあげられたものである。新保守主義者《ネオコン》はジョージ・W・ブッシュ大統領の最初の任期の際、アメリカ指導層のなかできわめておおきな影響力をもっていた。だからその理論は一貫性のある形で、システマティックに実行された。しかしその戦略の展開はイラクの泥沼のなかで現実の試練にぶつかり、いきづまってしまった。この《大きな物語》にはふたつの局面がある。アフガニスタンでの軍事行動とアル゠カーイダ指導者捜索が核となる第一の局面は二〇〇一年秋から二〇〇三年春のイラク侵攻準備の時期までである。この第一の局面においてアメリカはターリバーン攻撃で軍事的成功をおさめる。しかし、根拠地が破壊されたにもかかわらずアル゠カーイダは抵抗をつづけ、さらには勢力回復をはたす。またグアンタナモ収容キャンプがひらかれ、論争の的になったし、パレスチナでもインティファーダが再開されている。これらの出来事は後年、状況が悪化するその予兆と言うことができる。第二の局面はイラク侵攻とサッダーム・フサイン政権転覆とともにはじまるが、テロと民主主義の《大きな物語》の論理でいけば、これによって模範的民主主義国家が誕生し、テロリズムの敗北が決定的になるはずであった。しかし最初の軍事的成功の後、アメリカは意外な蜂起に直面する。それを鎮圧しようとするのだが、コントロールがゆきとどいていなかったためにアブー・グレイブ刑務所に拘留されていたイラク人虐待スキャンダルがおこった。そのためにアラブ世界の世論が反発し、被害をうけた囚人たちは欧米によるイスラーム抑圧の犠牲者の象徴となる。それはイスラーム主義者の殉教思想の論理を強化し、民主主義を誕生させるためと称する《対テロ戦争》戦略の倫理的基盤をつきくずした。その後も、アメリカ軍支配下のイラクで暴力と混乱がつづき、スンナ派とシーア派の対立が激化して、《対テロ戦争》が予定していた政治的プランは実現不可能になった。中東でもこの《大きな物語》には魅力があると信じていた人もいたが、そうしたひとびとは途方にくれてしまった。またイランで急進派が勢力をのばし、核の脅しをかけて国際社会に挑戦する。一方、カルザイ大統領のアフガニスタンも孤立無援状態におちいり、世界のもうひとつの混乱要因となる。こうして世界の状況はワシントンで新保守主義者《ネオコン》が夢みていた「あたらしいアメリカの世紀」の夢とはほどとおいものとなってしまう。

アフガニスタンの不吉な前兆

《対テロ戦争》の第一の局面では欧米諸国のあいだに幅広いコンセンサスがあったし、またある程度まではイスラーム世界の支持をえることにも成功していた。アメリカにテロ攻撃をしかけた実行犯、共犯者、黒幕を排除するという点で異論はすくなかった。一方、ビン・ラーディンは一九八〇年代のソ連赤軍とおなじようにアフガニスタンの多国籍連合軍を罠にかけられると期待していた。また中東のイスラーム主義やナショナリズムの反政府的政党・新聞は欧米勢力に侵略された殉教国アフガニスタンとの連帯をよびかけていた。しかしそれも虚しく、ターリバーン政権は簡単に崩壊し、そしてそれを残念におもう人はおおくはなかった。ターリバーン政権はセクト的な性格のために世界のイスラーム教徒の大半から見放されていたからである。「北部同盟」に結集したアフガニスタン人たちが地上攻撃の先兵となってカーブル政権の交代を実現した。北部同盟は欧米諸国から兵器と資金をうけとり、アメリカ空軍の軍事行動に支援されていたのだが、かれらもターリバーンとおなじイスラーム教徒であった。だから、ムッラー・ウマルの支持者もアラブ・イスラーム世界の世論にターリバーンへの攻撃が異教徒によるイスラームの地への侵入であると信じさせることはできなかった。一九八〇年代のソ連軍侵入にたいしておこなわれたのとおなじような国際的な「防衛のためのジハード」が開始されなかったのはそのためである。「防衛のためのジハード」を説いたウラマーはほんの少数だったし、それも一番過激なイスラーム主義者グループに属していて、民衆にうったえかける力をもたないひとたちだった。たとえば、サウディアラビアのイマーム、ハムード・シュアイビー(1)がそうである。かれは九・一一テロに法的承認をあたえた例外的なウラマーのひとりだったが、かれの名前を知っているのはジハード主義者のグループだけであった。国連安保理の承認をえておこなわれたアフガニスタンでの軍事行動はアメリカ軍の他におおくの国の軍を動員しておこなわれた。しかしその目的の遂行には限界があった。アル＝カーイダの指導者の大部分はパキスタン領内の部族支配地域に逃れてしまったので、アル＝カーイダを完全に殲滅することができなかったのである。この中途半端な結果のために数年後、重大な影響がでることになる。国際的な次元では、ビン・ラーディンやザワーヒリーのようなもっともカリスマ性をもった人物が残像のようにスクリーンにあらわれつづけ、世界的なジハード主義者のネットワークがまだ降参していないばかりか、変身をとげて鎮圧と追跡に抵抗しつづけていることをみせつけていた。また地域レベルでは、アメリカ軍の攻撃を逃れたターリバーン（大部分がパシュトゥーン人だった）がアフガニスタンとパキスタンの国境をまたぐ地域に住んでいるパシュトゥーン人諸部族のなかに逃げこみ、地元部族とアル＝カーイダの輪郭のはっきりしない戦闘部隊とのあいだに連携が成立して、二〇〇五年からアフガニスタンに駐留する外国軍にたいするあたらしいジハードの戦線がひらかれることになった。アフガニスタンには出身国が三七カ国におよぶ三万人の兵士が、国連の委任をうけて国際治安支援部隊（ＩＳＡＦ）としてＮＡＴＯ軍の指揮下で治安維持活動をおこなっていた。この多国籍軍にたいするアフガニスタン第二のジハードは自爆テロ戦術に汚染されることになる。自爆テロ戦術というのは一九八〇年代のソ連赤軍にたいする戦争では存在しなかったものだが、二〇〇五年には二五件、二〇〇六年には一三六件に急増する(2)。これに外国人（欧米人のみならずアジア人も）の誘拐がくわわる。二〇〇七年初頭にはイタリア人ジャーナリストと二人のフランス人人道支援ヴォランティアが、ついで韓国の福音教会組織のメンバーが誘拐される。事件がおこるたびにいつもおなじ脅迫と虐殺のシーンがくりかえされ、メディアがそれを放映し、イラクのひとびともそれを目にすることになる。

グアンタナモの原罪

こうして状況は悪化していくが、それに追いうちをかけるようにひとつの不名誉な事件がおこる。それはこの戦争が道徳と法の名のもとに遂行されているという宣伝文句を台無しにしてしまうものだった。事件はアメリカ軍による捕虜収容とその待遇に関連しておこった。九・一一テロ以後、ジハード主義者グループの組織や意図が曖昧模糊としていたために、敵を特定し、秘密の計画をかぎつけ、攻撃を事前にふせぐための情報収集が最重要課題となっていた。二〇〇一年一一月一三日、「対テロ戦争における一部外国人の拘留・待遇・裁判にかんする軍事命令」が合衆国大統領によって発布された。これは世界のどこであれ、アメリカ当局によってとらえられ、なんらかの形でアル＝カーイダと関係があり、ビン・ラーディンとその一派逮捕のための有益な情報を所有しているとかんがえられた人間のとりあつかいをさだめたものであった。それによればかれらは国防省がさだめる場所に拘留され、場合に応じて軍法会議で裁判をうける。こうして二〇〇二年一月一〇日、キューバのアメリカ海軍基地にあるグアンタナモ収容所が最初の囚人のうけいれをはじめ、総計で七五九名の人間がこの収容所に拘禁されたと推定されている(3)。しかしグアンタナモは《対テロ戦争》という《大きな物語》の中心的なシンボルのひとつであると同時に、その基礎を動揺させる重大な論争の第一の要因ともなった。実際、この問題をめぐってアメリカ社会の内部からも、そして外からも異議の声があがった。イスラーム諸国は言うまでもなく、とりわけイギリスもふくめヨーロッパの同盟国から。批判はまず収容所がアメリカ国外にあるためにアメリカの裁判所の管轄外にあるという点に集中したが、また拘留者が「不法戦闘員」として告訴もされず裁判をうけることもなく拘留されつづけているという点も問題にされた。

グアンタナモはなによりアメリカがあたらしい敵にたいして旧来の方法でたたかうことに困難をおぼえているという事実をあきらかにした。なにしろこの敵はいかなる国際的な取り決めにも拘束されないからである。二〇〇六年三月、国務長官コンドリーザ・ライスの特別顧問フィリップ・ゼリコウがアメリカ弁護士協会会員の前で「黄昏の戦争における司法政策」とかれ自身がよぶものについて講演をおこなった。二〇〇一年九月一一日以前、テロにたいする戦いは伝統的な刑事司法に依拠して実行することができた。もちろんアル＝カーイダのものとおもわれる基地に巡航ミサイルが発射されたこともあった。しかし九・一一テロで何千人もの死者がで、何十億ドルもの損害をこうむった後では、準拠するべきものが完全に変化した。合衆国はいまや戦争以上の戦争、暴力的イスラーム主義過激派にたいする世界的戦闘に参加しているのだ。こうした挑戦にたいして、伝統的な刑事司法の装置では不十分なことがあきらかになった。この戦いに勝つためにはまず敵の戦闘員に的をしぼり、その正体をあきらかにしなければならない。というのもかれらは通常の軍服をきて隊列をくむ戦闘員とはことなり、身元をかくしているからである。だからかれらの仲間をつかまえたら、拘留して尋問できるようにしなければならない。そのためには、超法規的に捕虜を移送し、アメリカや同盟国のコントロール下で正常な司法手続きなしに尋問できる場所に移動させなければならない。つまり《対テロ戦争》は法的なパラダイムをこのように改変してしまったのである。そして、この論理をつきつめていけば、この改変はグアンタナモを正当化することになる(4)。

この収容所はかつてハイチやキューバから逃げてきたボートピープルを収容するのにつかわれていたが、二〇〇一年秋からはじまったターリバーン攻撃で捕獲した何千人もの捕虜をもてあましていたアメリカ軍当局はこれに目をつけ、現地で簡単な尋問と選別をした後、アル＝カーイダと関連がありそうな人物をグアンタナモにおくり、九・一一テロでアメリカを攻撃したテロリスト・グループの実態を反映する標本グループを構成した。これによって組織が曖昧模糊としているネットワークのメンバー（とおもわれるひとびと）を「固定化」し、かれらを拘禁して、情報をひきだし、最終的にかれらを罰することができるとかんがえられた。グアンタナモに拘留されたのは最初はアフガニスタンの戦場でとらえた容疑者たちだが、やがて世界中のさまざまな国で、しばしばあやふやな嫌疑だけで、ひそかに逮捕されたり誘拐されたひとびともここにおくられるようになった。（これは後にはげしい抗議をよびおこすことになる。）こんなふうにグアンタナモを利用することをかんがえたひとびとはなによりテロにたいして目に見える姿・顔をあたえたいと願ったのだ。かれらはテロにたいして宣戦を布告したのだが、しかしそのテロの当事者の大部分は逮捕されないままであった。アル＝カーイダが実行するテロ行為の具体的側面にはふたつの要素がある。テロ行為そのものと、その後でおこなわれる犯行声明やプロパガンダのためのメッセージである。しかしテロの実行犯は「殉教作戦行動」の場合にはみずからを破壊して消えてしまい、したがって逮捕されることはけっしてない。一方、犯行声明やプロパガンダ・メッセージはインターネットやテレビのヴァーチャルな空間でながされるだけである。こんなふうに実行犯がみずから姿を消す自爆テロとデジタル媒体の映像があるばかりで、テロリストを具体的に体現する生身の人間にアクセスする手だてがいっさい存在しない。だからグアンタナモの囚人たちは国際的テロリズムを象徴する役割をもっていたのである。かれらはアメリカが入手し、拘留することができたテロの唯一の標本であり、待望されるテロにたいする勝利の序曲・予告であった。拘束され、手錠をかけられ、オレンジ色の蛍光色の服を着せられた囚人たちのピントのぼけた写真が雑誌に掲載され、手ぶれのした映像が世界中のテレビニュースで放映される。その姿はテロ鎮圧が効果的におこなわれていることを実証するものとかんがえられた。アル＝カーイダは自爆テロの映像によってテレビやネットをつうじた世界的ジハードのショーでヘゲモニーをにぎったのだが、グアンタナモの囚人の姿はそうしたアル＝カーイダの自己満足的な映像を粉砕する「テロ封じ込め神話」を具体化するものであった。

しかし《対テロ戦争》という概念がグアンタナモの囚人の拘留とむすびつけられることは重大な問題を発生さ

せた。グアンタナモの囚人は犯罪者とされながら、公正に判決をくだす裁判所で裁判をうけることもできず、戦争捕虜としてとらえられながら国際協定によって戦争捕虜に保証された待遇をうけることもない。こうした状況はアメリカ最高裁判所が判決で指摘した司法上のアポリアを発生させるだけではなく、アメリカ指導部がかたるテロリズムをめぐる《大きな物語》の道徳的胡散臭さと政治的限界を露呈する結果となる。

グアンタナモ収容所がひらかれたのとおなじ時期にブッシュ大統領は「悪の枢軸」を批判した演説をおこなっている。二〇〇二年一月二九日におこなわれたあの有名な一般教書演説だが、かれはそこでつぎのように述べている。「カーブルのアメリカ大使館にはふたたびアメリカ国旗がひるがえっている。かつてアフガニスタンを占拠していたテロリストたちは今ではグアンタナモの独房にとじこめられている。部下に自分の命を犠牲にしろと命じたテロの指導者たちは今では自分の命を救うために逃げまわっている。」さらにブッシュは《対テロ戦争》はターリバーン殲滅でおわるわけではなく、さらにふたつの目標をもっていると述べた。ひとつは地球上のあらゆる場所で何万人もいるテロリスト（ハマースやヒズブッラーがその例としてあげられた）とたたかい、その訓練基地を消滅させ、地下組織を破壊することであり、第二はテロを支援している政権がアメリカの友好国や同盟国をおびやかすのを妨げることである。とくに名指しされたのは北朝鮮、イラン、イラクだが、これらの国は《悪の枢軸》とされ、大量破壊兵器を使用しようとしているとか、それをテロリストにわたす可能性があるという批判がなされていた。後からかんがえてみると、この演説は《テロリズム》という《大きな物語》の最初の荘厳なる語りであり、この物語の全体的な展望はすでにそこに明示されていた。すなわち、アル＝カーイダにたいする戦いはハマースとヒズブッラー（イスラエルのふたつの不倶戴天の敵）にたいする戦いにつながり、そして第二の目標、《悪の枢軸》との戦いへ帰着する。二〇〇三年三月のイラク侵攻・占領の論理がそこに予告されていたのである。

この演説のレトリックはことなる領域に属する三つの要素を一つの論証のなかに渾然一体とさせているところ

にある。つまり意図的に、犯罪行為（テロ）と政治的行為（イスラエルやパレスチナにおいてハマースが、レバノンにおいてヒズブッラーが実践しているもの）、そして国家の戦略（北朝鮮、イラン、イラク）を《悪》という単一のカテゴリーのなかにまぜあわせているのである。「枢軸」という概念がこの三つのことなったレベルでの糾弾に関連性をつくりだす役割をはたしている。こうした混同によって、テロのみならず、政治的運動も国家も犯罪者あつかいされ、その行動の正当性が全面的に否定される。しかし政治運動や国家にたいする戦いは厳密に刑事司法的な領域にとどまることはできない。それに決着をつけるのは裁判所ではなく、イデオロギー的・政治的闘争であり、そして最後は軍事的対立なのである。逆に、国家や武装政治組織（ハマースやヒズブッラーのような）にたいして「戦争」をしかけることはできるが、犯罪人を捜索したり、罰したりするためには戦争は無意味である。実際、ブッシュ大統領の演説のねらいは別の所にあった。つまり九・一一テロのショックを利用してアメリカの敵をすべて裁判もなしに犯罪者化し、それによって正義と法の名のもとに中東の勢力地図を完全にぬりかえることをめざすアメリカの新保守《ネオコン》主義的政策にたいして世界の支持をあつめようとしたのである。

この知的構築物の基礎にあるのは個別的利益（アメリカの利益）の擁護であったが、演説はそれを世界中が希求するもの、地球にとっての最高善であるかのように巧みにみせかけていた。「テロにたいする全面戦争」という表現そのものにふくまれている撞着語法がこの演説の巧妙さである。テロやそれに付随するものに対処するのは警察や司法の仕事であり、あいまいさのない普遍概念の名においてとりあつかわれなければならない。それにたいして戦争はテロ行為そのものではなく、国家（場合によれば特定の政治運動集団）にたいしておこなわれる。他の国にたいして戦争をするかどうかを決定するのは国家の個別的決定なのである。つまりイラクを攻撃し、イランの政権を転覆させ、北朝鮮を無力化したいと願うのはアメリカという一国家の判断なのである。

グアンタナモは大統領演説の冒頭から言及されているのだが、こうしたレトリックの構造のなかでグアンタナモへの言及はおおきな象徴的意味をもつ。それはアメリカ政府の決意の強さをしめすと同時に目に見える形での最初の成果の誇示でもある。アル＝カーイダの同調者・活動家という嫌疑をかけられたひとびとを捕獲し拘留すること、それはテロと《悪》の最終的根絶の第一歩なのだ。このブッシュ演説の三年後、国防長官ドナルド・ラムズフェルドは依然としてグアンタナモの拘留者たちをこう表現している。「かれらは戦場で捕虜になったひとびとであったり、テロ実行犯あるいはその養成者、募集係、爆弾製造者、テロ資金出資者、（ビン・ラーディンの）護衛、自爆テロの潜在的実行犯であり、そしておそらくは九・一一テロの二〇番目のハイジャック犯である(5)。」しかし実際には捕虜集団は雑多なひとびとの集合で、最終的にビン・ラーディンやその一派との関係がきわめて希薄でしかないことが判明したケースもおおい。そもそも裁判がされていないわけだから、かれらが有罪かどうかはつねに議論の的となった(6)。国防省がおこなった調査ではかれらのうちの大部分がアル＝カーイダやその他のテロ集団の指導層に属しているとされる。しかし拘留者の弁護士がおこなった調査では別の結果がでている。元アフガニスタン駐在ＣＩＡの責任者マイケル・ショイアーはアノニマスというペンネームで二冊の本を書いており、それはテロ問題にかんする重要参考文献になっているが、このショイアーによれば、情報収集のために価値があるのは拘留者の一〇パーセント程度だけで、その他の大部分はパキスタン当局やアフガニスタンの軍閥がアメリカに「売った」小者にすぎない(7)。アメリカはそうした雑魚たちをジハード市場での実勢価格よりずっとたかい値段で売りつけられている……。このために二〇〇四年から二〇〇五年のあいだに拘留者のうち、無用と判明した二〇〇名程度の人間が釈放された。このとき欧米諸国出身者にたいしてはとりわけ配慮がなされた。法治国家の市民であるかれらについてはその出身国政府が法的根拠のない拘留にたいしてアメリカに釈明をもとめたからである。アル＝カーイダ指導部に属する捕虜たち――九・一一テロの首謀者ハーリド・シャイフ・ムハンマドやラムズィー・ベン・シブフ、アブー・ズバイダなど――はキューバの基地に移送される前、最初は秘密裏に別の基地（アフガニスタンのバグラムやインド洋の英領ディエゴ・ガルシアなど）で尋問されていた。

グアンタナモ抑留者には二重の利用価値があった。テロリストが監禁されていることをしめし、かれらがちかい将来打破されることを予告するという象徴的機能と、情報源としての価値である。だからアメリカの裁判所の決定に影響されずに拘留でき、それでいてアメリカ政府が《対テロ戦争》のためにかれらを最大限利用できる、そんな場所に囚人をあつめる必要があった。こうして奇妙な場所にあるこの海軍基地がえらばれたのである。グアンタナモは一九〇三年に調印された条約でキューバから租借された。カストロ政権ができるずっと前のことである。（カストロ政権はアメリカ財務省が支払う租借料を一切うけとっていない。租借協定を追認しないためである。）基地はアメリカ合衆国の領土ではないので、軍隊の規則のみが適用され、監禁された抑留者たちは法の支配しない地域にいることになる。こうした状況のために合衆国最高裁判所とブッシュ政権のあいだに重大な法的対立が発生することになる。

二〇〇一年一二月二八日、アフガニスタン軍事作戦総司令官トミー・フランクス将軍をテキサス州クロフォードの牧場にまねいた際、大統領は記者会見でグアンタナモの囚人の運命について質問され、つぎのようにこたえている。「軍法会議運営にかかわる手続きがどんなものであれ、アメリカのシステムはビン・ラーディンやターリバーンのものより公正だ……。ビン・ラーディンはワールド・トレード・センターやペンタゴンにいた市民たちに自分をまもる手段を一切あたえなかったが、われわれがとらえ、われわれの裁判にかけられる囚人はそれよりもずっとおおく自分を弁護するチャンスをあたえられるだろう。」《対テロ戦争》についてのこのような法的・道徳的見解は、九・一一テロから三ヶ月しかたっていないこの時期、テロにたいする感情的反発とテロで死んだ何千人もの被害者の悲劇におおきな影響をうけている。それがグアンタナモのシステムをうみだしたのである。

国際的には、アメリカ海軍基地に拘留された囚人は、一九四九年のジュネーヴ第三条約で定義されたような意味での戦時捕虜とは当初はかんがえられていなかった。この条約は戦時捕虜に明確な法的保護をあたえ、その身分を規定し、虐待や拷問を禁止し、敵対行為終了時に捕虜を解放すると定めている。また捕虜は管轄裁判所によって犯罪行為をおこなったと証明されるのでなければ裁判にかけられることはない。しかしラムズフェルド氏は二〇〇二年一月に囚人を「不法戦闘員」と形容した。これは九月一一日以降に捕獲された「国際テロリスト」を指示するために特別に構築されたカテゴリーで、これによってかれらには国際法も合衆国法も適用除外となった。いかなる罪状も通知されることなく拘留されたかれらは(基地が合衆国の国外にあるので)合衆国の裁判所に出頭することはなく、場合によれば軍法会議に召喚されることになるが、そこでは非公開で判決が言いわたされる。基地に到着するとすぐに囚人たちはアル＝カーイダやそのメンバーについての情報をひきだすためにきわめて過酷な拘留状況におかれ、厳しい尋問をうける。二〇〇四年に釈放されたイギリス人・フランス人捕虜の一部が拘留の状況を公表し、拷問に等しい虐待(とりわけ窒息死寸前までおこなわれる「水責め」)を継続的にうけたことを証言している(8)。一方、アメリカ政府や非難をうけたさまざまな責任者たちは拷問を否定している。CIA元長官ジョージ・テネットは回想録を書いて、やはり拷問は否定しているが、つよい肉体的・心理的圧迫をくわえるということもふくめて「厳しい」尋問方法が存在していることはみとめている。そうした尋問方法のリストはラムズフェルド氏と高級将校によって書かれた指令書に明確な形で記載されている(9)。その内容は機密指定がされているにもかかわらず、一部が外部に漏れている。このように囚人たちを尋問にかけることによってアメリカ政府は《対テロ戦争》をどんな風に実行し、それをどのように定義するかについて全面的に自分たちのおもいどおりにするのだという意志を表明しているのである。自由と民主主義をまもるという口実のもとにアメリカ政府は例外的な規則にもとづく権利を不当に専有している。

哲学者ジョルジョ・アガンベンはこう記している。「収容所は通常の司法システムの外におかれている空間だが、しかし単なる外部空間ではない。(……)例外的事態を発令できる権限が主権権力の基礎を構成しているのであり、そして収容所とは持続的に例外的事態が実現されている空間なのである(10)。」アメリカ国内にかんして言うと、グアンタナモにおいて模範的なまでに実践されたこの例外的事態は有権者によって追認されることになる。二〇〇四年一一月、ジョージ・ブッシュが再選されるのである。その対立候補ジョン・ケリーはグアンタナモに囚人を収容すること自体を否定しなかったが虐待がおこなわれることには反対した。しかしそれにたいして大統領の支持者たちははげしい反論をおこなった。かれらによれば基地で実践されている方法でしかあらたなテロ、九・一一に比肩する大規模なテロを予防することはできない。収容所の存在を正当化するための法的論拠を構築した主要な法律家のひとりジョン・ヨー氏も「テロリスト自身から情報を獲得」しなければテロをふせぐことはできないと述べていた(11)。

このようにグアンタナモへの言及は有権者にブッシュの政策を支持させるために重要な役割をはたしていた。が、まもなくこれは破滅的な影響をおよぼすことになる。まずイスラーム世界で、ついでヨーロッパにおけるアメリカの同盟国や大部分の人権擁護団体のあいだで。イスラーム教徒たちはグアンタナモに拘留されたひとびとを不当逮捕の犠牲者と見なしていたが、捕虜にたいする虐待や看守によるコーラン冒涜の噂がながれるにつれて、テロとたたかい、民主主義を樹立するためと称してアメリカがかかげた原理を支持するひとびとの数がすくなくなっていった。グアンタナモの存在はジハード主義者を民衆から孤立させるどころか、囚人にたいする共感を強化し、その結果、拘留する側にたいする反感が公然と表明されるようになった。囚人がきせられたオレンジの蛍光色の囚人服は映像がメディアによって放送され、テロリストの逮捕・敗北の象徴となっていたのだが、それが逆転する。グアンタナモでは正義がふみにじられ、イスラーム教徒がその犠牲者となっている。囚人服の蛍光色はそうしたイスラーム教徒にくわえられた拷問の聖なる傷跡となったのである。ジハード主義者はこれを自分たちの流儀で利用する。二〇〇四年五月、アメリカ人青年ニコラス・バーグがイラクで誘拐され人質になった後、ザルカーウィーによって斬首された。この光景はウェブ・カメラで撮影されたのだが、この時、殺人者たちはバーグにグアンタナモの囚人服とおなじような色のつなぎの服をきせていた。陰惨な処刑の演出に皮肉なメッセージをつけくわえ、アメリカのプロパガンダ方法を流用しながらそれに反撃をくわえたのである。

グアンタナモはヨーロッパにおけるワシントンの同盟国も納得させることができなかった。国際人権連盟やヒューマン・ライツ・ウォッチ、アムネスティー・インターナショナルの報告書にもとづいて欧州議会は二〇〇六年二月二〇日、あらゆる形態の拷問・虐待を批判し、収容所の閉鎖とすべての囚人が独立した裁判所で遅滞なく裁判をうける可能性があたえられることを要求した。しかし収容所は二〇〇二年一月に開設されているわけだから、こうした類の宣言がだされるまでに四年もかかったことになる。実際、ヨーロッパの世論は人権問題には敏感であったにもかかわらず、はじめの数年のあいだ、グアンタナモに拘留された二人のフランス人の弁護士の言葉をかりれば、「一般的に囚人虐待は批判されるべきものだとかんがえられていたが、［拘留されたわかいイスラーム教徒が］国際テロリズムの大義を信じている可能性があると（証拠がまったくなくても）言われると、囚人虐待もやむをえないとかんがえる(12)」ひとびとがすくなからずいたのである。

アメリカでもグアンタナモが政府にもたらす政治的利益はますます怪しくなっていった。まず二〇〇四年六月二八日、合衆国最高裁判所はグアンタナモの外国籍囚人の拘留の合法性についてそれを判断する権限を連邦裁判所が有するという判断をくだした。ついで一一月一一日、ワシントン連邦裁判所は囚人を軍法会議で裁判することが違法であるという判断をくだした。それにたいして共和党が多数をしめる上院・下院は二〇〇五年一二月三〇日、「拘留者取り扱いにかんする法律」を採択し、グアンタナモ拘留者について連邦裁判所から権限を剥奪し、かれらを軍法会議にかけられるようにした。法律上の戦いはつづき、最高裁判所は二〇〇六年六月二九日、大統領がグアンタナモの拘留者を裁判するための軍法会議設立を命じたのは権限を逸脱しているとする判決をだした。九月二七日、連邦議会で多数をしめる共和党は軍法会議を再設置する法案を採択し、野党民主党は「テロリズムにたいして弱腰」だと批判した。これは共和党が一一月の両院の中間選挙をにらんで、《対テロ戦争》という《大きな物語》を唱えることでアメリカ市民の票を動員できると期待していたことをしめすものである。しかしすでにグアンタナモ自体が神通力をなくしてしまっていた。二〇〇六年一一月の議会選挙では二〇〇四年一〇月の大統領選挙とは正反対に《対テロ戦争》の失敗にたいする有権者の不満が表明され、上院・下院ともに民主党が多数をしめることになった。その結果、政権中枢でドナルド・ラムズフェルドが国防省を去ることになる。こうしてホワイトハウスは二〇〇六年五月には、収容所が翌年末に閉鎖され、拘留者の大部分は起訴されずに出身国に送還されるか、釈放されるかすると示唆するようになった。そしてグアンタナモの囚人が三名自殺した直後の六月一一日、大統領はグアンタナモを閉鎖する意志をみずから表明した。収容所は外国に矛盾したメッセージをおくっているからである。アメリカは他の国にある種の価値を支持するように促しているのに、そうした価値を自分自身では実践していない――こうした批判を一部の人からうけかねない。こう述べた後、ブッシュ大統領はつぎのように結論づける。「そうした批判にたいする私の返答はこうです。われわれは法治国家です。だからグアンタナモに拘留されているひとびとは裁判をうけ、弁護士をつけられ、法廷では弁護士の援助をうけられるでしょう(13)。」

こうして収容所開設から四年少々たって、グアンタナモのシステムは政治的に利点よりも難点の方がまさるようになってしまった。イラク戦争が袋小路にはいりこんでしまったから、同盟国との関係を緊密化し、アラブ・イスラーム世界の民衆との関係を改善する必要性がいっそうつよくなっていた。そうした時期に、グアンタナモは《対テロ戦争》という《大きな物語》がアメリカの国境をこえて光り輝くことを妨げる最大の要因の一つとなってしまったのである。

二〇〇三年三月二〇日、イラク侵攻がはじまった時点で、国際的な対テロ戦争がおさめた成功は、ブッシュ大統領の二〇〇二年一月の一般教書演説での予告にくらべると期待はずれなものだった。当時、アメリカ軍がマークした唯一の得点とかんがえられるのはアフガニスタンのターリバーン政権転覆だけだった。それにたいして、ビン・ラーディンやその主要な仲間たちの追跡は遅々としてすすまず、欧米の軍組織がソ連陣営との対決や正規軍との戦争にはむいているが、柔軟な組織をもって神出鬼没に行動する敵の挑戦には対応できていないことを露呈した。バリからモンバサまで、地球上のいたるところで定期的にテロによる流血の惨事があった。それはアル＝カーイダが執拗にいきのびていることを、そしてそれを除去する努力が失敗していることを物語っていた。しかしそれは同時にテロの脅威の深刻さとそれを克服するためにあらゆる手段をもちいることの必要性を日々証明していたわけだから、《対テロ戦争》という《大きな物語》の論拠を提供していたことにもなる。しかしテロを制圧するための手段はその当初の目的――ビン・ラーディンとその同調者の追跡――から逸れ、欧米の軍隊にとってより適合した（したがって目に見える勝利が期待できる）戦争に流用されることになる。こうしてアメリカはイラクに侵攻し、戦闘能力のひくいサッダーム・フサインの正規軍を圧倒する。この軍事的成功が発表されればアル＝カーイダ指導者捜索が効を奏していないという失点を挽回できるはずであった。テロリスト逮捕というステップをとばして《対テロ戦争》の最終的目標、中東情勢を再編し親米的民主主義政権を樹立するという目標を直接実現できることになるからである。サッダーム政権崩壊の衝撃波はきわめておおきく、それによってジハード主義者のグループは粉砕されるだろう。アメリカがつくりだした民主主義体制の長所はアラブ民衆に明々白々な形であきらかになり、何十年も悲惨な生活と破局的な状況をしいられてきたイラクはついに中東でもっとも残忍な独裁体制から解放されるだろう。

こうした状況のなかで、こうした期待がされていたただなかで、ひとつのスキャンダルがおこる。それは大々的にメディアに報道され、民主主義と自由というアメリカのディスクールに甚大な打撃をこうむらせる。グアンタナモの不義の子、アブー・グレイブ刑務所事件である。

アブー・グレイブ、ポルノの教訓

一九六〇年代、バグダード近郊に建設されたアブー・グレイブはサッダーム・フサイン時代を象徴するものだった。囚人にたいする虐待、暴行、殺人は日常的におこなわれ、その名をあげるだけで独裁者の犯罪をかたるに十分であった。これはサッダーム政権を打倒する主要な論拠のひとつとなっていたのである。二〇〇四年四月三〇日、ブッシュ大統領はアメリカとその同盟軍がイラクにおける使命をはたしたと宣言した二〇〇三年五月一日の戦闘終結宣言に言及しながら、その一年後の今、イラクにはもはや「拷問用独房も集団埋葬用墓地も、暴行室も」存在しないと自画自賛した。しかしその当の刑務所でアメリカ人看守がイラク人囚人にたいして虐待・陵辱行為をおこない、その様子を看守自身が写真やビデオにとり、さらにはそれがネットにながされていたことが判明したために、ブッシュ大統領のこの言葉が事実に反することが露呈した。そして二〇〇四年四月末にこの事件の映像が雑誌ニューヨーカー(14)やテレビ番組「シクスティ・ミニッツ2」で公開されるにいたって世界中で大騒ぎとなった。そこには裸にされたイラク人捕虜が人間ピラミッドの形につみかさねられ、その前でアメリカ兵のカップルが記念撮影のように笑顔でポーズをとっている写真や、裸にされ、覆面をかぶされた拘留者の首にひもがかけられ、そのひもを女性兵士がもっている写真、覆面をかぶされ、麻袋を身にまとった囚人がちいさな箱のうえにたたされ、腕を横にあげ、手に電極をむすばれた写真などがあった。とくに最後の写真は電気をつかった十字架磔刑のような形になっていたから、アブー・グレイブ事件の象徴のようなものになってしまった。この後もその他のたくさんの写真、ビデオにとられた茶番劇がでまわり、糞にまみれた囚人や屈辱的な姿勢をさせられた囚人の裸体の映像がひとびとの目にふれた。カメラのレンズの前で性的行為をおこなうふりをさせられたり、頭に覆面や女性の下着をかぶされ、裸にされた囚人たちは虐待行為そのものだけではなく、映像流出後、かれらにたいして注がれた覗き見的視線によってさらに辱められることになる。世界中のテレビ視聴者やネットサーファーの視線のもとでかれらはその男性性を剥奪され、ポルノ写真の女性のポーズをとらされてひとびとの視線にさらされる受動的な身体にすぎなくされてしまったのだ(15)。

事件があかるみにでたのは、二〇〇四年一月、ひとりの兵士が同僚の囚人虐待に嫌悪をかんじ、一枚のＣＤを上官に提出し、それをうけて軍法会議の予審がひらかれたためであった。CDには前年の一〇月から一二月にかけておこなわれた虐待を記録した何百もの映像がおさめられていた。二〇〇三年末というのはとつぜん蜂起がおこってアメリカ軍が周章狼狽していた時期だった。準備不足のアメリカ軍は対応に苦慮していた。こうした状況のなかで囚人を尋問して攻撃にかんする情報をえなければならないという圧力はたかまっていた。そのためにグアンタナモで実践されていた尋問方法がイラクの刑務所でも適用されるようになった。しかしアブー・グレイブの囚人の大半は政治犯ではない普通の犯罪者だったから蜂起にかんする情報などほとんどもっていなかったし、看守も予備役から召集された兵士たちで、こうした仕事の訓練をうけていなかった。テロにたいする戦いですぐに実効性のある自白をえなければならないという焦燥感のために、看守たちは尋問の前に囚人にゆさぶりをかけて「気力を萎えさせ」ようとするようになった。それに管理体制がきちんとできていなかったために独断専行するようになった看守グループが二〇〇三年秋に虐待を頻繁にくりかえしたのである。確認された事実があまりにも重大であったために急遽、調査委員会が設置された。そしてその報告書がジャーナリズムにリークされた。報道機関は何枚かの写真も入手した。こうして二〇〇四年四月末にスキャンダルがあかるみにでたのである。

明白な事実を前にして、ラムズフェルド国防長官は公開で謝罪をし、長官を辞職すると発表するが、大統領は辞職をみとめなかった。一方、軍法会議は七人の兵士・下士官を告訴して裁判にかけ、最高で禁固一〇年の刑に処し、監督責任があった上官も降格処分をうけた。元国防長官ジェームズ・シュレジンジャーは二〇〇四年八月、ラムズフェルド長官に最終報告書を提出し、事件がきわめて重大ではあるが組織的におこなわれたわけではないと結論し、命令系統の欠陥のためにこうした事態が発生したのだとした(16)。ブッシュ大統領は五月二四日にアメリカ陸軍士官学校で演説をおこない、つぎのように述べた。「サッダーム・フサイン時代、アブー・グレイブをはじめとするイラクの刑務所は死と拷問の象徴であった。そのおなじ刑務所が少数のアメリカ兵の嘆かわしい行為の象徴となってしまった。かれらはわれわれの国とその価値をけがしたのだ。」大統領はヨルダン国王との会見やエジプトの日刊紙アフラームのインタビューで同趣旨の発言をし、アラブ世論にたいして謝罪の意を表明することになる。

「アブー・グレイブ事件はアラブ世界の反米感情に目標と口実をあたえた」とファアード・アジャミー教授は書いている。教授自身はイラク戦争の支持者であるが、アラブの世論についてつぎのような指摘をしている。「アンマンやジェッダ、カイロのひとびとはバアス党政権下のイラクでの残虐行為には目をつむっていたのに、アブー・グレイブ事件にはおおいに傷ついたと主張する(17)。」たしかに、中東のおおくの国では拷問が処罰されることもなくおこなわれているのにたいして、アブー・グレイブの暴行事件は断罪され、実行者は罰せられた。しかし実際には問題はもっと複雑であった。というのもアメリカにとって大事なことはアラブ・イスラーム世界のひとびとの精神と心を戦場とする戦いに勝ち、民主主義をまもり、対テロ戦争を遂行するために《大きな物語》へのひとびとの支持を勝ちえることであったからである。アブー・グレイブ事件はまさしくその点でアメリカに打撃をあたえたのだ。世界中にながされたサディスティックで倒錯的な映像は囚人にくわえられた暴力にポルノ的な性格をあたえる。二〇〇三年の秋以来、アメリカのイラク駐留軍は予期せぬ反撃にあい、それを制圧できないでいた。その結果、アメリカ軍は暴力と危険な状況にさらされていたのだが、服を脱がされた囚人に侮辱をくわえたり、とりわけ性的に囚人に受動的な姿勢をとらせて男性性を剥奪する行為はアメリカ軍がこうむっていたこうした危険や暴力の力を悪魔祓いするという機能をもっていた。虐待される囚人の姿は、ちょうど神の許しをもとめるための贖罪の儀式でささげる生け贄のようなものであった。しかし映像は一般のひとびとが、とりわけアラブ世界のひとびとが目にすることになって、その意味が変化してしまう。こうした屈辱をうけた囚人たちはアメリカの力によるアラブ人支配の象徴的犠牲者となる。自由を剥奪されたまま暴行をうける囚人にくわえられる性的暴力はアメリカ軍を象徴しているのだ。生々しい映像は民主主義の美辞麗句のむこう側にある外国軍の支配と現地人の従属という苛酷な関係の現実をそのまま物語っている。アメリカにとって、独裁体制のくびきからイスラーム民衆を救出し、ジハード主義者の野蛮さに対抗しながら市民社会を育成するなどと主張することはこれ以後、きわめて困難になる。

禁輸措置の記憶の抑圧とその回帰(18)

イラク戦争・イラク占領がどんなふうにおこなわれたかという問題以前に、もっと古くふかい要因がアメリカの企図の基礎をゆるがせていた。《対テロ戦争と民主主義の誕生》という《大きな物語》のイラクでの実践はそのために発端からおおきなハンディキャップを背おわされていた。二〇〇三年四月、バグダードが陥落したとき、イラクという国家そのものが崩壊したことは明白だった。戦争に勝ったアメリカ軍が放置するなか、暴徒と化した民衆は何日ものあいだ、省庁や病院、学校、美術館などの公共の建物におしいって略奪をくりかえした。その一方で、宗教や民族を基礎にした権力の核がいくつも誕生し、競合した。そのためにイラクの市民社会を組織されたひとつの国民《デモス》として構成し、そこから民主主義《デモクラシー》がうまれるというユートピア的な構想はすぐさま消滅してしまった。「イラク国民」という概念自体も一九九一年のイラクの敗北後、国際社会が禁輸措置を課した一〇年を耐えて生きのびることはできなかった。サッダーム・フサイン軍はアメリカに指揮された多国籍軍によってクウェートから追いだされ、潰走したが、父ブッシュ大統領は、それが可能であったにもかかわらず、バグダードの独裁者の息の根をとめることをしなかった。のみならず大統領親衛隊がイラク南部のシーア派の蜂起に血なまぐさい弾圧をくわえるのを放置した。当時すでに、サッダームという実力者がいなくなってしまうとイラクで多数派をしめるシーア派が権力をにぎるのは必定とかんがえられていた。サッダームはみずからの出身部族であるスンナ派部族にささえられていたのである。だから一九九一年には、スンナ派であるアラビア半島の石油産出国君主国家指導者は自分たちの見解をワシントンに理解させようとし、それに成功した。湾岸戦争の戦費を負担したのはかれらだったのだが、かれらはイランの影響下にあるイラクのシーア派が実権をにぎることに懸念をもったのである。こうしてアメリカはサッダーム政権を放置した。ただ北部のクルド人地域をなかば独立状態にして政権の力をそぎ、南部ではイラク側航空機の飛行を禁止した。さらに一〇年たらずのうちに隣国に二度も侵攻したイラクがあらたな戦争をおこすことを予防するために経済制裁と禁輸措置が課された。しかし独裁者とその一党はやすやすとあたらしい状況に適応し、あまり良心の痛みをかんじない世界のさまざまな業者とむすんで利益のあがるブラック・マーケットをつくりあげたが、その一方で一般市民は禁輸措置のためにひどく苦しんだ。状況は以前とおおきく変わってしまった。そもそも一九五八年の王政打倒以来、歴代の独裁政権は石油収入を教育やインフラ整備や経済発展に投資して、それとひきかえに社会平和を実現してきた。たしかに、国民は政治的自由をうばわれ、国家の圧政のもとにあったが、それでもイラクはアラブ世界の他のおおくの国よりも経済的・社会的にめぐまれていたし、文化活動も(政治をあつかいさえしなければ)さかんだった。一九七〇年代、アラブの俗諺では「エジプトが書き、レバノンが印刷し、イラクが読む」と言いならわしていたものだった。一九八〇年から一九八八年にかけておこなわれた対イラン戦争のためにイラクは非常に貧困化したが、しかし国民は国を先頭に一丸となっていた。シーア派住民も徴兵に応じ、政府に忠誠心をしめしていた。もっともそれは、政府に抵抗することができなかっただけかもしれないが……。

しかし一九九一年一月、イラク軍の敗走後、状況は一変する。サッダームの軍隊はクウェートに侵攻し、そこで掠奪行為をくりかえした後、多国籍軍にやぶれ、追撃されながらクウェートから大混乱のなか、逃げかえったのである。民衆は多国籍軍の攻撃を「ブッシュのパンチ」とよんだが、このパンチは津波のような効果をもち、そのために軍隊と独裁国家の諸機関はつぎつぎと崩壊していった。ただ、精鋭部隊だけは例外で、それが政権をささえた。すべての社会の階層秩序は崩壊した。サッダームの国家はもはや大統領一族が牛耳る略奪機関でしかなかった。民衆は国を脱出するか、さもなければ民族や部族・宗教にもとづく共同体にとじこもり、それにたよって食料や医薬品、必要最低限の生活財を確保するしかなかった。こうした状況のなかでイラク国民のさまざまな血族的グループへの断片化が生じたのである。クルド人、アラブ人、トルクメン人、スンナ派、シーア派、キリスト教徒、ヤズィード派――こうした氏族、セクト、宗派、部族がひとびとのアイデンティティーと共生のための極となる。そして国民全体が生存競争を強いられるなかで特定の属性を超越してひとびとを国民としてまとめる同国人という概念が排除されるようになる。国家もこのプロセスをコントロールしようとして、部族の美徳を称揚し、「信仰キャンペーン」をおこなって公共の場での信仰実践や女性のヴェール着用、「サッダーム・モスク」の建設などを推進する。しかしスンナ派でもシーア派でも、説教師たちはすでにそれぞれ固有の権力掌握のロジックをつくりあげ、社会を解体してしまっていた。クルド人政党がその先鞭となったのだが、かれらにとってイラク人としてのアイデンティティーなどもう意味をもたず、クルド人自治区では子供にアラビア語をおしえることさえなくなっていた。

こうして二〇〇三年四月、サッダーム政権がアメリカ軍の爆撃のもと、決定的に崩壊したとき、イラクには社会的一体性などと言えるものはもはや存在していなかった。新保守主義者《ネオコン》のイデオローグやイラク再建計画を作成したアメリカの政策立案者たちはこの点を過小評価（さらにはあえて無視）していたようにおもわれる。もしこの点をきちんと認識していたら、かれらは自分たちが支持してきた一九九〇年代の禁輸措置が人道的におおきな被害をもたらし、社会組織にふかい亀裂を生じさせたことを理解せざるをえなかったであろう。経済制裁は破局的な影響をもたらした。しかしその事実は国際社会の集団的無意識のなかに抑圧され、記憶は封印されてしまっていた。そしてひとびとはまるでイラク社会があいかわらず存在しており、サッダームが排除されさえすれば灰のなかから再生することができるかのようにふるまっていた。一〇年間にわたるイラク国民の苦難にたいしてアメリカやヨーロッパ、アラブ諸国、国連は責任をおっていた。独裁者を打倒することにより、ひとびとはその責任を隠蔽し、やましさをかんじないですませようとしたのである。しかし無意識のなかにとじこめられてきたこの事実を直視せざるをえなくなったとき、ひとびとはそれがいかに破滅的な影響をもっていたか思い知らされることになる。

イラク情勢を見誤った第二の原因はアメリカの指導者たちがもっていた情報源である。大半は亡命イラク人グループだったが、その指導的メンバーの大部分は禁輸措置や国際的経済制裁以前にイラクをはなれていた。かれらがイラクにいた時代は宗教や民族的帰属と明白にはむすびつかない左翼運動が主流で、さまざまな進歩主義的あるいは世俗主義的イデオロギーの名のもとに宗派間・民族間の交流があった。だから、かれらのイラク認識はそうした昔の時代の記憶におおきな影響をうけていた。旧ユーゴスラヴィアでも、民族浄化でみんながそれぞれの共同体のなかにとじこもり、それが結局は大虐殺につながったのだが、それ以前にはセルビア人、クロアチア人、ボスニア人は民族の区別なく結婚しあっていた。それとおなじように、イラクでも禁輸措置以前には都市部では異宗派・異民族間の結婚は頻繁だった。国防省や国務省に情報を提供していたイラクの亡命者たちは経済制裁がどんなに破局的な影響をあたえ、どれだけイラク社会が断片化していたかについて具体的な経験をまったくもっていなかった。だからアメリカの指導者たちに、とりわけ共産主義の崩壊という《大きな物語》に陶酔していた新保守主義者《ネオコン》たちに幻想をもたせ、二〇〇三年のバグダードの解放はプラハの解放とおなじものだとおもわせていたのである。しかしイラクにはヴァーツラフ・ハヴェルの役割を演じられる人物はおらず、ビロード革命はおこらなかった。むしろワシントンはベトナム戦争の亡霊につきまとわれることになるのだ。

数週間のあいだ、無能な初代文民行政官が軍政からの移行をきわめて不手際に管理した後、二〇〇三年五月九日、アメリカのポール・ブレマー大使が連合暫定施政当局代表となった。かれは最初にふたつの指令をだして、イラク軍の兵士・士官を退役させ、軍を解散し、旧バアス党員も党の上位四階級に属していた場合には公職につけないようにした。該当者は三万人ほどもいた。このふたつの措置がターゲットにしたのは、占領軍が仲間内の言葉でFMR（旧体制支持者）とよんでいたひとびと（サッダーム政権に忠誠心をもっていたり、それを懐かしくかんじるひとびと）であったが、そのおおくはイラクではマイノリティーだったにもかかわらず政権中枢をになったスンナ派に属するひとびとで、一部はサッダームの出身部族、あるいはひろい意味でのサッダーム一族だった。ブレマー氏は回想録でこうした措置をとった理由についてあまり詳しくかたってはいない。かれはこれを第二次世界大戦後のドイツの非ナチ化から発想したのだろうか、それともベルリンの壁崩壊と東欧でのソ連体制消滅後の共産党員追放を参考にしたのだろうか。真相は不明だが、いずれにせよその結果は破局的だった。だから今ではこの措置を肯定するものはだれもいない。当時これに喝采をおくっていた新保守主義者《ネオコン》グループにおいてさえ。とつぜん職から追われて給料ももらえなくなった旧政権の幹部たちは武装抵抗運動に参加し、こうして最初の蜂起者の集団が形成された。その大部分はスンナ派で、アメリカ軍にふかい憎悪をかんじていた。アメリカ軍のイメージは解放者から占領者へ、そして占領者からイスラームの地を侵害する異教徒へと変化した。だからアメリカ軍にたいして武装ジハードをおこなわなければならない。こうしたダイナミズムのために旧バアス党員とスンナ派イスラーム主義者の両方が結集し、急速にひとつの「レジスタンス」の戦線が形成される。それは最初はイラク人だけだったが、やがて外国人も戦闘に参加するようになる。かつて先輩ジハード主義者たちがアフガニスタンに行ったように、外国のイスラーム主義者たちがアル＝カーイダの指揮のもと、イラクにやってきたのである。しかしアフガニスタンではターリバーンが一九九六年に出現するまではシーア派とスンナ派の対立はほとんどなかった。それにたいしてイラクではジハードはすぐに二重の側面をもつようになった。それはまず「十字軍」つまりアメリカとその同盟軍、さらには民間人もふくめてイラクにいるすべての非イスラーム教徒をターゲットとした。しかし、やがてそれだけではなく「異端者たち」、つまりシーア派のひとたちも攻撃対象となった。かつては貶められていたシーア派が、とつぜん権力をにぎるようになったからである。かれらは数的にマジョリティーであると同時に、アメリカから好意的なあつかいをうけ、この二重の効果によってかつての支配階層であるスンナ派エリートから権力をうばったのだ。こうしてアメリカ軍の占領はイラク市民社会の廃墟のうえにイスラームの教義がフィトナ・ターイフィーヤ（宗派間の内戦）とよぶ事態をうみだしてしまった。それはイスラーム法の学者ウラマーたちの悪夢であった。かれらはそうしたカオス、無政府状態がイスラーム共同体を内部からおびやかし、その崩壊をもたらすことを恐れたのである。

イラクのレジスタンスから宗派対立にもとづく民族浄化へ

バグダード陥落から四ヶ月たったばかりの二〇〇三年夏、スンナ派によるジハードが反欧米と反シーア派という二重の方向性をもっていることを明白にしめすふたつの事件がおこった。八月一九日、バグダードの国連事務所が「殉教作戦」によって破壊され、国連事務総長の特別代表であるブラジル人外交官セルジオ・ビエイラ・デ・メロとそのスタッフが数名、死亡した。その一〇日後、シーア派の主要聖地のひとつナジャフでアーヤトッラーのムハンマド・バーキル・ハキームがかれの支持者多数とともに自爆攻撃で殺害された。かれはイラク・イスラーム革命最高評議会の議長だった。この組織は名称がしめしているとおりの政治的志向性をもっていたが、それにもかかわらずバーキル・ハキームはアメリカから好意的にあつかわれていた。ちなみにこのイラク・イスラーム革命最高評議会というのはイランで結成されたシーア派の政党で、一九八二年にイランに戦争捕虜として拘留されたイラク人のあいだでできたものだった。時期的に接近したこのふたつの華々しい作戦はその後の事態の推移の主調音となった。これ以降外国人やシーア派の殺害がきわめて頻繁におこるようになり、そしてついにシーア派民兵も二〇〇五年春から反撃をはじめた。とりわけ二〇〇六年二月、シーア派のもっとも神聖な聖廟のひとつサーマッラーの黄金モスクがテロによって爆破されるにいたって報復合戦は激化する。

イスラーム世界全般から言うと、地域の民主主義的知識人の一部は最初はイラクへのアメリカ軍侵攻とその占領を必要悪とかんがえていた。そのおかげでアラブの大義、イスラームの大義を人質にとりながら、実際にはそれに泥をぬっているだけの残忍な民衆迎合的独裁者を中東からやっかいばらいできたからである。しかし二〇〇四年からはイラク占領はきわめて評判がわるくなった。ましてやグアンタナモの呪いやアブー・グレイブの不名誉を占領政策の成功で挽回するなど論外であった。

それにナショナリズムやイスラームの立場からスンナ派の武装蜂起を正当とかんがえるひとたちもいた。（すくなくとも二〇〇六年二月頃まではそうだった。その頃から、蜂起がシーア派を標的にした野蛮な側面をもつことが徐々にあきらかになりはじめた。）《対テロ戦争》のおかげでブッシュ大統領が再選に成功した直後の二〇〇四年一一月八日、アメリカ軍はファルージャの町に「幽霊の怒り《ファントム・フュアリ》」作戦をおこなった。ファルージャはスンナ派武装集団の聖域で、イラク人や外国から来た残忍なジハード主義者がたてこもっていることで知られていた。また人質を拘留する施設もあり、そこでは拷問もおこなわれていた。二〇〇四年というのはイスラエルでも自爆テロがたくさんあった年である。（イスラエルはこれに終止符をうつために分離壁を建設し、その結果、ハマースは二〇〇五年三月、停戦宣言を余儀なくされる。これをもって二〇〇〇年九月二八日にはじまった第二次インティファーダが終焉する。）二〇〇四年のこうした状況をうけて、ユースフ・カラダーウィー師をはじめとする国際的にも名声のたかい何人かの大ウラマーがパレスチナの蜂起とイラクのそれをおなじジハードの範疇にいれて同一視する発言をおこなっている。エジプト出身のカラダーウィー師はカタル在住のムスリム同胞団系テレビ説教師で、アル＝ジャズィーラ放送の一番視聴率のたかい宗教番組「イスラーム法と生活」の人気常連ゲストである。かれは一九九六年にイスラエル民間人を殺害するハマースの「殉教作戦」にお墨付きをあたえた最初のウラマーのひとりだった。その時のかれの論拠はこうだった。イスラエルにおいて、男性も女性も予備役として軍役につく、したがってすべての市民は潜在的に兵士であり、それゆえ防衛的ジハードの正当なターゲットとなりうる、イスラームの地が異教徒によって占領された場合には、イスラーム教徒が防衛的ジハードを開始することは正しいからである——こんな議論だった。カラダーウィー師はイスラーム学者世界連盟やダブリンにあるヨーロッパ・ファトワー会議の議長でもあるが、おなじような論理でかれは二〇〇四年九月、イスラームの地イラクを占領する異教徒を殺害することが合法かどうかというあるイスラーム教徒からの質問にたいして肯定的な法的見解をだしている(19)。

こうした宣言につきものの詭弁めいた議論は今はおくとして、カラダーウィーはジハード主義者と宮廷付き宗教家の中間にたつ「中道派《ワサティーヤ》」であると自負しているのだが、そうしたウラマーがこのような発言をするということは、スンナ派社会でイラクの武装蜂起がどれだけ支持されているか、それがどれだけイスラームの立場から正当視されているかをしめす指標となる。スンナ派が八〇パーセント以上をしめる世界のイスラーム信者共同体のあいだでは、武装抵抗勢力は異教徒占領軍にたいするレジスタンスとただちに見なされ、そのためにおおきな支持をえることができた。そこにはアラブ・ナショナリズムの熱意とジハードの熱狂がまざりあっていた。しかしバグダードから見ると様相は一変した。スンナ派の反乱勢力が外国軍とたたかっていたのはイラクがアメリカのおもうような形で再編されることを阻止するためだった。もしそれを許せばシーア派とクルド人の連合が新生イラクの権力の大半をにぎり、南部のシーア派地域と北部のクルド人地域に偏在する石油資源の大部分をコントロールすることになるだろう。しかし政治的に不安定な状況を維持しておけばアメリカのそうした構想を挫折させることができる。そのためにはまず外国の企業や投資家に恐怖をいだかせることだ。暴力が横行すれば石油資源の新規開発もできないし、そうすれば石油収入の受益者に指定されたシーア派とクルド人が利益（かれらは開発がはじまる前からその利益を山分けしていた）をうけとれないようにできる。一方、まだ操業している油田は宗派や部族が組織した民兵が支配し、密貿易で利益をえていた。一部にはバアス党やジハード主義のイデオロギーにもとづいた戦略をもっていた者もいただろうが、蜂起を支援していたスンナ派エリートの短期的な目標はアメリカにスンナ派を権力と石油収入から排除する政策をかんがえなおさざるをえなくすることであった。実際、二〇〇五年夏以来、この目標は実現されることになる。バグダード駐在のあたらしいアメリカ大使ザルメイ・ハリルザードが、スンナ派と接近してかれらに権力の一端をあたえ、スンナ派勢力の一部に選挙に参加するようはたらきかけたのである。新保守主義《ネオコン》知識人期待の人物ハリルザードはかれ自身、アフガニスタン出身のパシュトゥーン族スンナ派教徒だった。ハリルザードの説得をうけて、一月の制憲議会選挙を大々的にボイコットしたスンナ派住民は二〇〇五年一〇月一五日の憲法制定のための国民投票に参加した。しかしスンナ派には不利なイラクの連邦化を追認し、将来の石油収入の利益にあずかれなくする憲法案を阻止することはできなかった。しかしそれでもかれらは一二月の立法議会選挙にも参加した。ムスリム同胞団のイラク支部で、新議会に議席を獲得したイラク・イスラーム党のように、選挙に参加したスンナ派政党にはいくつかの大臣ポストがわりあてられた。シーア派・クルド人の大臣とおなじようにスンナ派の大臣も管轄下の政府機関をグループの専有物のようにあつかい、家族や部族に公務員のポストを分配し、自分たちの宗派・部族だけでかためてしまった。二〇〇六年のあいだずっと暴力はやむどころか激化する一方だった。選挙は国の断片化を追認する結果になり、おのおののグループの個別的アイデンティティーをつよく主張する政党を勝利させ、そのために国民的一体性はそこなわれ、社会の包括的プロジェクトを政治の世界で議論するということはできなくなってしまった。世俗主義的な候補者はそうした亀裂をのりこえるために宗派や民族をこえた理想をかかげたが、かれらはほんのわずかしか当選しなかった。国民議会はシーア派やスンナ派のイスラーム政党やクルド人民族主義政党の党派主義が跳梁する場所となった。こうして禁輸措置の時代にはじまった社会の解体が極限まですすめられることになった。クルド人の代表をのぞいて、議会はイスラーム主義者に独占されてしまった。しかし（エジプトやアルジェリアのように）住民の圧倒的大多数がスンナ派だったり（イランのように）シーア派だったりする国とはちがって、イラクの宗教勢力は社会全体をイスラームの指導下におくよう要求するということはなかった。この点がエジプトのムスリム同胞団やアルジェリアのＦＩＳ，ホメイニーの支持者とはことなるところだった。しかし、バグダードではスンナ派のイスラーム主義者たちはシーア派にたいする敵意をつのらせていたし、シーア派のほうでも同様だった。そのために宗派間の溝はふかまり、その対立は後戻り不能で、存在そのものにかかわるほどのものになっていた。

こうしたなかでヴェールのような顕示的な印で信仰深さを競いあう傾向がつよまるようになった。シーア派はイラン式に、スンナ派はサウディアラビア風にというように、流儀にちがいはあるが、今や女性は例外なくヴェールを着用するようになった。それに、それぞれのグループは武装組織をもとうとしたから、もともとの目的とは無関係に、暴力が一旦おこるとそれは連鎖的に発生するようになった。それにシーア派でもスンナ派やクルド人でも政治は犯罪とないまぜになっており、他人の財産の強奪や恐喝が横行していた。イラクにおいて国家はもはやバラバラになった社会のうえにのせられた人工的な機関でしかなく、公共秩序を維持したり、富を再分配したりする役目をはたしてはいなかった。おなじような現象が過去三十年のあいだに、レバノンや旧ユーゴスラヴィア、アルジェリアの内戦の際にほぼおなじような形でおこっている。ただイラクではこうした破局的事態が世界最強の軍隊が約一四万人の兵士に街をパトロールさせ、上空を哨戒させているなかでおこっているという点が他とはちがうところである。これはイラク侵攻の結果おこった未曾有の混乱にアメリカがどれだけ無力であるかをしめしている。コントロール不可能な日常的テロの噴出によって《対テロ戦争》という《大きな物語》の軍事的有効性そのものが無に帰しつつあったのである。

アル＝カーイダのカムバック

ブッシュ大統領とその新保守主義《ネオコン》の側近はイラクで模範的な「国家建築」をおこなおうとしたのだが、それは失敗した。さらに、すくなくとも対スンナ派政策にかんしてアメリカには第二のおおきな誤算があった。イラク占領はアル＝カーイダ根絶に貢献するどころか、このテロ組織に願ってもないあたらしい活動の場をあたえてしまったのだ。そもそもアル＝カーイダはかつては社会と接点をもたず、大衆動員能力をもたない組織にすぎなかったのに、イラク占領はかれらに社会に根づくための好機をあたえる結果となった。イラクに誕生したグループは「メソポタミア・アル＝カーイダ組織」と名のることをこのんだ。かれらはイラクという「民族主義的」名称をきらい、古代ギリシャ時代の呼称をそのままとった原始イスラーム時代の名称を採用したのだ。このグループは作戦形態として自爆テロをこのみ、アメリカ軍のちかくやシーア派の群衆の真ん中で自分の体ごと爆弾を爆発させる殉教作戦をジハード主義運動のトレードマークにした。しかし象徴的行為としてはそれはあまりにも矛盾にみちたものだった。というのもイラクで実行された何百もの自爆テロの犠牲者の圧倒的大多数は「異教徒」の欧米人ではなくシーア派のイスラーム教徒（スンナ派からすると「異端」ではあるが）だったからである。これは「フィトナ」、すなわちイスラーム世界内部での戦争を深刻化させるものであった。二〇〇一年九月一一日のテロ攻撃がフィトナの発端となったのである。

イラクにおけるジハード主義者のなかで一番マスコミの注目をあびたのはひとりの怪しげな人物、ならず者集団と過激イスラーム主義の交差点にいて、「反乱《レヴォルト》」という言葉の多様な意味を文字どおりその身に体現したアブー・ムスアブ・ザルカーウィーであった。かれはヨルダンのザルカーの町のうまれで、そのためにザルカーウィーという「戦場名」がつけられたが、本名はアフマド・ファーディル・ナザール・ハラーイラである。密売人をやり、入れ墨をいれて前科もある不良少年だったザルカーウィーはマルコムXからハーリド・ケルカルにいたる他のおおくのひとびと同様、刑務所でイスラーム主義の啓示をうけた。刑務所はこの教義の流布にもっとも適した空間のひとつなのだ。一九九九年六月九日、ヨルダンのアブドゥッラー二世即位の時の大赦で刑務所から出所したザルカーウィーはアフガニスタンのジハード主義者の訓練キャンプにはいり、それからイラン経由でイラクに入国した。その際、クルド人自治区を通過し、そこで地域のイスラーム主義運動を組織する手助けをした。それからアメリカ侵攻で生じた混乱に乗じてスンナ派のアラブ人地域にはいり、みずからの才能を蜂起にささげた。スンナ派によるテロには旧バアス党員やサッダーム時代を懐かしむ者たち、そして自分たちの権益をまもろうとしている地域共同体有力者によるものもあり、そのなかでジハード主義者によるテロがどの程度の割合になるかは現在知りうるかぎりの情報では正確にはわからない。いずれにせよザルカーウィーとその一党は他の武装蜂起グループが十分に活用することができなかった手段を自由自在にもちいていた。それはメディアをつかった宣伝である。とくにアル＝カーイダというブランド名を使用できるようになってからは、その残忍な行為はすぐさま類のない反響をよび、テレビ番組で紹介され、ブログのヒットチャートにのるようになった。ザルカーウィーはジハードの世界にはいってすぐの頃は、アフガニスタンやクルディスターン、さらにはイラクでの蜂起に参加しても、単独で行動することをこのみ、ビン・ラーディンの指揮下にはいる気はなかったようである。しかし二〇〇四年一〇月、ザルカーウィーはビン・ラーディンに忠誠を誓う(20)。ビン・ラーディンがイラクに潜伏するザルカーウィーと緊密な連絡をとりあうことは不可能だったから、その後もザルカーウィーはおきな行動の自由をもっていた。だからビン・ラーディンへの忠誠といっても行動上の制約はほとんどなかったようだ。しかしザルカーウィーは「メソポタミア・アル＝カーイダ組織」というフランチャイズ名をうけいれる代償に、アル＝カーイダのブランド効果を利用できるようになった。そのうえでかれは作戦を遂行するにあたりかなりの独自色を発揮し、ジハード主義にあたらしい方向性をあたえた。つまりかれは一九八〇年代のアフガニスタンにおける戦争以来の伝統と二一世紀初頭のアル＝カーイダの手法を結合したのである。まず、アフガニスタンにおけるジハードからザルカーウィーがひきだしたのは現地ムジャーヒディーンと外国人ジハード主義者を統合し、一定地域内の住民と良好な関係をたもち、その協力をえて内部を自由にうごきまわりながら占領軍（かつてはソ連赤軍、いまはアメリカとその同盟軍）とたたかうという手法である。一方アル＝カーイダについては、かれはテレビで見栄えのする派手な「殉教作戦」優先の傾向をまねた。これはレバノンでヒズブッラーが、パレスチナやイスラエルでハマースやイスラーム・ジハード運動がイスラエルにたいしておこなったゲリラ闘争に呼応するものだった。第二次インティファーダと行動様式をおなじにすることはプロパガンダという面では一番重要だった。実際、反イスラエルの自爆テロはアラブ・イスラーム世界でひろく支持されていた。二〇〇四年ころにはアル＝ジャズィーラのニュースでパレスチナ報道とイラク報道の映像はほとんど違いが見分けられないほどになっていたが、ザルカーウィーはパレスチナとイラクをおなじ印でマークすることによってふたつの戦争がおなじ意味をもっているとおもわせようとしたのである。

しかし「メソポタミア・アル＝カーイダ組織」のリーダーが提供する残忍な光景はやがてジハード主義の利益をそこなうようになる。ザルカーウィーが犠牲者にたいしてくわえる暴力のはげしさは度をこしていたし、ネットやアラブ系テレビ放送でながされる外国人・イラン人人質の尋問・処刑シーンを見るとザルカーウィーがそこに倒錯的な喜びのようなものをかんじているようにおもわれたからである。そのために世界におけるアル＝カーイダというブランド名の管理責任者であるイデオローグ、アイマン・ザワーヒリーは二〇〇五年七月にザルカーウィーにおくった書簡（アメリカ諜報機関が入手し、同年一〇月に公開した(21)）で、ザルカーウィーの残酷な行為の誇示は敵を畏怖させる以上に、同調者になるかもしれないひとびとを動転させていると指摘した。ザルカーウィーは国際的ジハードが目標とするところをきちんと理解せず、イラクのスンナ派の地域的な利害に過度に肩入れしてしまった。そしてシーア派殺害を主要なる信仰の行いとすることによって世界中のおおくの普通のイスラーム教徒の非難を一身にうけることになってしまった。素朴な信仰をもっている普通のイスラーム学者の屁理屈などよく知らないし、何の不都合もかんじることなしにアリーの支持者（シーア派）をイスラーム信者共同体の正当な一員とみなしているからである。ザルカーウィーは世界中のウンマを動員させることよりも自分たちのグループを政治的に擁護し、イラク社会に足場を提供してくれたひとびとの個別的な利益を擁護するという短期的目標を優先し、そのためにビン・ラーディンとその弟子たちを困惑させた。ザルカーウィーはアル

=カーイダというブランド名をもちいていたからなおさらであった。ザワーヒリーは何よりもジハード主義の前衛と大衆のあいだに乖離が生じ、大衆がジハード推進者の行為を理解せず、自分たちから離反することを恐れていた。一九九〇年代、エジプトやアルジェリア、ボスニアではまさにそうした最悪の事態がおこったのである。ザルカーウィーは最初はスンナ派住民の支持をえることに成功したが、やがてテレビやインターネットをつうじてながされる映像で世界中のイスラーム教徒から嫌悪感をいだかれるようになった。その結果、ザルカーウィーだけではなくアル=カーイダ全体も唾棄すべき存在とみなされるようになる恐れがあったのだ。

アメリカ当局は武装抵抗をしずめるために、スンナ派指導者の一部に政権参加の機会をあたえ、そこから物質的利益をひきだせるようにしようとしていた。そのためにかれらはまず何よりもザルカーウィーとイラク・スンナ派の有力者を離間させ、ザルカーウィーを孤立させて、スンナ派有力者と交渉しようとしていた。《メソポタミア・アル=カーイダ組織》リーダーは難局を打開するために二〇〇六年二月二二日、サーマッラーの黄金モスクのドームを爆破した。そこには十二イマームのひとりの墓があり、マフディーが姿をかくしたとされる洞窟の入り口があった。つまりこれはシーア派信仰にとってもっとも崇敬される聖地のひとつだったのである。だから爆破は信者たちのつよい怒りをひきおこした。このうえもない冒瀆行為にたいしてシーア派組織の民兵は敵共同体（スンナ派）のモスクや聖地を遠慮なく攻撃するようになり、死のコマンドがスンナ派のひとびとをとらえ、拷問し、翌朝には切り刻まれた死体が溝やゴミの山のうえで見つかる。シーア派の反撃が大規模だったので暴力の連鎖がおこり、それまでは単に宗派間抗争とよばれていたのに、これを契機に内戦という言葉が口にされはじめる。ザルカーウィーの計算では、こうした事態になればスンナ派の団結心がたかまり、グループのリーダーのなかでももっとも過激な人物のもとにひとびとが結集するはずであった。しかし多数派（シーア派）の敵意の激化のために少数派（スンナ派）はあまりにも危険な立場におかれてしまった。またことなった住民グループが混在する地域はあまりにも危険になったので、ひとびとはそこから脱出して同一宗派だけがいる地域に逃げだそうとしたのだが、移動自体も苦痛にみちたものだったし、それにともなって虐殺もおこった。こうしたことから一部のスンナ派グループは、このままでは自分たちがイラクでポグロムにあうかもしれないとかんがえ、ザルカーウィーは中期的には自分たちの生存にとって脅威となっているという結論をひきだした。孤立したザルカーウィーは自己弁護するために宣伝活動をはじめる。かれは身を危険にさらしながら、特定可能な場所で、武器を手にしてカメラの前にあらわれる。そしてとうとう密告によってアメリカ軍がかれの居場所をみつけ、二〇〇六年六月七日、ザルカーウィーを殺害する。死体の映像はテレビで放映された。しかしかれが殺害されても暴力はしずまるどころか、激化する一方だった。その年の夏と秋にはテロや暗殺は増加し、時には一日に一〇〇人以上の人が死に、占領開始以来、最悪の季節となった。七月には多国籍軍、イラク政権関係者・民間人にたいして三五〇〇件の攻撃があり、アメリカと同盟軍がイラクにはいって以来、もっとも死者のおおい月となった。バグダードの死体置き場も二〇〇二年には月あたり平均一二〇体だったのが、この月には一七〇〇体という記録的な数の遺体を収容した(22)。

ザルカーウィーの後継者の名前は六月一三日に公表された(23)。エジプト出身のジハード主義者アブー・ハムザ・ムハージル（またの名をアブー・アイユーブ・マスリー）という人物だった。一方、ザワーヒリーとビン・ラーディンはビデオと音声であらたなる「イスラーム信者共同体の殉教者」への追悼文を発表した。この殺し屋の残忍な叙事詩におおくのイラク人、そして何百人もの外国人ジハード主義者が参加した。サウディアラビア人、シリア人、マグリブ地方出身者。そこにはイスラーム系移民の子孫か改宗者かはとわず、何人かのヨーロッパ国籍をもった青年もふくまれている。改宗者のなかでも一番有名なのはミュリエル・ドゴークであろう(24)。彼女はベルギーのシャルルロワのパン屋で店員をしていた女性で、店を解雇されて一文無しになった。それからモロッコ人のイスラーム主義者と恋愛関係におちいり、かれからヴェールをかぶるよう命じられる。男はミュリエルと結婚し、彼女をつれて中古のメルセデスにのってイラクに出発する。そして最後にミュリエルは二〇〇五年一一月九日、「殉教作戦」で自爆する。こうしたジハード主義者の出身国にとって、収支決算書の計算は微妙である。厄介者がでて行けばほっとするが、イラクの地は都市ゲリラの手ほどきをうけるためには格好の訓練場所でもある。だから後になってそこで習得した技術をヨーロッパやアメリカや中東で実行するかもしれない。ただ、イラクまで行ったひとたちの大半はそこからもどってきてはいないようだ。というのも自爆テロの頻度がどんどん増加し、おおくの狂信者が毎日みずからの命を生け贄としてジハードのモロク神にささげているからである。

イランの乱入

アメリカとその同盟軍のイラク占領は、内戦やスンナ派ジハード主義の跳梁にくわえ、第三の結果をもたらした。ブッシュ大統領の新保守主義《ネオコン》側近たちは戦略立案や地政学的分析が大好きだったにもかかわらず、この三番目の結果もかれらにはまったくの予想外だった。それは二〇〇五年六月に大統領にえらばれたマフムード・アフマディネジャードという風変わりな人物に代表されたイスラーム主義国家イランの再浮上である。イラク侵攻前、イラクのシーア派はシナリオどおりサッダーム政権が崩壊した後、イラク社会だけではなく、中東のアラブ・イスラーム諸国さらには隣国シーア派イランをも民主化するきっかけになる勢力だとかんがえられていた。イラク・シーア派を代表する人物のなかにはイーヤード・アッラーウィーやアフマド・チャラビーのようにながい亡命生活をおくり、世俗化されたひとたちもおり、ワシントンはかれらに期待をかけていたのだ。一方、イラン社会では一九九七年、ハータミーが権力の座につき、二〇〇一年には大統領に再選されていた。ハータミーは欧米諸国への文化的開放をおこない、ヨーロッパをとおして「文明間の対話」をうったえた。しかしアメリカの権力中枢にいる人のなかでかれの声に注意深く耳をかたむける人はいなかった。かれらはハータミーのなかに嫌悪すべきホメイニー体制の上辺だけの笑顔しか見なかったのである。一九七九年一一月から四四四日もつづいた「イマーム支持学生」によるアメリカ外交官人質事件の後処理など両国にはいまだ係争点がのこっていた。そうした問題が解決されないかぎり、ハータミーのイニシアティヴに支持を表明するなど、ワシントンから見ればモッラー体制にたいする降伏であり、体制を強化するだけだとかんがえられたのである。アメリカ指導部がのぞんだのは単なる政権の態度の変化ではなく、テヘランの体制の変化であった。そのために、かれらはイラン社会（すくなくとも教育のあるエリート層）と宗教権力のあいだに亀裂が増大しつつあるようにみえたことに期待をかけた。イラン社会の民主主義への希求に力をかせば、社会から孤立した政権は容易に崩壊するだろうとかんがえたのである。

イランの日常生活にあらわれたたくさんの兆候がこうした期待の根拠となった。たとえばテヘランでは裕福な階級は市の北部、空気のきれいな高台、標高一八〇〇メートルまでの所にすんでいるが、庶民層は南側の空気汚染のひどい標高一三〇〇メートルくらいの山麓地帯にすんでいる。この中間の標高一五〇〇メートルあたりを境に女性の服装が変化する。山麓のまずしい女性は不格好な黒いチャードルをかぶっているが、高台の裕福な家庭の女性はイスラーム主義の規定どおりのマントを着用していても、女性らしい創意工夫を発揮して裾をみじかくしたり、ふくらませたり、ウェストの部分をしぼって腰の細さを強調したり、肌色のぴったりとしたスラックスをはいている。着用が義務づけられたスカーフは後頭部の方に後退させられ、入念にブロンドに染められた髪の毛をみせている。高級ブランドのサングラスをかけ、そのうえ鼻に絆創膏がはってあるのを見ると、最新の美容整形手術をうけた様子さえ見える。こうしたことが革命防衛隊の鼻先でおこなわれ、かれらを激高させる。このように体制が説くイスラーム的道徳が、すくなくとも都会の世俗化した中産階級のあいだでは、意図的にたくみにないがしろにされているのである。かれらは現在ではイスラーム主義体制にたいしていかなる愛着もしめさない。しかし体制は依然としてバザール商人と貧困層の支持は保持している。一九七八年から一九七九年のイスラーム革命以来の神政政治は敬虔な中産階級と都市貧困青年層に石油収入を再分配し、かれらはそこから利益をえていたからである。しかしハータミー大統領時代、権力の座についた改革派はイランの自由主義派にある程度の自由をあたえ、そのために政権は大統領任期のおわり頃、貧困青年層の支持をうしなってしまった。貧困青年層はモッラー体制にたいする支持とひきかえに食料や住居への補助金、イラクとの戦争で死んだ「殉教者」子弟にたいする優先的大学入学資格などを保証されていたわけだが、そうした社会的特権や助成金が国が自由化されるにつれ減少し、最終的にはなくなってしまうのではないかと恐れたのである。

　支持基盤のこうした弱体化にたいしてイスラーム政権はハータミー大統領の開放路線を放棄し、アメリカ軍のイラク占領とその失敗に乗じて外交政策を一転して急進化し、その一方で国内的には生活必需品にたいする大規模な助成金公約を乱発した。二〇〇五年の大統領選挙で複数の改革派候補が立候補したが、六月の第二回投票で有権者はダークホースのマフムード・アフマディネジャードを勝利にみちびく。アフマディネジャードはターバンもつけていない四〇代男性で、元革命防衛隊員《パスダラーネ》だった。かれは大規模な景気浮揚策によって「イラン国民に石油収入の利益を享受させる」ことを公約して民衆の支持をあつめた。質素な身なりをし、謙虚な外観をした新大統領は元テヘラン市長だったが、バスィージュ（アラビア語の「タアビア」のペルシア語訳で、「シーア派の動員」を意味する）とよばれる狂信的な民兵組織の選挙運動協力とイラン最高指導者ハーメネイーの支持をうけることができた。ハーメネイーの支持はひかえめで、選挙戦の終盤にやっと表明されたのだが、しかしこれがアフマディネジャード当選の決定的要因のひとつとなった。

　民兵部隊《バスィージュ》は一九八〇年代、対イラク戦争に動員され、すすんで殉教にとびこんでいくことで有名になっていた。かれらはイラクが敷設した地雷地帯に地雷（結果的に自分もだが）を爆発させるためにとびこんでいったり、機銃掃射のなかを仲間と手をとりあいながら胸をつきだして突進し、人海戦術で敵軍を圧倒した。大砲の餌食となるためにわかい身体をなげだし、大量にながれる血がアーヤトッラー・ホメイニーの苛酷な神の喉の渇きをいやす。かれらの大部分は非常にわかく、小学校・中学校・高校でリクルートされ、殉教むけに洗脳をほどこされた後、「アッラーの他に神なく、ムハンマドはアッラーの預言者である」という神の慈悲を請う言葉を書いた鉢巻きを額にまいて死へとむかった。首には天国の扉をひらくための金属製のちいさな鍵がつけられていた。この鍵は殉教者の数が大量生産的規模に達したときには中国製のプラスティックの鍵にかえられた。やがてかれらは地雷の爆発で体がばらばらになっても破片がちらばらないように、シーツで自分の体をぐるぐるまきにしてから死へと出発するようになる。戦争から四半世紀たった今でもイラン政権は殉教者の遺骸を聖遺物にする儀式をこのんでとりおこなう。遺体の破片をひろいあつめて、殉教者の聖遺物とすることを容易にするためである。それによって政権はみずからの正当性を強化しようとするのだ。戦死体があらたに発見されると、遺骨はイラン特有の彩色をされた棺におさめられ、軍事パレードをおこなって政府高官たちが敬意を表する。パレードには政権を無条件で支持するひとたちが参加する。そしてパレードがおわると遺骨は何かの褒美として栄誉をあたえられるべき町に贈られる。

マフムード・アフマディネジャードは大統領に選出されるとすぐに自己犠牲の伝統をふたたびさかんにし、それを政府のプロパガンダの中心にすえようとした。「殉教者として死ぬという以上に美しく、神聖で、永遠の芸術が存在するであろうか。殉教することを知っている国民は決して囚われの身となることがない(25)」とかれはテレビで宣言した。ハータミー元大統領は文明間の対話をくりかえし訴えていたが、新大統領はハータミー大統領とは正反対にイランの外交政策を急進化させることをのぞんでいた。アフマディネジャードは殉教精神を活発にすることでそうした外交方針の転換をイメージに富んだ形で表現しようとしたのだ。アメリカ軍はイラクで泥沼におちいり、シーア派民兵に翻弄されていた。またスンナ派武装勢力は血なまぐさい攻撃をくりかえしていた。こうした状況のおかげでイランは、アメリカが茫然自失するなか、イラクの悲劇の鍵をにぎる役まわりを演じるようになった。それはイランが一部のシーア派民兵、とりわけアブドゥルアズィーズ・ハキームひきいるイラク・イスラーム革命最高評議会傘下のバドル軍団に影響力をもっていたからである。バドル軍団はテヘランによって訓練され、装備と資金をあたえられていた。だからそのメンバーはイラクのスンナ派武装集団からは特別に敵意の対象となり、ペルシア最大の王朝の名前をとって「サファヴィー人」という（かれらにとって）侮蔑的な呼び名をつけていた。スンナ派武装集団はバドル軍団がイランの回し者で、イラクを屈服させ、そのアラブ性を破壊し、ペルシアの宗教的・文化的付属物にしようとしているとかんがえた。スンナ派はこのようにイランとそのイラク国内同盟者にたいする敵意をあからさまに示していたが、それにもかかわらず、テヘランはスンナ派武装集団にも精巧な武器を供給していた。とくにロードサイド爆弾がそうである。これは道ばたにしかけられて軍事輸送車両部隊が通過するときリモコンで起爆し、装甲を貫通して兵士を大量に殺傷する爆弾で、イランがレバノンのヒズブッラーに提供したものと同一のものである。ヒズブッラーはこの爆弾を利用して南レバノンに駐留したイスラエルの装甲パトロール隊に勝利し、一八年もその地域を占領していたイスラエル軍を二〇〇〇年五月に撤退させることに成功したのである。イラクのさまざまな武装集団にこうした物資を提供することによってモッラー体制は、とりわけ革命防衛隊（これはイラン体制のイデオロギーを体現する部隊である）は隣国の抗争を激化させ、占領軍アメリカがその使命をはたすことを日々ますます困難にしていた。泥沼にはまったアメリカはよわい立場でイランと交渉し、イランの地域的覇権を承認せざるをえなくなる――これがテヘラン指導層の夢だった。イランはアメリカというまぬけな《大悪魔》がサッダームを排除した後、《対テロ戦争》という《大きな物語》を自分に有利になるように利用することを決意していたのだ。

ムクタダー・サドルの抗しがたい上昇

ペルシアの策略がワシントンの新保守主義者《ネオコン》たちの無邪気な計算をうわまわった。新保守主義者たちは、イラクのシーア派の立派な影響力とアメリカの軍事的プレゼンスの力でイランも親米的な民主主義にかわっていくに違いないとおもいこんでいた。現実はそれとは逆に、バグダードの混乱がテヘランのもっとも急進的な勢力の力をつよくしてしまった。そしてそれがまたイラクにはねかえって、テヘランの急進勢力のイラク・シーア派にたいする影響力が増大する一方になり、イラク・シーア派を占領軍との協力関係からとおざける。一月のイラク制憲議会選挙でクルド人政党と連合したシーア派宗教政党が多数派をしめた後、ながい交渉の結果、二〇〇五年三月、ダアワ党（「イスラームへの呼びかけ」）指導者イブラーヒーム・ジャアファリーが政権を担当することになった。ダアワ党は一九五七年、シーア派活動家グループが共産党に対抗するためにその組織方法をまねて創設したイスラーム主義政党である。その創設者にはアーヤトッラーのムハンマド・バーキル・サドルがいた。バーキル・サドルはその後、イラクにおけるアーヤトッラー・ホメイニーの個人的代理となり、そして一九八〇年四月サッダームの工作員によって暗殺される。ダアワ党は運動員もすくなく、自前の民兵組織ももっていなかったが、バーキル・サドルの親族でまだ年もわかいモッラー、ムクタダー・サドル(26)の弟子たちの支持をうけていた。ムクタダーの父親アーヤトッラー・ムハンマド・サーディク・サドルも一九九九年にバアス党政権によって暗殺されている。サーディク・サドルはアメリカによるイラクの経済封鎖時代、国際的経済制裁による極度の物資不足で苦しむシーア派貧困層居住区に部下をつかって食料を提供し、保護したので、おおきな名声をえていた。かれは宗教者が社会闘争に関与することを推奨し、自分の運動を「雄弁な神学校」とよんだ。これはシーア派のヴァティカンとも言うべき聖都ナジャフの中心的神学校が「沈黙する神学校」とよばれていたのに対抗したものだった。ナジャフの神学校が「沈黙する神学校」とよばれていたのは、この神学校の指導者イラン出身の大アーヤトッラー、アリー・スィスターニーが神学にかかわる問題についてしか発言しなかったからである。宗教・民族・部族にもとづく他のさまざまな活動家同様、ムハンマド・サーディク・サドルも一九九〇年代の悲劇的な社会状況に乗じて、試練によって団結し、攻撃的な信仰のもとに統一された共同体を建設した。奇妙なことだが、サッダームはかれの運動を援助した。イラクで摂理国家が崩壊した後、政権は民衆の日常生活を維持する仕事をひきうけたイスラーム主義指導者を味方にとりこもうとして「信仰キャンペーン」をおこなっていたからである。そもそも大アーヤトッラー・スィスターニーをはじめおおくのシーア派宗教家がイラン出身者であるのにたいして、サドルはアラブ人の血をひいていたから政権もサドルに好意をしめしやすかった。バアス党の汎アラブ主義はイラクでは極度の反イラン感情となって表現されていたからである。バアス党の援助とひきかえにサドルは金曜日礼拝を復活させた。シーア派は政府が正しくなければ金曜日礼拝をおこなわない。というのも説教冒頭の神の恵みを祈る言葉は施政者の名においておこなわれるからである。サドルは民衆の人気がたかく、その説教を聞くためにひとびとが殺到した。しかしトマトの値段も知っていると言われたこの庶民的なアーヤトッラーの人気があまりにもたかかったために独裁者はとうとうそれに不安をかんじるようになり、サドルを二人の息子とともに暗殺してしまった。わかいムクタダーは生きのこった。かれは一九七〇年代末にうまれたのだが、アメリカでもイラク亡命者のあいだでもかれに注意をはらう者は誰もいなかった。神学校でのながい勉学期間をなによりも尊ぶシーア派宗教家の世界で卓越した地位につくためには年齢が必須条件だったのである。

しかしバグダードが陥落するやいなや青年ムクタダーは権力獲得レースにのりだす。そしてかれはその野心のおおきさに見あうだけのおおきな成功をえることになる。四月九日、アメリカ軍によって市が包囲され、サッダームの巨大彫像が破壊されたが、これはちょうど二十三年前、独裁者がはなった暗殺者によってムハンマド・バーキル・サドルが暗殺された日にあたった。だからアーヤトッラーを支持するひとびとやその名前をついだムクタダーはサッダーム政権崩壊をアメリカの軍事力に帰するのではなく、それがバーキル・サドル暗殺にたいする復讐であり、イスラーム教徒のメシアであるマフディーの奇蹟の御業がそれをなしたのだと主張した。この奇蹟は世の終末がちかいことの明確な印である。マフディーが地上にもどる前に世界はカオスにおちいる。だから世界の混乱は世界の終末を告げ知らせているのである……(27)。シーア派の信仰にとってマフディーは非常におおきな重要性をもっている。マフディーは第十二代イマームで、西暦九四一年みずから姿を消した。ひとびとはその再臨を待望しているのだが、マフディーが再臨すると闇と不正に沈んだ宇宙は光と正義によってみたされることになるであろう……。ここでとりわけ印象的なのはふたつの《大きな物語》の正面衝突である。ワシントン首脳部にとってサッダームの彫像の破壊は、時代や場所はことなるにせよレーニン像の破壊とおなじように、アメリカの指導のもとでのイラクの民主化を予告するものだった。それは《対テロ戦争》という《大きな物語》が具体化されて、破壊された独裁制の廃墟のうえに民主主義的社会をうみだす段階へとすすむ決定的な瞬間を意味していた。一方、サドルの支持者にとって、偶像神サッダームの彫像の破壊はかれらが解釈するシーア派的聖史のなかに位置づけられる。つまりそれは黙示録的混乱と異教徒やスンナ派の最終的敗北の後に実現するマフディーの地上再臨が間近であることを告げ、地上と天上におけるシーア派イスラームの最終的な勝利を予告しているのである。

翌日四月一〇日、ムクタダー・サドルの狂信的支持者たちはナジャフの聖域でアーヤトッラー・アブドゥルマジード・フーイーを惨殺した。フーイーは高名な宗教家の家系にうまれ、ロンドンでの亡命からかえってきたばかりで、親欧米派と見られていた。このような冒涜的な行為をおこないながら、ムクタダーはシーア派宗教界を政治的に支配するための競争に暴力的にわりこんできたのである。これはかれのようなわかい人間にとってはおもい上がった野心だったのだが、ムクタダーは翌年にはアーヤトッラー・スィスターニーからナジャフをうばおうと試みさえしている。フーイー殺害の翌日、かれはイラクのシーア派に徒歩でシーア派の一大聖地カルバラーにむけて巡礼にでるようアピールをだす。シーア派は毎年、ヒジュラ暦のムハッラム月一〇日、イマーム・フサインの死を華々しい苦痛主義《ドロリスト》的な（訳注：フサインの死を悼むためパレードに参加する者がみずからを鞭でうったり、刃物で自分の体に傷つける）パレードで記念する習わしだったからである。

このカルバラーでの二〇〇三年のフサイン「四十日忌」になんと四〇〇万人の群衆が参加した。四十日忌というのは死の記念日から数えて四十日目の記念日である。これを記念するのはイスラーム（とその他の中東の宗教）は魂が肉体を決定的にはなれ、天にのぼっていくのは死後四十日目だとかんがえているからである。この四十日忌の参加者の大半はバグダード東部の人口が密集したシーア派居住地域からやって来たひとたちだった。そこはかつてムハンマド・サーディク・サドルが絶大な人気を誇った場所で、かつてメディネット・サッダーム（サダム・シティー）という名前だったが、その頃はすでに忌むべき名前を廃してメディネット・サドル（サドル・シティー）という呼び名にかえられていた。バアス党の抑圧がおわってからシーア派信仰の表明が公共の場で（しかもこれほどの規模で）おこなわれたのはこれが最初であった。ムクタダーは高名な家系にうまれたとはいえ、自身はまだ無名の人物だった。このようなわかい宗教家がこれだけの群衆をあつめられたのはイラクのシーア派が大衆動員の時代にはいったことを如実にしめしていた。これはまた中東における最大規模の集会でもあった。スンナ派のサウディアラビアが管理しているマッカの巡礼でさえ、二〇〇万から二五〇万人のイスラーム教徒をあつめるだけである。イラク国内にかぎっても、また中東地域全体からかんがえても、こうした出来事がもたらす影響はおおきい。これはムクタダー・サドルの抗しがたい台頭と革命的シーア派の出現を目に見える形で表現しており、スンナ派勢力もアメリカも警戒心をいだかざるをえなかった。こうしてアメリカは自分たちが胸にあたためて育てていたのが蛇で、自分たちにたいして歯をむきだしはじめたことに気がつくことになる。

イラクで二〇〇三年の四月からムクタダー・サドルが表現し、イランでもマフムード・アフマディネジャードとその一派が公言していたシーア派信仰の特徴のひとつは極端な形でのマフディー信仰である。救世主である第一二代の「隠れイマーム」の再臨はシーア派のもっとも重要な信仰箇条のひとつである。しかしこうした救世主待望の感情は位階制度をもった聖職者階級（これはおなじような形ではスンナ派のウラマーにはない）の存在によって緩和されている。この位階制度の頂点にいるのはアーヤトッラーで、中間段階にはフッジャ・アル＝イスラーム（直訳では「イスラームの証」）が、そして底辺には一般のモッラー（平司祭にあたる）がいる。学修期間や師事した指導者の名声、合格した試験、執筆した論説・論文、こうしたものが聖職者位階制度のなかでの昇進を決定する。これはすこし欧米の大学に似ており、書物の知識がとりわけ重視される。ピラミッドのトップにはマルジャア・アッ＝タクリード（直訳すると「習従の源泉」）とよばれる数名の大アーヤトッラーがいる。かれらは不可謬で、そのために聖典を解釈する資格をもっているとされる。これはスンナ派とことなる点である。スンナ派は伝統的に聖典はもう解釈することが許されず、「解釈の扉」は西暦一〇世紀に閉じられたとしているからである。

シーア派聖職者は隠れイマーム（かれらは言わばその代理にすぎない）の再臨をまちながら信者共同体を指導し、信者の魂をいやし、救済へみちびく。政府というものは当然、わるいものとされるが、信者側がよわい立場にある場合には表面的に政府に服従することは許される。そして隠れイマームの再臨が期待されるときには政府にたいして対抗するために皆が力をあわせる。このような一般的にみとめられていた規則がアーヤトッラー・ホメイニーによって完全にくつがえされた。かれは法学者（つまり自分自身とその後継者、つまり現最高指導者ハーメネイー）は正しく統治する能力をもち、信者は法学者の権力掌握をはやめるためにイスラーム革命に協力しなければならないとかんがえた。さらにホメイニーは信奉者に自分をイマームとよばせ、再臨が待望されている救世主と混同される可能性をわざとそのままにした。しかし一般的に言って、組織された集団としての聖職者階級は救世主にはやく再臨してもらいたいとはおもっていない。そうなれば自分たちは社会的有用性（と同時に信仰団体がもたらす相当の収入）を喪失してしまうからである。だからかれらは民衆の信仰によく見られる救世主思想の熱情をやわらげ、自分たちの指導のもとにそのはけ口を見つけて、そちらに目をむけさせようとする。

イラクでこのメシア再臨の渇望を刺激したのはムクタダー・サドルだった。かれは自分が待望されるマフディーであるかもしれないと信じさせた。伝説によればマフディーはわかく、知識や威厳を神の霊感からひきだし、普通のモッラーたちが神学的知識をえるために髭が白くなるまで学びつづけるのにたいしてマフディーはそのようなながい修練期間を必要としないとされている。自然発生的な救世主信仰に熱中した庶民層のあいだでムクタダーへの崇敬がすぐにひろがった。バグダードやイラク南部の大都市では地方から都市への人口流入や度重なる戦争のために人口が急激にふくれあがっていたが、とりわけそうした大都市周辺の民衆的地域でムクタダー崇拝の傾向がつよかった。一方、ハキーム兄弟のイラク・イスラーム革命最高評議会は伝統的な聖職者階級とのむすびつきがよりふかく、おおくの場合、社会階層としてもより恵まれた層に影響力をもっていた。ふたつの党は国の将来の構想についても見解を異にしていた。イラク・イスラーム革命最高評議会はイランの影響をよりうけやすかったが、南部石油産出地帯周辺にいる大部族を支持基盤にしており、石油収入の利益を自分とその支持者で独占するために連邦制色をできるだけつよめることを主張していた。それにたいしてサドル・グループはより明確にアラブ民族主義的色彩がつよく、石油資源がない貧困な都市近郊を地盤にしていたので、イラクの一体性を保持する方にかたむいていた。またスンナ派にたいしても原理的な次元で敵意をもっているわけではなかった。故アーヤトッラーたち、ムハンマド・バーキルもムハンマド・サーディクも生存中は左翼や世俗主義者・欧米に対抗するためにスンナ・シーア両派のイスラーム主義が団結することをうったえていた。二〇〇四年春、イスラエルがハマースの指導者アフマド・ヤースィーンとアブドゥルアズィーズ・ランティースィー（両者ともスンナ派）を殺害したとき、ムクタダーの支持者は大規模な抗議行動を展開した。これはかれらがアラブ・イスラームの大義と連帯感をもち、せまいシーア派固有の利害関係にとらわれてはいないことをしめしている。この年の四月、アメリカ軍はふたつの戦線で同時にたたかわなければならなかった。ファルージャではスンナ派の武装勢力にたいして、そしてカルバラーではムクタダーが武装させた貧民集団「マフディー軍」にたいして。一一月、アメリカ軍と政府軍がファルージャにたいして最後の攻撃をしかけたとき、ムクタダーは包囲されたジハード主義者を援助するために補給輸送隊を派遣した。しかし「異端者（シーア派）」のドライバーたちは狂信的なスンナ派によって殺害され、ふたつのグループの協力関係樹立は立ち消えになった。ムクタダーはアメリカ軍駐留にはつよく反対したが、占領下でおこなわれた二〇〇五年の三度の選挙には支持者を参加させた。かれは多数の有権者を動員できたから、議会にたくさんの議員をおくりこむことができ、その結果、政府首班指名に決定的な役割をはたした。一方、イラク・イスラーム革命最高評議会の軍事部門バドル軍団（その幹部はイランで訓練をうけてきた）は内務省を支配下においた。バドル軍団は反シーア派テロをおこなっているジハード主義者やテロリストを追跡するという口実で多数のスンナ派の容疑者を逮捕した。その一部は栄養失調で、しかも拷問をうけた形跡もあらわな状態でアメリカ軍によって発見されている。宗派間の緊張がたかまったこと、そしてシーア派が反撃措置をとりはじめたことはアーヤトッラー・スィスターニーの影響力が低下していることをしめしていた。スィスターニーはナジャフの神学校から国内の平和を説いていたのだった。かれの平和へのよびかけにもかかわらず暴力が激化したために、バドル軍団とマフディー軍が舞台の前面をしめるようになった。かれらはそれぞれ自分たちの勢力地域をパトロールし、未回収地域回復のための軍事力を構築しようとしていた。アメリカとその同盟軍はスンナ派武装勢力から毎日、執拗な攻撃をうけていたのだが、シーア派民兵の攻撃力もかれらにとっては耐えがたい挑発であった。

こうして災厄にみちたイラク占領は中東の、ひいては世界の情勢にふかい変化をもたらした。二〇〇一年九月一一日のテロ直後に支配的であった状況が一変してしまったのだ。最初、アメリカはテロの被害者としておおきな道徳的クレジットをもっていた。だから反テロ同盟の先頭にたって、イスラーム諸国にも民主主義を誕生させると主張する《対テロ戦争》という《大きな物語》を構築することができた。しかし今やアメリカは抑圧的な権力であり、西側のもっとも忠実な同盟国でさえ支持を出し惜しむようになってしまった。イラクでは蜂起がつづき、レジスタンスとよばなければならないほど大規模なものになった。そのためにアフガニスタンから排除されて途方にくれていたジハード主義者たちも息をふきかえし、これまでなかったような形でスンナ派社会のなかに民衆的基盤をみいだすことが可能になった。中東のスンナ派の権威主義的体制はワシントンの伝統的同盟者であったが、アメリカでのテロ事件の後、テロに責任があるとして批判をうけていた。しかし、皮肉なことにイラク情勢の悪化のためにかれらはふたたびホワイトハウスから歓待をうけるようになる。途方にくれたブッシュ大統領は中東地域で自分を支持してくれる勢力がほしいから、民主主義の原則に拘泥しなくなったのである。しかしついこのあいだまでアメリカから指弾されていたアラブの指導者たちのあいだでアメリカの軍事力への信頼がイラクの泥沼化とともに減少していった。そして最後にシーア派カードである。それは中東の民主化のための切り札になるはずだったのだが、ブラフをかけられた新保守主義者《ネオコン》の手をはなれ、イラン政権の手にわたった。切り札をにぎったイランは核のポーカーでとつぜん賭け金の競り上げ競争をはじめる。ワシントンの不手際な見習い魔術師たちは《正義の対テロ戦争》というスローガンはアメリカの選挙民にも国際世論にも簡単に売りつけられるとおもっていた。だからかれらはこんな単純なスローガンをかかげて複雑怪奇な中東に出かけていってしまったのである。しかし倫理と道徳を動員して構築されたこの《大きな物語》はイラクでの大失敗で破綻してしまった。イラクの混乱のなかで道徳や法という原理自体が粉々にふきとんでしまったのである。

第二章　殉教からジハードへ――シーア派対スンナ派

イラクのシーア派におおきく投資して大損害をこうむった後、アメリカ首脳陣は二〇〇七年初頭からよりバランスのとれた形で中東地域への投資をおこない、リスクを最小限にし、大暴落は回避するという戦略に転じた。新保守主義者《ネオコン》のグランド・スラムの夢が放棄され、リアルポリティクスへの復帰という穏健な選択がなされたのである。そのためにはまずアラビア半島のスンナ派諸国の指導者・政権との関係を修復しなければならなかった。二〇〇一年九月一一日にかんするかれらの責任問題はすべて帳消しにされた。かつてシーア派はあらゆる美徳でかざられているように考えられていたのだが、その背後にアフマディネジャードの不吉な影がうかびあがってきた。二〇〇六年はブッシュ大統領の選挙戦大敗で幕をとじた。ブッシュ大統領は一一月の中間選挙で上下両院の多数派の地位をうしなってしまったのだ。さらにベイカー＝ハミルトン報告書でイラク政策の破綻を指摘された。報告書は戦略を全面的にみなおし、バグダードの近隣国と対話を開始して多国籍軍の撤退を準備するよう勧告していた。しかしホワイトハウスはまずテヘランとのポーカーゲームで主導権をとりもどそうとした。実際、アフマディネジャードは大統領当選以来、たえず賭け金を競り上げつづけてきた。シーア派民兵のみならず一部のスンナ派武装勢力にも武器を提供してイラクの混乱に油をそそぎながら、アフマディネジャードはワシントンとの力くらべで世界の支持をあつめようとして全方位的な外交戦略を展開していた。チャベスやモラレスなどのポピュリストな大統領のいるラテン・アメリカからインドネシアの大学キャンパスまで、かれは第三世界の国々が原子力エネルギーを開発する権利をもっていることを説いてまわった。かれは民生用なのか軍用なのかについてはあいまいなままにして、原子力開発は人類の不可侵の権利であり、現在世界を支配する大国だけが独占してよいものではないと主張していた。アフマディネジャードはシーア派イスラーム主義と第三世界主義をつなぐ反欧米「緑赤」同盟によってイスラーム共和国の旗印のもとに「傲慢なる者たち」に対抗して「恵まれぬ者たち」（これは抑圧者と被抑圧者の戦いというマルクスのシナリオをコーラン風に翻訳したもの）を結集しようとしたのである。これはラフサンジャーニーやハータミーが大統領だったときに推進した政策をひっくりかえすものだった。石油資源開発をすすめ、モッラー体制の基盤となる収益を確保するためには先進技術が必要だった。改革派大統領たちはそうした先進技術を獲得するためにヨーロッパやアメリカと何らかの形で和解することを模索していたのだ。それにたいしてアフマディネジャードはイランをふたたび革命国家にし、ワシントンを最大限に挑発しながら、アメリカのイラク占領の泥沼化からできるだけはやく、そして最大限に利益をひきだそうとしていた。それは恐れをいだいた欧米から必要な譲歩をひきだして核兵器保有国となり、最終的には湾岸地域とその石油資源を支配するためであった。こうした政策の第一歩は、改革派大統領から無視されたために不満をもったイランの貧困層のあいだにかつての革命への熱情をふたたびかきたてること、そして中東さらには世界中で欧米と敵対するすべての勢力を支援することである。しかしこのような革命主義の企てを成功させるための時間的余裕はあまりなかった。イランは欧米との対立をそんなに長びかせることはできなかった。経済的・社会的にイランの選択肢は限定されていたからである。実際、原油輸出収入は石油精製製品（ガソリン、調理・暖房用ガス）輸入の費用で帳消しになっていた。イランはそうした石油精製製品を世界市場から高値で輸入せざるをえなかった。だから国連の経済制裁はイランにはおおきな痛手であった。二〇〇七年六月、アフマディネジャードはガソリンに配給制をしき、助成金でおさえていたその価格を値上げせざるをえなくなった。そのためにかれの大統領就任以来、もっとも深刻な都市暴動がおこった。このようにイラン大統領は無理を承知で捨て身の策にでることを余儀なくされていたのだが、しかしそれもたいした効果のない身振りの連発におわり、最後には信用をなくしてしまう危険性もあった。かれが反イスラエル的挑発や否定主義史観にもとづく反ユダヤ主義的言語遊戯を展開したのはその一例である。アフマディネジャードはホメイニーの言葉を引用しながら、イスラエルという癌を摘出し、イスラエルを地図から抹消しなければならないとくりかえし、ショアーを否定する講演会やユーモア画・風刺画の展覧会を開催した。ショアー否定のユーモア画・風刺画展覧会というのは二〇〇五年秋、預言者ムハンマドのカリカチュアがデンマークの新聞に掲載されたのにたいする反撃と称しておこなわれたものである。デジタル時代に「目には目を、歯には歯を」のハンムラビ法を適用したわけである。これによってイラン政権はペルシア人でありシーア派であるというイランの特殊性をのりこえて、クアラルンプールからカサブランカ、さらにはブラッドフォードにいたる世界のイスラーム民衆——「傲慢な」欧米と衝突するなかで保護と支えをもとめている世界のイスラーム民衆のヒーローになろうとしたのである。要するに一九八八年から一九八九年におこったラシュディー事件の二番煎じである。かれらにとってレバノンはこのような急進化のエスカレーションを実践するために恰好の地であるようにおもわれた。イスラーム世界と欧米をわかつふかい断層線がレバノン、イスラエル、パレスチナを縦断してとおっている。その断層線のなかにテヘランは飛びこんでいったのである。

レヴァント地方の断層線に介入したテヘラン

一九七〇年代以来の人口増加でレバノンのシーア派住民は国内最大の民族集団となった。イランのイスラーム主義はこのシーア派住民をつうじてレバノンに影響力を行使したのだが、これはイスラーム共和国成立直後、レバノンへのイスラエル軍侵攻をうけてヒズブッラーが組織された一九八二年にまでさかのぼる。「神の党」（ヒズブッラー）の政治的・宗教的路線はイラン・イスラーム革命の最高指導者（最初はホメイニー、ついでハーメネイー）のそれを忠実に踏襲していた。アラビア語で「シャームの国」とよばれるレヴァント地方、つまりレバノン、シリア、イスラエル、パレスチナをふくむ地域はイラクと同様、中東の深刻な紛争地域であったから、時間がたつにつれ大衆的運動となったヒズブッラーは湾岸地域の強国イランにとってこの地域における強力な切り札となった。ヒズブッラーはレバノンのレジスタンス運動の代表となることに成功した。二〇〇〇年五月、イスラエル占領軍を栄光なき撤退においこんだおかげで、その本来の政治的・宗教的基盤をこえてたかい名声をえることができたのである。それにイランから潤沢な資金援助をうけていたので貧困なシーア派社会に活発な社会扶助政策を展開したり、あたらしいテクノロジーに投資することもできた。たとえばテレビ局アル＝マナール（「灯台」という意味）だが、このヒズブッラーのテレビ局は地域の急進的運動のもっとも重要なプロパガンダ手段となり、カタルのテレビ局アル＝ジャズィーラのライバルになるまでに成長した。しかしヒズブッラーは一九八九年のターイフ合意でレバノンのあたらしい制度的枠組みが決定されたとき、いちばん割をくった勢力だった。ターイフ合意は内戦後のあたらしい勢力関係を制度的に追認しようとしたもので、キリスト教勢力の弱体化を反映して、もともとスンナ派にわりあてられていた首相のポストにあたらしい権限を付与し、それによってスンナ派にレバノン政治の実権をあたえるものだった。しかしこの時、シーア派は人口が増加していたにもかかわらずあたらしい人口比におうじた議員数わりあてがなされることはなかった。シーア派住民は伝統的にレバノンの一番まずしい地域におしこめられ、実りのすくない農業に従事していた。もとは地方名士による支配をうけ、代議制になってからもかれらが議員職を独占した。しかしやがて貧困と、そして一九七〇年のカイロ合意以後レバノン南部をパレスチナ人が勢力範囲とし、これにたいしてイスラエル軍が頻繁に攻撃をしかけたので、これを避けて、シーア派住民は大挙してベイルート南部の郊外に移住してきた。人口爆発と地方からの人口移動の結果発生した大量のシーア派ルンペンプロレタリアートはヒズブッラー運動員・同調者の供給源となった。悲惨な生活をしいられ、レバノンの国制である宗派制度にもとづくさまざまな公的機関において正当な代表をもっていないシーア派住民にとって、ヒズブッラーはあたらしい政治的表現手段を提供してくれる勢力となったのである。ヒズブッラーはイスラエルにたいするレジスタンスでおおきな役割をはたし、そしてそれはダマスカス（シリア）の立場を強化した。だからヒズブッラーはシリアの世俗主義的バアス党政権から寛大なあつかいをうけ、イランから提供された武器や資金はイラクを経由してはこびこまれた。一九九九年、ハーフィズ・アサド大統領が死去し、まだわかい息子バッシャールが後継となったが、バッシャールはシリアでの自分の権力と中東地域でのシリアの存在を安定化するためにヒズブッラーを第一の同盟者とした。シリア新大統領にはこの同盟者がどうしても必要だったのである(28)。

バッシャールは保護していたレバノン大統領エミール・ラッフードの任期を力づくで延長させた。それにたいする報復として国連安全保障理事会は二〇〇四年九月二日、フランスとアメリカの提案で国連決議一五五九号を採択した。それは一九七六年からレバノンに駐留するシリア軍の撤退を要求するものだった。二〇〇五年二月一四日、スンナ派で親欧米、親サウディアラビアの元首相ラフィーク・ハリーリーが暗殺され、その黒幕と名指されたシリアは軍隊を撤退させることを余儀なくされた。しかし現地勢力（ヒズブッラー）がシリア軍のかわりとなってワシントンやパリやリヤードの影響力行使に対抗した。ヒズブッラーはレバノンやレヴァント地方全域における欧米の外交政策にたいする反対勢力の中心となったのである(29)。こうした状況のなかで、二〇〇六年夏、イスラエル・レバノン戦争がおこった。これはヒズブッラーにとってシーア派や、さらにはレバノンという枠をこえて、ふたたびイスラエルにたいするレジスタンスの象徴となり、指導者イランとともにすべての反帝国主義運動のヒーローとなるまたとない好機だった。パレスチナ解放運動は第二次インティファーダの失敗、さらには民族主義ファタハとイスラーム主義ハマースの骨肉の争いのためにそのイメージが傷ついていたから、ヒズブッラーが集団的想像力のなかでそれにかわって中心的な位置をしめることさえありえない話ではなかった。

七月一二日にイスラエルのレバノン侵攻がはじまったのはレバノン国境でふたりのイスラエル兵士がヒズブッラーによって誘拐されたことがきっかけだった。この戦争はイスラエルにとって軍事的にはなかば失敗だった。九ヶ月後、イスラエル首脳部は、戦争指揮のミスを調査するために国会が設置したヴィノグラード調査委員会からその点をきびしく批判されることになるだろう。イスラエル参謀本部は二〇〇三年のアメリカのイラク侵攻をまねて、大々的に航空機をもちいた作戦を遂行したが、迷路のようになった地下通路やシェルターで構成されたシーア派民兵の防衛線を破壊することに成功しなかった。情報収集でもミスがあったことが発覚した。情報機関はヒズブッラーがテヘランから長距離ミサイルを豊富に供与されていたことを知らなかった。ヒズブッラーはこの長距離ミサイルをつかってハイファーの街を攻撃し、軍用船に打撃をあたえ、たくさんのメルカヴァ戦車を破壊することに成功した。この間、ダヴィデの星のマークをつけた爆撃機が軍事的には効果のないレバノンの民生用インフラ爆撃を敢行し、南部の百万ちかくの住民は首都に避難することを余儀なくされた。イスラエルはこれによってヒズブッラーの政策の代償をレバノン人全体にはらわせ、両者を分断することを期待したのである。しかしイスラエル国防軍の停滞はアラブ・イスラーム世界全体から「敵シオニストにたいする勝利」として祝福され、ヒズブッラーは栄光につつまれ、その余波は保護者イランにまでおよぶことになる。組織のプロパガンダ機関は議長ハサン・ナスルッラー（その姓は「神の勝利」を意味する）のおかげで「神々しい勝利」がえられたのだと大々的に宣伝をおこない、アラブ諸国の左翼勢力に属するひとびとまでがかれをチェ・ゲバラの再来と賞讃した。ゲバラはレバノン南部の出身者だという噂があったからである。

ヒズブッラーの礼讃者は勝利を手ばなしで賞讃するが、実際はわりびいてかんがえる必要がある。というのも休戦の結果、増強されたＦＩＮＵＬ（国際連合レバノン暫定駐留軍）の多国籍軍とレバノン国軍がイスラエル・

レバノン国境に展開し、そのために今後ヒズブッラーがイスラエルに秘密裏にあらたな攻撃をしかけることが困難になったからである。しかし象徴的な効果はそれにまさった。とりわけ八月一四日、戦争停止と同日、デンマークでの預言者ムハンマドのカリカチュア事件にたいする報復としてホロコーストを題材にしたカリカチュアの国際展覧会が開催されたから効果はおおきかった。展覧会のポスターにはダヴィデの星をつけたナチス風ヘルメットがえがかれ、ひとびとにつよい印象をあたえていた。またイランのテレビは一ヶ月のあいだ、アメリカ製のイスラエル軍機により破壊されたレバノンの廃墟と、そこから毎日のようにあたらしく発見される女性や子供の死体の映像を放送しつづけた。

二〇〇六年の「三十三日戦争」をきっかけにしてテヘラン＝ヒズブッラー枢軸は全方位的に活動を展開しはじめた。イスラエル国防軍にたいする「神々しい勝利」はレバノン国内の力関係を一変させ、二〇〇七年、政治バランスの要である大統領選挙が予定されているなか、親欧米陣営を弱体化させる結果となった。二〇〇五年春のシリア軍撤退の後、レバノンではファアード・スィニューラひきいる親欧米連合が政権をにぎっていた。スィニューラ首相はラフィーク・ハリーリー元首相が創設し、その死後、息子のサアド氏がひきいる金融グループの代理人をしていた人物だった。この政府を支持していたのはスンナ派住民の大多数だけではなかった。部族の名望家《ザイーム》ワリード・ジュンブラートひきいるドゥルーズ派、サミール・ジャアジャアやアミーン・ジュマイエル等レバノン軍団リーダーを中心としたマロン派キリスト教徒指導者の大部分なども政府支持にまわり、過去三十年間、相互にはげしく残酷にたたかい、敵対していたさまざまな勢力がこの同盟に結集した。それにたいして、野党はヒズブッラーを中核に、ナビーフ・ビッリー国民議会議長指揮するシーア派民兵アマルとマロン派キリスト教徒ミシェル・アウン将軍がひきいる自由愛国者運動が結集した。ヒズブッラーは二〇年前、ベイルート南部郊外でアマル相手に血みどろの塹壕戦を展開したのだが、ヒズブッラーとアマルが野党としてまとまったことでレバノンのシーア派の大多数を代表する勢力が出現したことになる。一方、自由愛国者運動は大部分がキリスト教徒で構成されていた。この勢力の中心人物アウン将軍は一時期、首相もつとめた。かれは一九八九年から一九九〇年、サッダーム・フサイン（ダマスカスの仇敵）の支援をうけてシリアのレバノン駐留軍と戦闘をおこない、目的をとげられず、国をはなれてフランスで一〇年以上の亡命生活をおくった。二〇〇五年春、シリア軍が撤退した後、ベイルートにもどったアウン将軍は同盟関係を完全にくみかえて、かつてかれがたたかったシリアのレバノンにおける同盟者ヒズブッラーやアマルと接近した。この一見奇妙な状況もさまざまな要素を考慮にいれれば説明可能である。まずキリスト教徒は一九八九年のターイフ合意でかつての制度上の支配的地位を喪失し、弱体化した。そのためにかれらはイスラーム系勢力の保護をもとめるようになっていた。ジュマイエル家のような親欧米派の名士階級はハリーリー家ひきいるスンナ派との同盟を選択した。ハリーリー家はレバノン最大の富豪であり、フランス（とくにシラク大統領）やアメリカ、サウディアラビアと関係がふかかった。それにたいしてアウン将軍はマロン派やギリシャ正教会信者からなる庶民的な社会階層を基盤としたが、かれはイスラーム系住民の数が圧倒的に増加するなかでレバノンのキリスト教社会が生きのこるためにはもう一つのマイノリティー、シーア派と接近することが上策だと計算した。それが地域の多数派スンナ派住民にたいして十分に強力なブロックを形成する最良の保証だとかんがえたのである。そうすれば非スンナ派マイノリティーの集合体というレバノン社会特有の存在を維持することができる。ダマスカス政権の支えがあればいっそう好都合だ。ダマスカスの政権自体、イラク国民の一二パーセント程度をしめるにすぎないシーア派内の非正統派アラウィー派が主体となっている政権に他ならないからだ。このような判断から自由愛国者運動はシーア派の主勢力を代表するヒズブッラーと契約をむすんだ。この契約はミシェル・アウンとハサン・ナスルッラーがマール・ミハエル教会に同時に姿をあらわすことによって確認された。マール・ミハエル教会は一九七〇年から一九八〇年にかけてのイスラームとキリスト教の内戦の際に、宗派間の境界線になった地域にあった教会で、将軍がうまれたマロン派の村ハーラト・フレイクで唯一のこったキリスト教施設である。ハーラト・フレイク村は今ではシーア派住民が多数住むベイルート郊外の人口密集地域となっている。二〇〇五年の議会選挙でアウンのグループはキリスト教徒わりあて議席の多数派をしめた。またヒズブッラーは民兵組織のなかでは唯一、継続して武装することが許可された。公式にはヒズブッラーはイスラエルにたいする抵抗運動をまだ継続していることになっていた。イスラエルが二〇〇〇年五月に撤退した後もシェバ農場（イスラエルはシリア領とみなし、レバノン側は自国の領土とかんがえている放牧地）占領をつづけているためにレバノンはイスラエルとの交戦状態がつづいているとみなしていたからである。安保理決議一五五九号はシリア軍撤退の他にヒズブッラーの武装解除をもとめていたが、アウン・ヒズブッラー同盟はこれを拒否した。こうした観点からすると二〇〇六年夏の戦争は微妙な結果をもたらしたと言わざるをえない。イスラエルはヒズブッラーの軍事力を壊滅させるためにレバノンを攻撃したのだが、これによってヒズブッラーが実際にアラブ世界でイスラエル国防軍のヘゲモニーに対抗できる唯一の勢力であるということを言わばあらためて確認したことになった。のみならず、攻撃がお粗末な結果におわってしまったためにヒズブッラーの立場は強化され、ヒズブッラーはすべてのアラブ諸国の指導者や、さらにはアル＝カーイダをもはるかに凌駕してイスラエルと欧米にたいする抵抗運動のチャンピオンとみなされるようになってしまった。しかしシーア派のハサン・ナスルッラーが民衆のアイドルとなると、スンナ派の君主や大統領は自分たちの存在の正当性がおびやかされるとかんじ、不安をいだくようになった。すでに二〇〇四年秋、ヨルダンのアブドゥッラー二世はイランからイラク、バハレーンを通過してレバノンにまでいたる「シーア派の三日月地帯」にたいして警戒をよびかけていた。そうした地域ではシーア派が多数派をしめているが、さらにサウディアラビア、クウェート、シリアにもシーア派マイノリティーが存在する。とくにシリアはダマスカスにサイイダ・ザイナブ廟というシーア派の重要な巡礼地をもっている。またエジプト大統領ムバーラクもドバイのサウディアラビア資本のテレビ局でアラブ諸国中のシーア派住民はその国民的帰属がどうであれまずイランとそのアーヤトッラーに忠誠を誓っていると述べている。これはシーア派住民はペルシア人への内通者という昔からの偏見をくりかえすものだった。こうした偏見は一〇世紀も前のアッバース朝時代のペルシア人とアラブ人の対立にまでさかのぼるものである。アッバース朝の物語は学校の教科書でも重要な位置をしめており、アラブ民族主義の基本となる神話を形成するのに貢献しているのである。

アメリカ軍によるイラク占領は中東におけるイスラエルの安全を強化するはずだったが、破局的な結果におわった。イスラエル首脳部はそれに落胆し、自分たちの国家の安全を保証するためにみずからイニシアティヴをとる意志をかためた。イスラエルが二〇〇六年七月一二日にレバノンに侵攻したのはこうした意志の表明であった。アフマディネジャードのイランはイスラエルを地図上から抹消するとたえず脅しをかけ、そのうえ原子力開発まで主張している。このようなイランとの直接対決が将来的にあることを念頭においたイスラエルはイランのレバノンにおける被保護者ヒズブッラーのミサイル兵器を予防的に破壊して、その戦闘能力を破壊すればイスラーム共和国（イラン）を弱体化できるとかんがえた。同時に、六ヶ月前の選挙でハマースが勝利したことをうけてパレスチナで暴動が再開され、その一方で、国際社会からの資金の流入をたたれたイスラーム主義（ハマース）政府にたいしてテヘランが中心的な支援者となる姿勢をしめしていた。こうした状況のなかで、イスラエルは武力介入をおこなって、イスラエル国防軍が自国の意志を武器の力によって強制できることを実証しようとしたのである。オルメルト政府がのぞんだこうした企ての失敗は世論調査におけるその支持率の急激な低下をもたらしたのみならず、地域のパワー・バランスにおいてイスラエルを弱体化し、スンナ派指導者たちにたいしてイランやシーア派の力を強化し、アメリカを微妙な立場においやった。アメリカはイスラエルが何日か爆撃をつづければヒズブッラーにとどめをさすことができると期待して停戦をおくらせることに同意したのだが、しかしその期待はうらぎられた。アメリカのこのような態度はワシントンがイスラエル支持にかたよりすぎて、その他の地域的配慮ができていないということを明白な形で露呈した。それはまたブッシュ政権がレバノンをいかに軽視しているかもあきらかにした。レバノンはシリアの支配から脱却し、アラブ系中東地域において唯一複数政党制が実施されている国であるにもかかわらず……。ブッシュ政権は中東の民主化を目標としてかかげていたのではなかったのだろうか。

中東の各地で緊張がたかまるなか、イランは紛争に介入して中心的な役割をはたそうとしていた。そうしたイランの意図はパレスチナ問題への介入にとりわけ如実にあらわれている。パレスチナ問題はなによりもアラブの大義にかかわり、これまではアラブのリーダーたちの独壇場という観があったが、この問題にたいするイランの積極的な介入姿勢は二〇〇六年一月二五日以降、明白になった。ハマースが議会選挙に勝利し、ハマース政権が成立したのだが、欧州連合やアメリカはパレスチナ自治政府に供与するはずだった助成金の支払いをハマース政府にたいして拒否した。またイスラエルはガザやヨルダン西岸を通過する商品の関税を代理徴収しているが、これもイスラーム主義政党（ハマース）がイスラエル国家の存在を承認し、イスラエルとの過去の合意を追認し、暴力を放棄するまではハマース政府に支払うことを拒否した。これにたいしてマフムード・アフマディネジャードはハマース救援にかけつけ、公務員給与支払いのため一年あたり二億五千万ドル支払うことを約束した。（一部の情報では、ハマースにつながる武装組織メンバーの給与も提供されているということである。）しかしアメリカの銀行は（後に世界中の他の銀行もそれに追随したが）ハマースが支配するパレスチナ自治政府への資金の移動を禁止したので、ハマースの指導部メンバーは外国からかえるとき、札束でいっぱいになったスーツケースをもってエジプトとパレスチナの国境を通過する。たとえば二〇〇七年一月、イスマーイール・ハニーヤ首相はイラン旅行から帰国する際、取り調べをうけて、テヘランからもちかえったドルの札束をエジプトの銀行に預託することを余儀なくされた。シーア派大国イランとスンナ派のイスラーム主義政党とのこのようなあからさまな協力関係はアメリカや欧州連合の決定に挑戦するものであり、アラブの大国に不安をかんじさせた。しかし、シーア派革命勢力がパレスチナ抵抗運動のなかの宗教勢力に影響力を行使したのはこれが初めてではない。「イスラーム・ジハード戦線」というパレスチナ・イスラーム主義グループが存在する。このグループは民族主義との共同戦線構築をこころみて、一九八〇年代初頭からイスラエルにたいする武装闘争をおこなっているが、かれらはエジプトのスンナ派でムスリム同胞団の創始者であるハサン・バンナーとシーア派のアーヤトッラー・ホメイニーの両方を自分たちのモデルとした。またハマースもスンナ派のイスラーム主義運動ムスリム同胞団からでてきた組織で、同胞団のパレスチナ支部を構成している。にもかかわらず、かれらは無敵のイスラエルを「打ち負かした」シーア派のヒズブッラーを模範としている。こうした成功の理由はなにか。ヒズブッラーがパレスチナ運動家をひきつけている理由は何か。それは殉教へと昇華された攻撃的自殺という戦術である。ヒズブッラーは中東における殉教戦術の比類なき発案者だったのである。

殉教のシーア派的系譜

できるだけたくさんの敵を殺すためにすすんで自分の命を犠牲にするジハード戦士という政治的人物像はまずイランの革命的シーア派世界のなかでつくりあげられ、それがヒズブッラーによってレバノンに移植された。ついで一転してハマースによってスンナ派にもたらされ、最後にアル＝カーイダにたどりついて、二〇〇一年九月一一日にその極点に達する。自爆テロ戦略はさらにイラクに移動し、悲劇的な形でふりこが元にもどって、今度はシーア派住民が恰好の標的となる。このように二一世紀初頭の急進的イスラーム主義の中心テーマ《殉教とジハード》という《大きな物語》はシーア派起源の戦略がスンナ派過激主義に移植された結果うまれたものだった。しかしこの戦略はイスラームのひとつの宗派から別の宗派に移動する際におおきな変化をこうむっている。すなわち、シーア派の《殉教作戦》はカルバラーにおけるイマーム・フサインの殉教という伝統のなかに位置づけられ、敵の戦闘員しか標的にしない。それにイラン革命防衛隊《バスダラーネ》にせよヒズブッラーにせよ、シーア派ではそれは厳格な指揮系統のなかで周到な準備がされ、実行されていた。それにたいしてスンナ派の殉教作戦は軍人も民間人も区別せずに標的とし、イスラーム市民が犠牲になることも厭わない。

この奇妙な作戦の仕組みはどんなふうになっているのか。なぜこれをめぐって競争がおこったのか。外部にたいして急進的イスラーム主義者はおぞましいテロリストというイメージをうえつける結果になったけれど、同宗者・同調者の一部ではかれらは崇高な犠牲者としてあがめられる。それはどうしてなのか――こうした疑問をきちんと解明するためには殉教作戦をその文化的コンテクストのなかに置きなおしてかんがえなければならない。そうすればどんな歴史的必然性のために、とおい歴史の闇のなかから発掘された狂信主義とポストモダンの世界でそれを再利用しようとする意志が相互に刺激しあい、相乗効果をもつようになったのか理解することができるだろう。

シーア派の信仰はひとつの殉教が起源となり、それを基盤に形成された。西暦六八〇年、ダマスカスのスンナ派カリフ、ヤズィードの軍隊によってカルバラー（現在イラク領）で殺されたイマーム・フサインの死である。この悲劇には権力問題と宗教問題の両方がかかわっていた。預言者ムハンマド（マホメット）は六三二年、男の子供をのこさずに死んでいったが、その後、うまれたばかりの信者共同体をみちびくために《アッラーに遣わされた者》の後をつぐにふさわしい人物はだれかという問題がおこった。それについてふたつの党派が形成された。第一のグループは「預言者の慣行」を意味するアラビア語のスンナという言葉からスンナ派とよばれたが、このグループにはマッカ（メッカ）の貴族階級に属する名家が結集した。かれらは最初はムハンマドに抵抗してはげしいたたかいをくりひろげたが、最終的にイスラームをうけいれた。しかし、社会を支配しつづけたかれらは旧来の秩序はそのままにしながら、啓示という革命的大事件を当時の慣習のなかにとりこむ方法を模索していた。最初の三人のカリフ（預言者の後継者）の時代、権力はこの名家の代表者たちの手にあった。その時代、イスラームは今日中東とよばれる地域の大部分に剣とコーランの力によってひろがっていった。第四代カリフのアリーは預言者の家族の一員で、ムハンマドの従弟であると同時にその娘ファーティマと結婚していたからその娘婿でもあった。かれは既成秩序と妥協することなくイスラームの純粋なメッセージをひろめ、それをムハンマドの子孫（つまりかれとファーティマの子孫）の家系が護持することをねがった。しかしアリーのこうした願いはマッカの貴族階級出身でイスラーム教徒としてダマスカス総督になっていたムアーウィアの野心と衝突した。ムアーウィアはアリーとたたかい、六五七年にかれをうちやぶり、みずから王朝ウマイヤ朝を樹立した。アリーの次男フサインは「アリー党」（「シーア・アリー」、これがシーア派という名前の由来）を結集し、預言者の血統の輝きと権力を復興するためにたたかおうとした。かれの信奉者の軍勢は少数だったが、クーファ（現イラク）の住民の裏切りにあいながらも、カルバラーでムアーウィアの息子ヤズィードの軍勢にたいして真理と正義のためのたたかいを挑んだ。この頃、ヤズィードがダマスカスのウマイヤ朝のあたらしいカリフとなっていたのである。これは現世的にはのぞみのない戦いであった。しかしそれは永遠と彼岸にたいする信仰の証であった。殉教者《マルチール》という単語のギリシャ語語源マルチュロスは（アラビア語のシャヒード＝シャーヒドとおなじように）殉教者と証人のふたつの意味をもっている。実際、ここではそうした二重の意味での「殉教者＝証人」が問題になっているのだ。フサインとかれの一党は皆殺しにされ、預言者の孫（フサイン）の首は斬りおとされてダマスカスに運ばれた。（この首の運ばれた行程が現在、巡礼の順路になっており、それがイランのモッラー体制とシリアのアサド政権の同盟関係の象徴にもなっている。）フサインの受難はシーア派信仰の黄金伝説となり、超歴史的・非時間的出来事となった。実際、イマーム（フサイン）の死の記念行事が毎年、命日のヒジュラ暦ムハッラム月一〇日（アーシューラー）におこなわれている。その日、信者たちはクーファの住民のあやまちを贖うために胸をたたき、みずからを鞭打ち、失神するまで血をほとばしらせる。クーファの住民とは「殉教者の王」に味方することを拒絶し、道をあやまった信者の象徴に他ならないのだ。熱狂的信者たちはこうして信仰の起源である殉教のシーンを再演し、それを自分自身の肉体に刻印する。背中には刃のついた鞭で年々あたらしくふかい傷跡がきざみこまれていくのだが、かれらはその背中をひとびとの目にさらす。イラン革命はこうした単なる神話の再現という段階をのりこえ、シンボルを行動にかえた。アーヤトッラー・ホメイニーの権力掌握は救世主再臨のかわりになるものだから、殉教は単に演じられるだけではなく、実際にひとびとを動員して実行されるものとなる。フサインの死によって断念された戦争が現実としてふたたび再開されるのである。そしてそれはシーア派に本当の勝利をもたらすだろう。信仰家が政治的・軍事的空間に突入して革命運動家に変身し、イマームの自己犠牲をまねてみずからの生命をささげる。一九七〇年代末、かれらはイランのシャーの銃剣にたちむかった。ついで八〇年代、サッダーム・フサインが一九八〇年九月にホメイニーにたいして戦争をしかけたとき、実践的殉教は独創的かつ恐ろしい役割をはたすことになる。欧米やスンナ派のアラビア半島石油君主国はイラクのこの戦争を支援した。スンナ派諸国はイラン革命政権が国内のシーア派民衆にはたらきかけるのではないかと恐れたのである。装備にすぐれたイラクは前線を突破したが、それにたいしてテヘラン政権は殉教の伝統にのっとってまだ学齢期にある子供や青年を動員し《バスイージュ》、敵の地雷原におくった。軍隊が打撃をうけずに進軍できる通路をひらくためである。何万人もの青年たちの組織的自殺のおかげでイスラーム共和国はサッダームの軍隊の最初の攻撃をしのぎ、ついで戦線を安定化させ、最後には攻勢をとることさえできるようになった。アーヤトッラー体制をまもるためのこの大量の自殺は軍隊が戦線を突破することを可能にしただけではない。それは反体制的な青年たちを確実な死へとむけておくりだして消滅させた。聖職者やバザール商人がイラン革命を支配しつづけることができたのはそのおかげだったのである。かれらは力ずくで青年の活力をうばいとり、複数政党的な民主主義の誕生を阻害した。犠牲にされた青年の世代は、その二十年後、かれらの代表者（反対者もおおいが）のひとりであるマフムード・アフマディネジャードを共和国大統領にえらぶことにより権力の中枢にもどってくることになるだろう。

このように政治的に自殺を利用する戦略はレバノンでもホメイニー主義的革命イデオロギーが移植されると同時にはじまった。一九八二年、イスラエル軍はパレスチナ・ゲリラの軍事基地を破壊するためにレバノン南部に侵攻した。イスラエル軍の兵士は最初はシーア派住民から解放者としてむかえられた。PLOの重苦しい圧迫からかれらを自由にしたからである。しかしレバノンのキリスト教徒とイスラエルが平和協定をむすんでレバノンを西側陣営にくみいれるとシリアとイランが急進的シーア派グループを煽動するようになった。そうしたグループを指導したのはアーヤトッラー・ホメイニーがナジャフで教鞭をとっていた時代にそこで教育をうけた高位聖職者やシーア派の町バアルベックに派遣されていたイラン革命防衛隊の部隊であった。かれらによって思想教育をうけ、組織化された活動家たちが中核となって後にヒズブッラーが誕生したのである。そしてかれらを指導した側のイラン人たちは四半世紀後、アフマディネジャードの側近グループを形成することになる。本当の意味でヒズブッラー誕生を画する事件は一九八二年一一月一一日、レバノン南部のチールにあったイスラエル進駐軍本部を破壊した華々しい「殉教作戦」である。このテロで七二人のイスラエル人と一四人のレバノン人が死亡した。この事件以後、一一月一一日は殉教者記念日とされ、実行者である「殉教のパイオニア」アフマド・カスィールは、まるで現代版イマーム・フサインのように、今日にいたるまで毎年その栄誉をたたえられている。ちなみにアル＝マナールは二〇〇六年夏の戦闘時、イスラエル軍の爆撃をうけている。ついで一九八三年一〇月二四日、ヒズブッラーは二箇所で同時にテロをおこない、アメリカ海兵隊とフランス外人部隊のキャンプを破壊した。これは死者の数としても最大で、アメリカとフランスはそれぞれ二四一名と五八名という膨大な数の犠牲者をだした。米仏両駐留軍はパレスチナ人をレバノンのキリスト教系ファランヘ党の虐殺行為からまもることを目的とした多国籍軍に属していたが、この多国籍軍はダマスカスやテヘランの同盟者からはレバノンにたいする欧米支配の象徴と見なされていた。一握りの決意のかたい活動家によって実行されたこうした大々的なテロ攻撃をうけたために、世界でも有数の軍事力をもった三つの国の軍隊がレバノンから決定的に撤退したり（米仏）、南部国境地帯に後退（イスラエル軍）したりした。イスラエル軍はその後、二〇〇〇年五月にレバノンから完全撤退する。ヒズブッラー副議長ナイーム・カースィムはこう書いている。「このような攻撃をくりかえしたために敵は耐えきれず（……）、敗北して二〇〇〇年五月二四日にレバノン領土のほとんどから撤退することを余儀なくされた。これはこの地域では最初にして最大の解放である。イスラエル占領軍にたいするレジスタンスがその原動力となったのだ。」まもなくダマスカスやテヘランとむすびつき、その情報機関にあやつられたレバノン極左勢力がヒズブッラーの「殉教作戦」を模倣するようになり、おおきなインパクトをもつことになる。こうして自爆テロはこの非対称的な（両者の戦力差がおおきい）戦争で使用される兵器群のなかで最高の武器となる。欧米人の人質やヨーロッパにおけるテロもそのひとつのヴァリエーションなのだが、これは要するに貧者の原子爆弾なのだ。

外国からあやつられているかどうかといった問題はおくとして、自爆テロはシーア派の殉教の伝統に直接むすびついているのだが、ヒズブッラーは自爆テロのおかげで独自の存在感をしめすことができるようになった。自爆テロ実行者はイマーム・フサインの死というシーア派の原点となる事件をみずから再現する。そしてヒズブッラーは自分たちのメンバーのそうした自己犠牲的行為にお墨付きをあたえるのだ。レバノンからイスラエルを追いはらい、ゆくゆくは中東全体から排除するために自分の命をなげだす現代の殉教者の敬虔な姿は過去のシーア派のイマームの姿とかさなりあう。かれらをたたえる長ったらしい演説は宗教的であると同時に政治的でもある。今日、ヒズブッラーが支配する区域や村々では、壁や街灯、街角のさまざまな設備など至る所に殉教した青年たちの写真がはられている。ヒズブッラーのシンボル・カラーの黄色で縁どられた写真のなかで青年たちが優しい微笑みをうかべながら視線を天国にむけている。

殉教者は等級わけがされており、イマーム・フサインのように熟慮のうえで死を選択したひとたちを頂点として社会の全体が分類される。もっとも敬われている殉教者は十二人（シーア派のイマームの数とおなじ）で、「殉教を熱望したジハード戦士」とよばれる。それは熟慮のうえで自爆テロを実行して自己犠牲をとげ、それによってもっとも完全な道徳的完成度に到達したひとびとである。ついで一二八一人の「ジハードの殉教戦士」がくる(30)。かれらはイスラエルによる一八年の占領期間中に敵とたたかって死んだひとたちである。そのつぎが単なる「殉教者」で、戦いに参加しなかったがイスラエルに殺されたイスラーム教徒。最後に「祖国の殉教者」で、宗派や職務がなんであれ、イスラエルが原因で死んでいったすべてのレバノン人がここにふくまれる。殉教者をこのように分類し、階層化し、自分がたてた規準で等級づけすることによって、ヒズブッラーは犠牲者の市民社会で中心の位置をしめることになる。ヒズブッラーはイスラエルの犠牲者の前衛となり、その表象を独占することを熱望するのである。

殉教作戦はいまや社会や象徴的次元にふかく書きこまれている。それにはヒズブッラーが中心的な役割をはたしているのだが、この事実をイスラーム革命の教義がつくりあげたシーア派的《大きな物語》のなかにおいてもう一度かんがえなおしてみる必要がある。イスラーム革命の教義によれば、正しい殉教は宗教的最高権威である「神学＝法学者」がみとめるジハードのなかにしか存在しない。ここで言う宗教的最高権威というのはもちろんヒズブッラーが忠誠を誓ったホメイニーとその後継者ハーメネイーである。ヒズブッラーの中心的イデオローグであるシャイフ・カースィムはつぎのように述べている。「(欧米勢力の）ヘゲモニーにたいする抵抗」一般についてであれ、またより個別的に「イスラエルというパレスチナに力づくで移植されたガンとの戦い」についてであれ、「どこに住んでいようとすべてのイスラーム教徒にたいして総体的な政策を決定する」のは、イラン政府の他には、「イスラーム教徒の守護者」である(31)。

シーア派イスラーム共和国の《最高指導者》の権威にこんなふうに従属するなど世界のイスラーム教徒の多数派スンナ派のひとびとにはうけいれがたいことである。だからアーヤトッラー・ホメイニーは生前、シーア派の枠をこえることができず、中東やインド亜大陸や、さらにはディアスポラのイスラーム教徒のあいだに革命を輸出することができないという辛い経験をしたのである。それにたいしてヒズブッラーはながい時間をかけてイスラームのふたつの宗派間の亀裂をのりこえ、スンナ派の世界に「ジハードの枠」としての自爆テロという行動様式をひろめることに成功した。自爆テロがシーア派教義に特有な概念を革命主義的に解釈したものであることをかんがえると、これは驚くべきことである。シャイフ・カースィムはつぎのように書いている。「イマーム・フサイン（かれが讃えられんことを）とその同伴者たちの模範的物語にはぐくまれた社会はかれらの行動によって豊かにされ、強化されている（……）(32)。というのもかれらは慎ましい手段しかもっていなかったのに、それでも戦いをあきらめなかったからである。勝利か敗北か、戦いか殉教かという選択しかなかったが、かれらは殉教を選択した。だからイマームの共同体（イスラーム信者共同体《ウンマ》）が今日、抑圧に屈服し、専制政治に従属してしまうなど、どんな理由があっても正当化できるはずがない。」ヒズブッラーの教義はこのように殉教への熱意を「ジハードの枠」としたが、しかしだからといって敵にたいして地上で勝利をえたいという渇望が存在しないわけではない。「ジハードという行為にはふたつの果実がある。殉教と、そして勝利である(33)。殉教者は殉教を獲得し、イスラーム信者共同体《ウンマ》とその自由の戦士たちは勝利を獲得する。」自爆テロはそれを実行する者を確実な死へとおくりこむ。だから、それを命じる者たちは殉教がイスラームの伝統では禁止されている自殺とはことなること、むしろ「自己犠牲の究極的表現であり、シャリーア（すなわちイスラーム法）の明確で正当な規則のなかに規定されている敵との対決の一形式である(34)」ことを論証する義務がある。自爆テロはイスラームとジハードを信仰するひとびとだけがもつ不敗の絶対兵器である。「敵が所有する武器は命をおびやかすことができるだけだ。それは生きていたいとおもう者にしか有効ではない。だから殉教を信じる者とたたかうためには役にたたない(35)。」

スンナ派世界への移植

シーア派イスラーム主義者はアーヤトッラー・ホメイニーの影響をうけながら非対称的戦争状況のなかで殉教をジハードの要としたのだが、かれらが殉教作戦をこんな風に理論化していたころ、スンナ派イスラーム主義者はアフガニスタンで戦果をあげたジハード・ゲリラ戦をイスラームの敵にたいする聖戦の最高の形式とかんがえていた。かれらも赤軍との戦いでたおれた戦士たちの犠牲に敬意を表し、それを模範として絶讃し、犠牲者やその家族にはかならず至福があたえられると主張した。そのために奇蹟によって殉教者の死体が腐敗しないばかりか麝香の匂いをはなっていたとか、黒い目の処女たちと永遠にたのしむことができるよう肉体を保持したまま天国に直接昇天していったなどという話がくりかえされた。しかしソ連がアフガニスタンを占領していた一九七九年から一九八九年の一〇年間、アフガニスタンではイスラーム戦士、とりわけ外国人ジハード主義者の数はかぎられていたので、人的損害はできるだけすくなくしようとしていた。スンナ派ジハード主義者が自爆テロを称揚することはなかった。それにはふたつの理由がある。第一には、これはレバノンとは違う点である。レバノンではシーア派住民は過剰気味なほど人口が多数であった。また殉教者は無名状態からぬけられるし、のこされた家族のために経済的なみかえりも期待できる。第二に、スンナ派の教義にも歴史にも意図的に自分の命を犠牲にするという伝統が存在しなかった。戦士は手に武器をもちながら殉教で死んでいったり、ジハードを遂行するために極度の危険をおかすことはあっても自分で自分の死を決定することはできない。死の瞬間はアッラーがえらぶのであり、アッラーはわれわれに命をあたえたように、われわれから命をうばうことができる。アッラーがのぞまれるときに。圧倒的な数の敵とたたかって例外的な状況で死んでいったスンナ派の有名な殉教者もいるが、かれらもいつでも死をのがれる可能性はあった。というのもアッラーだけが戦いの帰趨を決定するからである。

スンナ派の伝統にはシーア派のフサインに相当するような象徴的人物は存在しない。そして自殺やそれに類した行為の禁止は一九九〇年代なかばまでつよく繰りかえされていたのである。アフガニスタンにおける武装ジハードの指導者パレスチナ人アブドゥッラー・アッザームは説教や著作で殉教者を賞讃したが、それは敵によって殺されたひとびとのことであり、みずから死を意図的に選択したもののことではなかった。

スンナ派のこのような自爆攻撃にたいする慎重姿勢に終止符をうったのはハマースであった。自爆テロを最初にはじめたシーア派ではそれをコントロールするための一定の枠組みがあったのだが、そうした仕組みがないスンナ派で自爆テロを自殺ではないとして例外をみとめたりしたら、コントロール不能な疫病のようにひろがってしまう恐れがあった。それにシーア派とことなりスンナ派には極端な行動に枠をはめたり、必要があれば禁止したりすることができる聖職者のヒエラルキーが存在しなかったからなおさらであった。スンナ派教義におけるこのような重大な方向転換を理解するためには、イスラエルにおけるハマースの最初の「殉教作戦」がどんな状況でおこなわれたかみる必要がある。それは一九九三年四月一六日、ヨルダン渓谷メショラの入植地付近でおこった。つまりヒズブッラーがこの戦術をレバノンで最初に実行してから十年以上もたってからである。実行犯タマーム・ナーブルスィーはハマースの軍事部門イッズッディーン・カッサーム軍団のメンバーだった。しかし、この作戦は準備不足で失敗し、実行犯以外に死者はでず、数人が負傷しただけだった。ヒズブッラーはアフマド・カスィールの「殉教作戦」実行の日に誕生したとされ、これが組織の象徴そのものとなり、毎年一一月一一日にその記念行事がおこなわれている。それにたいしてハマースがこうしたタイプの活動をおこなうのは組織創設から五年もたってからということになる。パレスチナでの「殉教作戦」の数はヒズブッラーの十二人よりもずっとおおい。しかし、失敗におわったその最初の例が言及されることはまずない。

ハマースは一九八七年一二月、第一次インティファーダ開始をきっかけとして誕生した。パレスチナのイスラーム主義者は当初から古典的なゲリラ戦術を実践していた。それはアフガニスタンにおけるジハードの戦果

（このジハードを推進した指導者アブドゥッラー・アッザームはパレスチナのジェニーン出身だった）や一九五四年から一九六二年の対仏アルジェリア独立戦争のようなさまざまな反植民地主義蜂起運動をモデルとしていた。かれらは占領地域において「石の反抗」や市民的不服従、イスラエル当局にたいする妨害活動を積極的に展開した。ハマースはイスラエルにたいする戦いはもちろんだが、ヤーセル・アラファトのファタハから蜂起の主導権をうばい、さらにはパレスチナ人の政治的代表者の地位をうばうことも目標としていた。そして実際にそれは第二次インティファーダの後、二〇〇六年一月のパレスチナ評議会選挙でハマースが勝利することによって実現されることになる。が、それはさておき、一九九三年春の第一次インティファーダは、象徴的次元では大成功をおさめ、パレスチナが犠牲者であり、イスラエルが冷血漢であるというイメージを世界中のテレビ視聴者にうえつけることに成功した。しかしこの運動もやがて沈静化した。第一次インティファーダは最初はパレスチナのイスラーム主義者をいきおいづけたが、かれらも袋小路におちいってしまった。五年間もつづいた抵抗運動で社会は疲弊し、物資不足は深刻で、生活水準はいちじるしく低下した。そのために運動の動員能力は減少した。そうしたなか、イスラエルとPLOのあいだで和平合意が成立する見通しがでてきた。もしそれが実現されればイスラーム主義者は両面から圧力をうけた形となり、打撃をうけることになるとかんがえられた。すでに一九九一年十二月、アメリカの圧力によってマドリードで中東和平のための会議がひらかれ、イスラエルとパレスチナ人のあいだで最初の公式の接触がおこなわれていた。さらに一九九二年六月にイスラエルで労働党のイツハーク・ラビンが政権につき、同年一一月にアメリカで民主党のビル・クリントンが大統領にえらばれると、オスロ合意への道がひらかれた。この合意は最終的に一九九三年九月に調印され、イスラエルとアラファトひきいるパレスチナ自治政府の相互承認が実現する。パレスチナのイスラーム主義者にとって「オスロの背信行為」は致命的なほどのおおきな危険性を内包していた。だから自分たちが政治的に生きのびるためには、PLOが武器をおこうとしているまさにその時に、独自な武装闘争形式を実践しなければならなかった。こうした状況のなかでハマースの軍事部門イッズッディーン・カッサーム軍団が創設された。それによってハマースは反イスラエル闘争を専門集団の手にゆだね、社会が疲弊しているなかでも闘争を活発に維持していくことができるようになった。軍団の名前は両大戦間にイギリスによるパレスチナの信託統治にたいしてジハードを宣言し、一九三五年一一月に戦闘中に殺されたシャイフ・カッサームからとったものだった。こうした方針のもと、軍団は一九九二年一二月一七日、イスラエル領内で国境警備隊員を誘拐する。隊員は刺殺され、死体となって発見される。この事件は両者の対立が質的におおきく変化したことをしめすものであった。ラビン政府は対抗措置として四一五名のイスラーム主義者を逮捕し、レバノン南部のヒズブッラー支配地域にある雪深い山岳高地マルジュ・アッ＝ゾホールにかれらを流刑にする。かれらはそこでイスラエル兵をベイルートから国境の安全地帯に撤退させたヒズブッラーの自爆テロの効果を当事者から直接まなぶことになる。マルジュ・アッ＝ゾホールの流刑者のなかにはハマースのメンバー以外にパレスチナ・イスラーム・ジハード運動の活動家が五〇人ほどいた。ハマースはスンナ派正統派のムスリム同胞団系統で、アラファトのファタハと競合するような大衆運動を志向していたが、イスラーム・ジハード運動はスンナ派であるにもかかわらずイラン革命をモデルにしようとしていた。このグループは少数の中核的活動家だけからなるエリート集団で、メンバーはパレスチナにおける武装闘争を世界的イスラーム革命の一部と位置づけていた。一九八八年にはすでにその中心的リーダー、ファトヒー・シカーキーは自爆テロを主張しており(36)、グループの活動家はレバノン駐留イスラエル軍にたいする軍事行動にヒズブッラーとともに参加していた。かれらはヒズブッラーの手法と教義におおきな影響をうけていた。たとえば軍事部門のエンブレムはヒズブッラーのそれを模倣して「サラヤート・アル＝クドゥス（エルサレム軍団）」と様式化された文字でグループ名が書かれ、そのうえに突撃銃がえがかれている。文字アリフが腕と拳のような形にえがかれ、その腕と拳が突撃銃をにぎりながら天にむけられている。おなじ頃、イッズッディーン・カッサーム軍団の中心的リーダーで「技師」とよばれていたヤフヤー・アイヤーシュはイスラエルの占領政策のコストを負担できなくなるほど高くするために人間爆弾を利用することを主張していた。それはちょうどイスラエルがインティファーダの暴力をおさえこむことに成功し、アラファトと政治交渉をおこなって、民衆蜂起の影響を軽減しようとしていたちょうどその頃のことだった。

したがって、パレスチナのイスラーム主義組織の自爆テロはヒズブッラーの場合とはまったくことなった文脈のなかで出現したことになる。それは蜂起が停滞し、しかもヤーセル・アラファトが蜂起の成果を流用して、「シオニスト集団」と「恥ずべき」交渉をしたために、それにかわる手段として採用されたものだった。そうした意味で、自爆テロの位置づけはアブドゥッラー・アッザームがアフガニスタンのために理論化し、同時期のアルジェリアやエジプト、ボスニアのジハードのモデルとなったジハード主義運動のゲリラ戦術とはおおきくことなっている。ゲリラ戦術はオスロ合意直後の当時のパレスチナ社会では一時的に実行不可能なものとかんがえられ、ヒズブッラー流の自爆戦術がハマースの指導部にはより状況に適したものとおもわれたのである。ハマースの第一の目標は当時、パレスチナ社会の大半が支持していた和平交渉を失敗させることにあったからである。しかしシーア派のイスラーム主義者はイマーム・フサインの殉教という鮮明な宗教的モデルをひきあいにだすことができたのだが、ハマースにはそうしたモデルは存在しなかった。それに意図的に自分の命を犠牲にしたり一般市民を殺害することが宗教的に正しいかどうか、スンナ派ウラマーの見解はわかれていたから、それを正当化するようなテクストやウラマーの法的見解をえられるようにはたらきかける必要もあった。

このように殉教作戦が組織の創設そのものとかかわっていたヒズブッラーとはことなり、パレスチナにおいてそれはじょじょにしか正当性を獲得することができなかった。作戦の第一段階は一九九三年四月から一九九八年一一月で(37)、第二段階は二〇〇〇年秋のアクサー・インティファーダとともにはじまる。第一段階の背景には「オスロ和平合意」があった。オスロ合意がうみだした和平の気運が殉教作戦によってそこなわれるということは実際にはあまりなく、殉教作戦に賛意をしめしたパレスチナ人は少数派だった(38)。しかしそれは世界中のスンナ派ジハード主義者の想像力のなかに自爆テロのイメージをふかく刻みこみ、そしてかれらは別のコンテクストのなかでそこから発想をえた行動を試みることになるだろう。最初の一連の自爆テロはユダヤ人入植者バールーフ・ゴールドシュテインによる自動小銃乱射事件にたいする報復としておこなわれた。ゴールドシュテインは一九九四年二月二五日、ヘブロンで礼拝中のイスラーム教徒を銃撃し、三〇人以上のパレスチナ人を殺害した。報復のための自爆テロは四月からはじまって、一九九五年夏までつづき、何十人ものイスラエル市民が殺害された。それはもともとは冒涜的な罪にたいする報復という口実をもっていたが、本当の目的はアラファトにハマースを無視できない政治勢力としてみとめさせることにあった。おりしもアラファトは五月にカイロ合意に調印し、イスラエル軍撤退後のパレスチナ自治政府への主権委譲問題に決着をつけるところであった。自爆テロ第二波は一九九六年一月、殉教作戦の中心的な発案者である「技師」アイヤーシュがイスラエルによって殺害されたことがきっかけになった。それにたいする報復としてとりわけ血なまぐさい自爆テロが三度にわたって実行され、二月から三月にかけての数日のあいだに六〇人以上のイスラエル民間人が殺害された。このテロ事件に影響をうけて、イスラエル市民は一九九六年五月にネタニヤフーを首相にえらぶ。ネタニヤフーはテロにたいして断固として対処することを約束し、さらにオスロ合意実行にも妨害をくりかえし、パレスチナ自治政府を苦境におとしいれた。それはハマースののぞむところでもあった。パレスチナ住民は国境が閉鎖されて生活条件が悪化し、和平の将来にも幻滅する。そうしたなかでイスラーム主義者の「殉教作戦」は継続された。そのためにパレスチナ臨時政府もハマースもスンナ派イスラームの権威者を自分たちの味方につけようとした。パレスチナ臨時政府は宗教的権威者に自爆テロが宗教によって禁止された自殺行為であると批判し、また民間人の殺害は避けるよう発言してもらいたかったし、ハマースはそれを正当なジハードと評価し、実行犯に殉教者の栄誉をあたえてもらいたがっていた。

ウラマーたちの論争

過激派でもおなじことだが、スンナ派イスラームにおいては法の学者、すなわちウラマーはそれぞれが自分によせられた質問に自分の判断で見解を表明することを使命としている。今日、ネット上でイマームと称して活動するひとたちもこの点では同様である。各ウラマーがどれだけの影響力をもち、どれだけの権威をもつかはさまざまに変化する力関係次第で、おおきなメディアへ登場する度合いや学問上の名声もそれを決定するにあたって重要な役割をはたす。こうして一九九六年から一九九八年にかけてパレスチナでおこなわれた一連の自爆テロはスンナ派イスラーム社会でひろく議論の対象となった。当時、スンナ派世界では「殉教作戦」はまだマージナルな現象だった。こうした議論をつうじてひろい意味での殉教という概念がじょじょにスンナ派世界に移植された《大きな物語》の中心的シンボルとなり、自己犠牲を価値とする考え方が主要な位置をしめるようになった。一九八〇年から一九八九年にかけておこなわれたアフガニスタンでのソ連赤軍にたいする象徴的ジハード、一九九五年一二月のデイトン合意（外国人戦闘員の追放を決定）で不成功におわったボスニアでのジハード、一九九七年秋、市民を標的にした殺戮事件が頻発したために民衆の怨嗟の的となったエジプトやアルジェリアにおけるジハード——十年ほども前からジハード主義者がおこなっていたこれらの大規模な武装闘争で自爆テロはおこなわれてはいなかった。それにたいしてハマースは「殉教作戦」を優先的に選択することによって、別の論理を採用したことになる。それはハマースという組織の民衆への定着の仕方にもかかわっていた。エジプトやアルジェリアのジハード主義者グループは自分たちを前衛とかんがえ、権力とその手先にたいして戦争をしかけることで社会に支持基盤を形成しようとしたが、市民はついてこなかったので市民相手のテロにはしってしまった。それにたいしてハマースは一九八七年一二月に開始された第一次インティファーダ以来、連帯と動員のための大規模なネットワークを構築し、「殉教作成」が開始された一九九〇年の中頃にはそれを利用することができた。そうしたたくさんの同調者のあいだに殉教の候補者はいくらでもみつかった。かれらはインティファーダが最終的に失敗におわったことに不満をもち、オスロ合意をすすめるためにアラファトがイスラエルに妥協をくりかえすことに反感をもっていた。

ヒズブッラーの作戦は公式には軍事目標しか標的にしなかったが、それにたいしてハマースやイスラーム・ジハード運動はイスラエル民間人のあいだにたくさんの犠牲者をだした。ソフト・ターゲットの方が殺しやすいし、メディアへの反響もおおきいから、そちらを優先したためである。それにたいしてPLOは第一次インティファーダでシンボルの戦いに勝利して以来、ヨーロッパの（そしてそれよりは度合いはちいさいが、アメリカの）人道主義的な左翼のあいだに幅広い支持を獲得していた。こうした支持は政治的に貴重だった。そしてそれは、もしパレスチナの立場がイスラエル民間人の大量虐殺と同一視されると、台無しになってしまう恐れがあった。実際、一九九六年の二月から三月にかけておこった一連の自爆テロにたいする欧米の反応はそうした危惧をかんじさせた。このテロをうけて、エジプトで反テロ・サミットが開催されたのである。そうした危険に気づいたハマースはサミットの参加者に覚書をおくり、「少数の無実のひとびと」の死を残念におもうと記しながら、イスラエル占領下のパレスチナ人は苛酷な状況のなかで生きることを強いられ、そのために武装抵抗以外の選択肢がない、民間人の被害は「付随的損害《コラテラル・ダメージ》」だと主張した(39)。このような緊迫した不安定な状況のなかでウラマーのファトワー（イスラームの聖典の読解にもとづく法的見解）はスンナ派イスラームの伝統にはないタイプの行動（自爆テロ）を承認したり、禁止したりすることをもとめられたのである。

サウディアラビアの大ムフティー、シャイフ・イブン・バーズやその他のワッハーブ派エスタブリッシュメントの有名人たち（傑出したシャイフ・イブン・ウタイミンなど）、さらには国際サラフィズムの立役者でシリアのシャイフ、ナースィルッディーン・アルバーニーなどはテロを否定した。かれらはイスラームの教義において自殺の禁止にはいかなる例外も許されないとした。「自爆することによってユダヤ人の集団を殺害する者」についてイスラームはどう判断するか質問されて、イブン・バーズはこうこたえた。「それは許されていない。というのもそれは自殺であり、アッラーは『自殺するな』といわれている。また預言者(かれが讃えられんことを)は『自殺をする者は最後の審判の日に罰をうける』とかたられた。」しかしシャイフは武装ジハードをおこない、その義務を遂行している最中に死んだ戦士は祝福されるとかたった。こうした態度はサウディアラビアの宗教エスタブリッシュメントにおいて継続的に見られたものである。実際、これらのウラマーたちはイスラームの実践の仕方を決定するのは権力機関であり、権力がコントロールできないグループが例外的な行動にはしるのを放置してはならない、さもないといつかは王国を不安定化させてしまうとかんがえていた。自分の命を犠牲にするような極端な行動にはしってはならない。というのもそれはスンナ派世界のすべての政治的宗教的秩序を不安定化するからである。ワッハーブ派は一九七〇年代中頃から幅広い支援網をつくるために石油資金を利用しながらスンナ派世界にじょじょに支配権を確立していったのにその努力が無駄になってしまう。つまり、ワッハーブ派のシャイフたちは、自爆テロ問題を論じるとき、パレスチナ問題をこえて、ウサーマ・ビン・ラーディンの脅威に目配りをしていたのである。ビン・ラーディンはちょうどその年(一九九六年)の九月にリヤード政権にたいして宣戦布告をおこなっていた。

一方、スンナ派宗教界の頂点にいたふたりの人物が「殉教作戦」について好意的な態度をしめしながら、その適用範囲を限定するような留保をつけた見解を表明している(40)。一人はシャイフ・タンターウィーで、当時カイロのイスラーム大学アズハル学院(伝統的にその教導権はスンナ派世界の大部分でみとめられている)総長であった。そしてもう一人はアラブ・イスラームのメディア界でもっともカリスマ性をもった人物のひとりで、エジプト出身のウラマー、カタルに居住し、テレビ局アル=ジャズィーラのスターだったシャイフ・カラダーウィーである。

アズハル学院総長は一九九六年三月に質問され、つぎのようにこたえている。抑圧にたいして宗教や信者共同体や祖国をまもるためにそれしか方法がない場合、自爆テロ作戦を実行することは立派な行為である。そうした場合には自爆死する者は自殺をしたことにはならない。それは「アッラーにむかう道をすすみながら自分の血と魂をささげた殉教者」であり、ジハードの正しい枠のなかにいる(41)。——自爆テロにたいするこうした好意的な見解はイスラエルとの平和条約につよい反感をもつエジプト民衆の一部の感情を反映したものだった。しかしそれは時間とともにより限定的な方向に変化していく。学院総長の発言についてイスラエル当局もカイロ政府にたいして何度も抗議をおこなっていた。シャイフ・タンターウィーはエジプトで公的な地位をしめていたし、両国間には平和条約が締結されていたからである。こうして一年後、ユダヤ教関係者がかれに「殉教作戦」を禁止するよう要請したのにこたえて、アズハル学院総長は細部の議論にははいらずに、それは正当防衛であり、抑圧に直面したパレスチナ人がどれだけひどい苦境にいるかをしめしているのだと述べるが、パレスチナ人にたいしては「強制も暴力ももちいずにイスラームと道徳にのっとったあらゆる正当な手段をもちいて(42)」自分を防御するようよびかけた。その後、エジプト共和国ムフティーとなったシャイフは自爆テロという現象全体にたいしてもっとはっきりと否定的な態度をしめす。九・一一テロ以降はとりわけその傾向はつよくなる。

これにたいしてシャイフ・カラダーウィーはパレスチナの「殉教作戦」により持続的で一貫した支持の立場をとりつづけている。カラダーウィーはすでに一九九六年三月にこうした方向で論証つきファトワーをだしている(43)。かれがその後にだしたファトワーはそのくりかえしや補足に他ならない。このファトワーは、当時ハマースの青年たちがおこなっていた作戦がジハードかテロか、その実行者を殉教者とみなすべきか自殺者とみなすべきかという点について質問されて、それにこたえるためのものだった。カラダーウィーによればハマースのそうした作戦は「アッラーの道にかなったもっとも栄光にみちたジハードの形態」であり、「合法的なテロ」であると形容できる。「コーランは神の言葉によってこう述べている。『アッラーの敵と汝の敵を恐怖におとしいれるために集めうるかぎりの武器と俊敏な馬をあつめ、かれら（不信仰者）にそなえなさい(44)。』ハマースの作戦活動はまさしくここにかたられているものである。」だから、カラダーウィーによればそれを「自爆テロ」とよぶのはまちがいである。それは「フィダーイーによる英雄的殉教作戦」である。フィーダーイーという言葉はフェダインという形で欧米でも普通につかわれるようになった単語だが、アラビア語では至高の大義のために自分の命を犠牲にする覚悟のある戦士を言う。「ジハードの戦士たちはあたらしい武器をもちいてアッラーの敵とたたかう。その武器は強者や傲慢なる者の優越した力とたたかうために運命が被抑圧者《ムスタドアフーン》の手にあたえたものである。」シャイフはこのようにイラン革命特有の語彙をもちいながら論じ、パレスチナ社会を犠牲者とし、かれらによる「殉教作戦」は正当防衛の一種だと主張する。イスラエル民間人の殺害にかんしても、イスラエルは「軍事社会」であると形容され、殺害の不当さは相対化される。イスラエルにおいては女性もふくめ、だれもが軍に動員される可能性がある。したがって市民もまた敵軍の一部なのである。子供や老人も被害者になっているが、故意に標的にされているわけではなく、付随的損害とかんがえられるべきである。このようにスンナ派のさまざまな解釈学派に属する卓越したイスラーム法学者の見解をふんだんに引用したこのカラダーウィーのファトワーは、パレスチナ情勢に適用されると明言されてはいるものの、類推によってイスラーム教徒が自分たちの土地や名誉をまもるためにたたかっている他のケースにも拡大解釈され、自爆テロという極端な手段を使用するしかないという判断もどんどんと柔軟になっていく可能性があった。

以上のファトワーは自爆テロを容認する公的な宗教的見解のうち初期にだされたものの代表である。そうした見解を発表したのは急進派ではなく、それどころかいたって穏健なスンナ派の保守派のひとたちだった。シャイフ・タンターウィーはカイロのアズハル学院という既成秩序に属していたし、シャイフ・カラダーウィーはムスリム同胞団（ハマースはそのパレスチナ支部）出身で、「中道派《ワサティーヤ》」とよばれるイスラーム主義グループの代表的人物であった。中道派というのは表面的にはイスラームを近代世界と和解させると主張していることで知られているグループである。ただし、タンターウィーもカラダーウィーも後になって自分たちの発言を修正している。タンターウィーは自爆テロ支持を撤回しているし、カラダーウィーも敵がイスラームと戦争状態にある場合にのみ自分のファトワーが適用できると強調するようになっている。とくに九・一一テロ事件以後そうした傾向が見られるが、かれらは九・一一テロの首謀者とははっきりと一線を画している。実際、ここに賭けられているものはおおきい。宗教的権威者たちは社会の犠牲者が「殉教作戦」を実行することはイスラームの観点からは合法的であるとどこまで断言することができるのだろうか。かれらはスンナ派世界において《イスラームの殉教者》という《大きな物語》があらたな重要性をもちはじめたことに気がついた。だからかれらにとってこのあたらしい物語をコントロールすることがきわめて重要な問題となったのだ。シーア派にそれを独占させないためにも。またビン・ラーディンやその同調者のようなスンナ派の過激ジハード主義者グループがそれを横取りするのを阻止するためにも。

こうした状況のなかで一九九六年は転機の年となる。まずアル＝ジャズィーラが放送をはじめる。そのためにそれまで断片化されていたアラブのメディア空間が根底から変化し、そこにひとつの同質的空間がうまれる。そしてイスラエルやパレスチナからの映像やコメント、ウラマーのファトワーがパラボラ・アンテナをそなえた各家庭に直接ふんだんに提供されるようになる。このようにアラブのテレビ視聴者が「グローバル化」された現在、パレスチナ抵抗運動はこうしたタイプの行動（自爆テロ）が正当化される唯一のケースにとどまるのだろうか、それとも他にも波及することが許容されるようになるのだろうか。あたらしいアラビア語によるニュース放送局の誕生が一九九〇年代後半以来、何千万人ものテレビ視聴者にたいして《殉教》という《大きな物語》の基盤を構築するためにどれだけおおきなインパクトをあたえたか計り知れない。アル＝ジャズィーラは一挙にひとつの物語の構造をつくりあげてしまった。そこでは中東現代史の起源にはひとつの暴力的事件と欺瞞が存在するとされ、すべてがそれによって説明される。イスラエル国家の建設とその正当化である。そして、アル＝ジャズィーラはそれを糾弾することをみずからの使命とする(45)。このチャンネルの発言の過激なまでの自由さはひたすら「同胞大統領閣下」や「いとも信仰深き国王陛下」を賞讃する国営テレビの鈍重なプロパガンダとは完全にことなっていた。こうした自由さのためにアル＝ジャズィーラは一時的にアラブ社会のさまざまな声が無秩序で錯綜した発言となって噴出する空間となった。しかし局はすぐさまそうした雑多な声のながれを交通整理して、徹底的に議論・反論がかわされる番組が放映されるようになる。欧米のテレビは画面でうつしだされる映像によってわれわれが生きる世界を肯定し、世界を祝福するために存在する。もちろん規範からの逸脱（事故、犯罪、暴力、戦争など）がルポルタージュでとりあげられることもあるが、それは規範をいっそうよりよく肯定するためである。テレビは社会秩序を祝福する日々の大祝典のようなものなのである。しかしアル＝ジャズィーラはそれとは正反対に暴力と憎しみを世界秩序の本質であるとし、その有害さを断罪し、その不正義を暴露する。すべてのもととなった対立（パレスチナ紛争）は局のさまざまな看板番組でしきりにとりあげられ、それがアラブ世界で最高の視聴率をあげている。シリアのジャーナリスト、ファイサル・カーズィムが司会をする「反対意見」や「さまざまな見解」という番組などである。これらの番組では口論がおこったり、感情的反応をしめす出演者が続出したりするが、こうした言葉のはげしさはアリストテレスの言う意味での演劇的カタルシスの機能をはたしている。それは、もし現実世界で噴出すれば政権を不安定化させかねない混乱や感情の表現を象徴的次元にそらせ、中和化する。しかしそれはひとつの根源的な悪をさししめす。そしてイスラエルの存在がその根本的な原因であると指摘されているのである。イスラエルとパレスチナの衝突事件が網羅的に報道され、不正がいつまでもつづき、それが容認しがたく耐えがたいほどおおきいということが絶えず物語られる。衝突事件の報道ではイスラエルによる鎮圧の粗暴さとアラブ側抵抗運動のヒロイックな行動がつねにくりかえされ、それを秤にして世界秩序の不正のおおきさがはかられる。アラブの国家プロパガンダ専門のメディアではイスラエルは具体的な形では姿をあらわさず、「シオニスト分子」とだけ言及され、できるだけ無視しようとされるのだが、アル＝ジャズィーラは検閲もなしにすすんでイスラエル人をインタビューして登場させる。アラビア語を流暢にはなせる人の場合はとくにそうである（欧米のアラビア語話者についてもそうで、筆者もそのひとりだが、しばしば番組にまねかれる）。だからここでは《他者》には顔がある。それはつよく、強大だ。だからそれにたいして緊急に戦いをいどむことがいっそう必要になってくる。イスラエルによって殺害されたすべてのパレスチナ人、レバノン人、アラブ人は「殉教者」とされ、イスラエル人の場合はたんなる「死者」である。このチャンネルのコード化された表現では「三人の殉教者と五名の死者」というタイトルは、いかなる例外もなしに、三人のアラブ人と五人のイスラエル人が死んだということを意味する。こうした図式化された語りは《善の力と悪の力の対立》という《大きな物語》を再現なくくりかえしているのだ。もちろんパレスチナ人、アラブ人、イスラーム教徒の「殉教者」が善の力の体現者であり、イスラエルは悪の力をメトニミー的に表現していることは言うまでもない。こうした語り方が《正義》と《真実》の具現としての《殉教者》というイメージが構築される基礎となっている。シャイフ・カラダーウィーは複雑な議論をつかってイスラエル問題の特殊性をときあかし、必然性の名のもとにパレスチナにおける「殉教作戦」を正当化しようとするのだが、映像メディアの言語は類似したイメージや比較を安直に利用する。テレビの画面ではパレスチナ人は銃弾で殺されようと、イスラエルのピザ・レストランで自爆しようと殉教者であり、そしてそれは飛行機を操縦してツインタワーに衝突させたエジプト人殉教者やバグダードのシーア派群衆のど真ん中でタンクローリーを爆発させるスンナ派のイラク人あるいは外国人殉教者と区別がつかない。死後つくられる聖者伝、つまりテロ実行犯があらかじめ録音・録画しておいた遺言を中心にして構成され、事件後、アル＝ジャズィーラやテロ専門のホームページでながされる敬意にみちた映像やフィルムがどれも同工異曲であるからなおさらである。テレビという時空間では「似ているものはおなじもの《コンパレゾン・エ・レゾン》」なのである。そうした意味で、一九九六年のアル＝ジャズィーラの出現はスンナ派世界における《殉教》という《大きな物語》をひろめるのに中心的な役割をはたしたと言える。一九九六年というのはスンナ派の何人かの大ウラマーがイスラエルにおける自爆テロを正当化し、ビン・ラーディンが最初の「ジハード宣言」を発表した年である。アル゠ジャズィーラのこうした機能は数年後には世界に普及したインターネットがバトンをひきつぎ、テロ専門のサイトが無数に増加して、武装ジハードの武勲（あるいはおぞましさ）を称揚するようになる。

ちなみに、アフガニスタンに亡命したビン・ラーディンが『二聖都の地を占領するアメリカ人にたいするジハード宣言』を発表するのは同年一九九六年の九月である。この宣言はおもにサウディアラビアを問題にしていたのだが、同時にパレスチナ占領を「シオニスト゠十字軍連合軍」がイスラーム世界にたいしてあたえている最大の苦しみであるとし、ハマースの創始者シャイフ・ヤースィーンに讃辞をささげ、一九九六年六月にサウディアラビアのホバールでアメリカ軍駐屯地にたいしてなされたテロ（おそらく現地シーア派グループの犯行）を賞讃している。ビン・ラーディンは二〇〇一年九月一一日に自己犠牲の論理を極端なまでにおしすすめ、ボスニアやアルジェリア、エジプトなどでおこなわれたゲリラ戦によるジハードという敗北した戦略にかえてそれを採用するようになるのだが、かれはパレスチナのスンナ派で「殉教作戦」が正当性を獲得しはじめたまさにその年に決定的な一歩をふみだし、そして後年に殉教作戦を自分のためにとりこんでいくのだ。

当時、犯行声明はだされなかったが、アル゠カーイダのものとおもわれる最初の大がかりな自爆テロは一九九八年八月七日におこった。それはケニヤのナイロビとタンザニアのダル・エス・サラームにあるアメリカ大使館を同時にねらったもので、前者は二一三人の死者（内アメリカ人は一二名）と四五〇〇人以上の負傷者をだし、後者は一一人の死者と八五人の負傷者（アメリカ人は皆無）をだした。しかし、ヒズブッラーやハマースが殉教を主張する場合には、それを被害をうけた社会のための自己犠牲の表現であるとするのだが、それにたいしてアル゠カーイダはスンナ派のなかであらわれた《殉教》という《大きな物語》を自分のためにとりこみ、それを欧米一般、とくにアメリカとの対立という地球規模の戦いに投影する。一九九八年二月二一日、ビン・ラーディンとザワーヒリー、アラブやインド亜大陸の過激イスラーム主義グループのリーダーたちが「ユダヤ人と十字軍にたいする国際イスラーム戦線」の結成を告知する宣言書に署名をした。その宣言書はすべてのイスラーム教徒にたいして、可能ならどこの国ででも、民間人・軍人をとわずアメリカ人とその同盟者を殺害するようよびかけていた。この文書はアラビア半島における米軍基地の存在を占領と形容していた(46)。当時、イラクはアメリカとその同盟国軍による空爆をうけ、国際的な禁輸措置をうけていたのだが、イラク空爆はサウディアラビアの基地からおこなわれていたのである。宣言の起草者によれば、「アラビア半島の占領」はまたユダヤ人によるパレスチナの植民地化を容易にし、アラブ諸国を分断して、その支配を強化することを目的としている。「こうした出来事・犯罪的行為のすべては神とその預言者にたいする明確な宣戦布告である」と宣言は断言する。だから武装ジハードが必要となるのだ。半年後の八月七日の同時自爆テロはその具体的表現であった。こうした論証を展開するとき、ビン・ラーディンとその同調者はシャイフ・カラダーウィーが提示したのとおなじ論理をつかう。カラダーウィーも、イスラエルはイスラームと交戦状態にあるからイスラエル市民の生命も財産も不可侵ではない、だから「殉教作戦」は正当化されるとした。ただカラダーウィーはこうした交戦状態を明確にイスラエルにのみ限定していたのにたいして、「国際イスラーム戦線」の宣言ではアメリカもイスラエルとおなじカテゴリーに分類されている。つまりカラダーウィーにおいてはイスラエルに限定されていた論理が類推によってアメリカに拡大適用され、その結果、おなじような行動様式が合法化される、と宣言起草者はかんがえる。

イスラエルによってパレスチナ人が犠牲になっていることとアメリカによってイラク人が苦しんでいること――宣言はこのふたつの事実のあいだに類似性があるとするのだが、それは一九九〇年代のおわり頃、イスラーム社会でひろく共有されていた感情を反映していた。禁輸措置のためにイラク民間人、とりわけ子供のあいだで衛生状態・食糧事情が極度に悪化していたからである。しかしパレスチナの活動家たちはみずからを犠牲にし、それを国民の大衆運動の表現とし、集団的犠牲の象徴としようとしていたのにたいして、ビン・ラーディンとその一党は現地の運動にすりかわり、イラク国民の苦難を自分たちのために利用しながら、宗教的議論に依拠してアル＝カーイダ特有の政治的目標を正当化しようとしていた。しかし一九九八年は、こうしたタイプの「殉教作戦」がイラクへの禁輸措置にたいするイスラーム民衆の怨嗟の正当な表現としてうけいれられる状況にはなかった。とりわけ無関係な市民が犠牲になったことは過激イスラーム主義運動にとっては躓きの石となった。武装グループによる（とされる）エジプトの観光客虐殺事件やアルジェリアでの一般市民まきぞえ事件のために民衆が自爆テロに嫌悪をかんじ、両国でジハードが頓挫したのはつい一年前のことだったからである。八月七日の同時テロはケニヤとタンザニアで何百人もの死者、何千人もの負傷者をだしたが、その大半はイスラーム教徒であった。たしかにそれは金曜日の祈りの時間におこったから、モスクに行かずに街をうろついていたわるい信者しか殺害しなかった――とテロの黒幕のひとりは事件を正当化しようとしている(47)。しかし、これはあまりにもわざとらしく、最初から信念にこりかたまっている同調者以外、だれも説得することはできない議論だった。一九九八年の同時テロはビン・ラーディンが《イスラーム世界の殉教》という《大きな物語》を自分のためにとりこもうとした最初の試みだったが、それは期待した結果をえることができなかった。しかし、後からかんがえてみると、これは二〇〇一年九月一一日の序章でしかなかった。九・一一テロは第二次インティファーダというもっと効果的な状況のなかでおこなわれることになるだろう。

実際、二〇〇〇年九月末、アクサー・インティファーダが勃発すると、殉教作戦がパレスチナ抵抗運動の中心となり、そのためにイスラーム主義運動とファタハやアラファトとの力関係は前者に有利な方向に逆転した。ちょうどその頃、九月二八日、労働党エフード・バラク政権下にあったイスラエルで野党の立場にいたアリエル・シャロンがエルサレムのモスクの広場を誇示的に散歩するという挑発的行動をおこなった。パレスチナ自治地域における政治的・経済的状況の悪化、イスラエルの入植政策の継続、権威主義や側近の腐敗に起因する支持率の低下——こうした難問に苦慮していたアラファトはシャロンの挑発をうけて即座に第二次インティファーダを開始した。アラファトは主としてイスラエルの入植者と兵士だけを標的に暴力をコントロールしながら使用してイスラエル政府に圧力をかけ、オスロ合意をパレスチナにより不利でない形で再交渉することを期待していた。しかし期待とは逆に、暴力の激化の結果、強硬姿勢をしめして選挙戦をたたかっていたシャロンが選挙に勝利し、二〇〇一年二月に首相となる。その前月、大統領に就任したジョージ・W・ブッシュ大統領側近の新保守主義者《ネオコン》と共感する所のおおかったシャロンはオスロ合意が前提とした対話路線を放棄し、力で問題を解決し、パレスチナ民衆をあらかじめ屈服させ、無力にしたうえで、一方的な政策を採用して、それをパレスチナに強制しようとしていた。イスラエルは圧倒的な軍事的優位をたもっていたから、アラファトはイスラエル政府を屈服させることも、妥協をひきだすこともできなかった。だからハマースやイスラーム・ジハード運動の「殉教作戦」はアラファトの当初の戦略にとってかわる唯一の手段とかんがえられた。そして、パレスチナ社会の生活基盤が徹底的に破壊され、民衆が困窮するにつれ、ひとびとのおおくが殉教作戦を支持するようになった。一九九〇年には大半のひとびとがそれに反対していたのとは対照的な結果になったのである(48)。アル＝ジャズィーラやアル＝マナールはパレスチナの苦難を日々おっていたのだが、そうしたテレビ局の番組をみる視聴者の目には、実行犯が死に、イスラエル市民を殺害するこうしたテロは抵抗運動の自然で正当な表現とおもわれた。だからアラビア半島ではパレスチナ紛争のための募金あつめ番組が企画され、人間爆弾となったテロリストの家族のための寄付があつめられる。オスロ合意のあった一九九〇年代にはイスラエルとアラブの対立はなかばうすらいでいたが、和平プロセスの挫折がもたらした幻滅感の結果、今までにないほど対立の構図は鮮明になり、自己の存在を賭けた戦いといった類の過激な語り方がされるようになった。イスラエルとそれを支援する欧米諸国は抑圧者という烙印をおされ、それに対峙するパレスチナはパレスチナのみならず世界のイスラーム共同体の受難の象徴となる。それは《殉教》という《大きな物語》をイスラーム信者共同体の自己表象の核心にきざみこむ。その結果、「殉教作戦」は抑圧についての真実を証言し、敵に損害をあたえるための特権的な行動形式として正当化されることになる。それは本当の意味で敵に損害をあたえ、敵になにかを強制することができる唯一の手段だからである。

自己犠牲から国際的殉教作戦へ

九・一一テロによってアル＝カーイダは例外を規範とし、ハマースがイスラエルにもちいている方法を欧米にたいする世界的ジハード全体に拡大しようとした。ビン・ラーディンとその一党はパレスチナの殉教作戦の人気を利用して、シンメトリーの作用によってイスラーム世界の共感を自分たちにひきよせ、《殉教》という《大きな物語》を横どりして、世界的規模でその代表者となろうとしたのである。しかしそのためには、ビン・ラーディンとそのグループは自分たちの旗印のもとに結集すべきイスラーム大衆にたいしてアメリカにおける最初の作戦行動九・一一テロでニューヨークとワシントンの無実の人間をたくさん殺したことを正当化しなければならない。一流のウラマーたちがイスラエルの民間人虐殺を正当化したのとおなじように。一九九八年の自爆テロは何百人ものアフリカ人犠牲者をだしたけれど、かれらは無名の人間で、ジハード主義者もメディアも個人としてのかれらに何の関心もよせなかった。それとはことなってアメリカでの民間人犠牲者はすぐに顔写真が公表され、おおくのルポルタージュがなされて、ひとびとは犠牲者に感情移入するようになった。そのためにイスラーム世界においてさえ、感情をおおきくうごかされる人はおおく、犠牲者にたいする同情とテロ行為にたいする批判がおおきくたかまった。シャイフ・カラダーウィーとその同僚たちはすぐさま明確な非難声明をだした。アメリカはイスラームとは交戦状態にないのだから、ジハードをおこなう理由はなく、したがって殉教は成立しない。それ故、一九人のハイジャックはイスラームで禁止された自殺をおこなったのであり、天国でかれらがしめるべき場所はない。これらのウラマーにとって九・一一テロをイスラエルにたいする殉教作戦から区別し、両者が混同されて一緒に非難されることがないようにすることはきわめて重要な問題だった。だからイスラエルへの抵抗運動をすくうために九・一一テロを断罪するしかなかった。こうした状況のなかで、ビン・ラーディンは最初、アメリカにたいする攻撃について明白に犯行声明をだすことを避けていた。もちろん、二〇〇一年一〇月七日にそれが「祝福されるべき二重の襲撃」であると形容して、このテロを承認していることをかくしはしなかったけれど。イスラーム世界での反応は両極端で、混乱していた。政府や公式機関はテロを批判し、イスラームがそれに関与しているという疑惑をあらかじめ一掃しようとしていた。かれらはテロの実行犯が精神異常者や過激派であるとかんがえたり、イスラームと無関係な工作員がイスラームやイスラーム教徒にかかわる大義（その第一がパレスチナ問題だ）の名をけがし、イスラームにたいする欧米の反撃を誘発しようとしているのだとかんがえたりした。しかしまたその一方で、自然と喜びが表明される様子も見られたし、ビン・ラーディンの人気がたかまったのも観察できた。なにしろビン・ラーディンはアフガニスタンの山奥から大国アメリカに打撃をあたえたのだ。これと平行して（時にはおなじ人物が）アル＝カーイダも、いかなるイスラーム教徒もこのような民間人の虐殺という正当化しがたい行為に関与しているはずがないという主張もひろくいきわたっていた。そうした主張はしばしばテロの黒幕はモサドだとか、イスラエルさらにはアメリカ情報機関であるという糾弾とむすびついていた。ツインタワーではたらくユダヤ人にその日は出勤するなという謎めいた指示があたえられていたという噂がその根拠とされた。アメリカが打撃をこうむったことを喜びながら、ニューヨークやワシントンの虐殺にイスラームは無関係だと主張するこのような議論が一貫性を欠いていることは一見して明白だが、こうした議論はアメリカもパレスチナで苦しむ受難者たち（かれらは欧米世界の犠牲者であるイスラーム世界の象徴である）と比肩できるような受難者になったという議論を封じこめる利点があった。しかし二〇〇二年四月、複数のテレビ局がアル＝カーイダの「メディア担当部門」アッ＝サハーブによる最初の犯行声明を放送した。それは自爆テロ実行犯の何人かが犯行前に録画しておいた遺言で、九・一一テロをアル＝カーイダが実行したことを明確に断言していた。犯行声明にはコメントもつけられていて、アメリカをイスラエルと一体視し、イスラエルへの殉教作戦とイスラエル市民の殺害をジハードの最高形態としながらアメリカにたいする自爆テロを断罪するウラマーたちに反論していた。宣言はシャイフ・カラダーウィーを直接名指しはしないが、その議論を一点一点とりあげ、アメリカがイスラエルの第一の支援者であり、したがってアメリカはイスラエルと同程度にイスラームにたいして交戦状態にあると論じていた。だからパレスチナ人によるテロを承認するものはおなじように九・一一テロにも同意しなければならない。さもなければ完全な矛盾になる。「枝を殺してもよいのに、どうして根や土台を殺してはいけないのだろう。パレスチナにおけるユダヤ人への殉教作戦を承認するものはアメリカにおけるそれも承認せざるをえない(49)。（……）」この九・一一テロの最初の犯行声明（および付随する議論）が放送されたのは、アメリカでのテロ直後しばらく停滞があった後、イスラエルとパレスチナの対立がふたたびはげしさを増していた頃であった。二〇〇二年四月、ジェニーンの難民キャンプにイスラエルが攻撃をしかけた。そこにはたくさんの爆弾製造工場があったためだが、この攻撃でたくさんの人が死に、イスラーム世界はそれにおおきな反発をしめした。こうした状況だったので、アル＝カーイダのリーダーたちは先の九・一一テロもさかのぼって正当化されるだろうと期待したのである。これを見ても、パレスチナの受難が他のすべての「殉教作戦」がよってたつ基本モデルになり、その最終的な規準になっていることがわかる。とくに、パレスチナ社会において殉教作戦にたいする民衆の支持は非常にたかまっていたので、PFLP（パレスチナ解放人民戦線）のようなマルクス主義的非宗教組織も、さらにはファタハも、のりおくれないように、自爆テロという手法をつかわざるをえなくなった。そのためにアル＝アクサー殉教者旅団という組織がファタハの周辺につくられた。この組織は二〇〇二年一月二七日午後、最初の女性（ワファー・イドリース）による殉教作戦を実行したことでとくにしられている。ちょうどその日の午前、アラファトはパレスチナの女性にかたりかけながら、彼女たちを「イスラエルの戦車を踏みつぶすバラの軍団」と形容した所であった。この女性の自己犠牲のインパクトはきわめておおきかった。エジプトのある大学人はアラブ世界の最高のヒロインとなったワファー・イドリースをキリスト（イスラームではムハンマドの前に出現した預言者として崇敬の対象となっている）と比較し、つぎのような感動的な言葉でかたった。「マリアの腹からうまれた殉教者キリストは抑圧に勝利した。一方、ワファーの体は爆弾となって悲しみに終止符をうち、希望の火をともした(50)」。これは犠牲が社会的機能をもっていることをはっきりと表現している文章だが、こうした文章を読むとルネ・ジラールの有名な指摘がおもいだされる。ジラールは『暴力と聖なるもの』で、犠牲は共同体の調和を再建し、社会の統一性を強化すると述べている(51)。パレスチナの身体はまずイスラエルの建国で破壊され、ついで占領地が拡大されてバラバラになり、最後に入植者の手によってちりぢりにひきさかれてしまった。社会組織もファタハとハマースの対立が激化してこわれてしまい、悲惨と混沌が増大し、病状がおさまる見込みもない。象徴的にパレスチナ社会の調和を回復する犠牲はまた、ミクロコスモスからマクロコスモスへの運動によって、パレスチナ社会のみならず、ひろく信者共同体全体の統一性を回復させるという使命もおびるようになる。イスラームのウンマ自体も植民地主義や帝国主義の影響でバラバラに対立するさまざまな国民国家に分裂してしまったとかんがえられているからである。イスラーム主義関係（たとえ穏健派のものであれ）の文献にたえず見られるこのような攻囲妄想的な見方が「殉教作戦」という自己犠牲の儀式が機能するための準拠枠になっている。ワファー・イドリースの場合には女性の身体が爆発させられたためにこうしたテーマのすべてが極端なまでに誇張される。子供を産むための腹が死の装置となったのである。象徴的次元でのこのような競り上げ競争のために今度はハマースの指導者シャイフ・ヤースィーンがイスラーム主義者の殉教作戦に女性が参加することを許可するファトワーをだす。ファタハの挑戦にたいしてイスラーム主義が殉教作戦の政治的利益を独占しつづけるためである。しかし男性の殉教者には天国で七二人の処女が待ちうけているることになっているが、女性にたいしてそれとおなじように七二人の童貞の少年が待ちうけていると約束するのは宗教的にスキャンダラスな報酬だし、リビドーの面からいってもあまり魅力的ではない。だからシャイフは、それでも両性のバランスをある程度とるために、わかい女性は天国で理想的な夫にめぐりあい、既婚女性の場合には天国で地上の夫にすぐに再会できると断言した。

第二次インティファーダ開始から二〇〇一年九月一一日までのあいだにおこった最初の三十件の自爆テロ（そのうち二十件は春と夏におこっている）は大部分がハマースとイスラーム・ジハード運動がおこしたものである。ちょうど第一次インティファーダの時、子供の投石が運動の象徴になったのとおなじように、自爆テロが第二次インティファーダの特徴的戦術となった。自己犠牲熱が非常にたかまったので、殉教志願者は自然にあつまった。かつて実行者をえらぶのにながく、厳格な選別がおこなわれていたのとは対照的だった。しかしこのように志願者がたくさんあらわれるようになったことは最終的には軍事的・政治的に弱点となる。準備不足の活動家は最後になって尻込みしたり、標的をしとめ損ねたりすることがあったし、イスラエル当局に逮捕された者もおおくいたからである。しかしこんな風に志願者がたくさんあつまるということは民衆の支持が異常なまでにたかいことをしめしていた。九・一一直後の数週間は自爆テロの数も減少したが、二〇〇一年のおわりには件数はふたたび増加しはじめ、アメリカでのテロがもたらした茫然自失状態が克服されたことをしめしていた。つづく三年間のあいだに九四件の殉教作戦がおこなわれている(52)。しかし殉教作戦もついに克服することがほとんど不可能な障害につきあたることになる。ヨルダン西岸とイスラエルを分離する分離壁の建設である。しかしテロの中断はその中心的な実行者であるハマースの政治的敗北を意味したわけではなかった。第二次インティファーダの影響はパレスチナ住民にとって破滅的で、住民はこれまでにないような困窮状態におちいり、一九九〇年代に「オスロ合意」にもとづいて辛抱づよく構築された政治的な基盤・設備をすべてうばわれ、そのうえ、二〇〇四年一一月一一日にはヤーセル・アラファトがパリの病院で死去し、政治的指導者もうしなってしまった。しかしイスラーム世界におけるハマースの声望は絶頂点にありつづけた。抑圧にたいする特権的な抵抗手段としての殉教作戦はいまや完全に正当性を獲得した。それはもはやパレスチナに限定されるべき例外的現象ではなく、どこででも再現可能なモデルとしてみとめられた。二〇〇三年春以来、アメリカとその同盟国の軍隊によって占領されたイラクで自爆テロが多発しているのを見てもそれはわかる。パレスチナ同様、イラクもイスラームの地でありながら欧米の軍隊の存在によってスンナ派とシーア派とクルド人に寸断され、国内のイスラーム信者共同体の統一性が破壊されて、破滅的なイスラームの内乱《フィトナ》がもたらされてしまったからである。パレスチナに話をかぎっても、ハマースはこうした行動様式に関与したことからひきだした利益を二〇〇五年春の「停戦」で自爆テロを停止した後も享受しつづけている。シャロンは二〇〇五年夏、ガザ地域から一方的にイスラエル人入植者を撤退させたが、パレスチナ自治政府との交渉によってこれが実現されたわけではなかったので、アラファトの後継者マフムード・アッバースはそこから政治的利益をひきだすことはできなかった。逆に、ハマースはイスラエルの撤退が自爆テロのためにジハードに対抗しきれなくなった結果だと強調し、テロの有効性のたしかな証拠だと主張した。これによってハマースは二〇〇六年一月のパレスチナ評議会選挙に勝利することができたのである。

《殉教》という《大きな物語》はイラン革命ではじまり、ヒズブッラーによって体系化され、パレスチナの抵抗運動の核心に書きこまれ、そして最後に二〇〇一年の九・一一テロとそれにつづく一連の事件にいたるのだが、今まで見てきたように、この《物語》はイスラーム世界を犠牲者の共同体として表象する傾向を助長し、自己犠牲と敵対陣営の民間人殺害をもっぱらとする暴力的行動形態を正当化するようになってしまった。しかし同時に、この物語をコントロールしたいと願うひとたちのあいだではげしい競争がおこるようになった。この物語は革命的シーア派社会でうまれたのだが、ホメイニー体制のイランはイスラームにおけるイデオロギー的なヘゲモニーを確立することはできなかった。しかしレバノンのシーア派ヒズブッラーはこの物語によってイスラエルにたいする抵抗運動の先兵という資格を獲得したのだ。自爆テロの発明によって単なる「殉教」を「殉教作戦」に昇格させたのはヒズブッラーであった。ついでイスラーム・ジハード運動やハマースなどのパレスチナのスンナ派イスラーム主義者が殉教作戦を採用し、そこからシーア派的な色彩を一掃した。その結果、世界中の莫大な数のイスラーム教徒がテレビでアル゠ジャズィーラがながす映像を見、自己犠牲とイスラエル民間人の殺人を正当化する一部ウラマーの意見に影響されながら、パレスチナの苦しみとつよく一体化し、自爆テロ作戦を支持するようになったのである。

二〇〇一年九月一一日、テロを実行したアル゠カーイダはパレスチナとおなじように民衆はアメリカでの民間人の虐殺を承認し、ビン・ラーディンとその一党を犠牲者であるイスラーム信者共同体を代表する戦士、予告されたイスラームの勝利の英雄とみなすだろうと期待した。しかし地球規模でのこうした挑発的行為は《殉教》という《大きな物語》の肯定的側面を台無しにし、そのかわりにテロリズムという否定的なイメージがこの物語にはりつきかねなかった。そしてそれが九・一一テロの実行犯のみならず、イスラーム主義運動全体に、さらにはパレスチナの大義、そしてアメリカ指導部が「悪の枢軸」と分類するすべてのものにまで波及しかねなかった。二〇〇一年秋の《対テロ戦争》の開始とともに、自爆テロはあたらしい困難に直面した。イスラエルで分離壁が建設され、それが自爆テロにとってはほとんど克服しがたい障害となってしまったのである。そのためにハマースは「停戦」を宣言せざるをえなくなり、政治的参加に努力を傾注するようになる。それは二〇〇六年一月のパレスチナ評議会選挙での勝利として結実する。しかしハマースが暴力にうったえかけるという選択肢を放棄せず、またイスラエルという国家の存在の承認を拒否しつづけたために、パレスチナ情勢は袋小路におちいってしまい、その結果、パレスチナ内部で血なまぐさい武力対立が発生した。二〇〇七年六月、パレスチナ自治領はふたつの地域に分裂し、ガザ地区全域はハマースが、ヨルダン西岸地域はファタハがコントロールするようになった。こうして自己犠牲と殉教はひきさかれた国家の統一性を回復するどころか、パレスチナを歴史的に見てもこれ以上なかったほど弱体化させてしまった。こうしてオスロ合意によって誕生したパレスチナ自治政府の政治的将来やイスラエルとパレスチナ両国の共存という政治構想の実現可能性が疑問視されるようになった。

しかしジハードと殉教の論理がきわめて深刻な社会の分裂をもたらし、そのために自爆テロが過激イスラーム主義の絶対兵器となった過程そのものにたいして全面的な疑問の声があがるようになったのはアメリカ軍占領下のイラクにおいてである。実際、シーア派の世界で誕生し、スンナ派が利用するようになったこの戦術は、まわりまわってシーア派を攻撃する武器になってしまった。というのもイラクでは「殉教作戦」はアメリカとその同盟国の占領軍を標的とするだけではなく、むしろシーア派住民がますます残虐になっていくテロの主たる犠牲者になっているからである。アフマディネジャード大統領は、イランはこうした犠牲者、世界中のあらゆるイスラーム教徒の犠牲者を代表して抑圧に対抗するのだと主張するのだが、イラクでシーア派がおおきな被害をうけているから、こうした主張にもいくばくかの真実味がかんじられる。ただスンナ派のジハード主義者の暴虐行為にばかり目をうばわれていては駄目で、抑圧に本当に責任があるのは欧米であるとされる。イランにとってこの戦いで本当に大事なのは高尚なイデオロギー的宣言よりももっと具体的な課題、すなわち中東におけるヘゲモニーや湾岸地域の石油資源のコントロールである。だから自爆テロという戦術はのりこえられて、今後はあたらしい次元で問題がかんがえられるようになる。つまり核兵器保有の可能性である。救世主が再臨する前に黙示録的時代がくるとされているのだが、イラン新大統領の周辺ではそうした黙示録的時代において攻撃的自己犠牲は核による脅しという形をとり、それが究極の殉教作戦として実践される可能性もあるとかんがえている。しかしこれは本書のテーマである制御不可能な小グループや政治団体の領域をはなれ、国家間の関係の論理にかかわる問題であるから、ここでやめておくことにしよう。

第三章　ジハードの第三世代(53)

新世代ジハード主義者たちの不幸な意識

二〇〇四年一二月、驚くほど大部で、文体や内容の点でも普通とはちがうひとつの文章がジハード主義者のサイトのあいだをながれていた。『国際的イスラーム抵抗運動のアピール(54)』と題された一六〇〇ページをこえるこの文書の執筆者は一九五八年アレッポ生まれの技師ムスタファー・スィット・マルヤム・ナッサール、すなわち戦場名アブー・ムスアブ・スーリーという名前で知られている過激イスラーム主義活動家であった。スーリーという名前は「シリア人」を意味する。かれは一九九〇年代中頃、ロンドニスタンのもうひとりの有名人ウマル・ウスマーン・アブー・ウマル、別名アブー・カターダ・フィラスティーニー（パレスティナ人という意味）とともにアルジェリア武装イスラーム集団（ＧＩＡ）の機関誌アンサール（支持者）誌を発行し、そのためにジハードの世界ではよく知られた人物であった。アブー・カターダはイギリスに政治亡命をみとめられてロンドンに滞在し、そこで活発な政治活動をつづけていた。そして二〇〇二年一〇月から二〇〇五年三月に一度目の投獄を経験し、さらに二〇〇五年七月のロンドンの交通機関をねらった自爆テロがおこった後、ふたたび監獄に収監された。イギリスが国内在住過激イスラーム主義イデオローグにたいするこれまでの寛大な態度を再検討するようになったためである。この時、メディアで非常に活発にアル＝カーイダ弁護の論陣をはっていたウマル・バクリー・ムハンマドもイギリスから逃亡することを余儀なくされ、レバノンに活動の場をうつした。一方、アブー・ムスアブ・スーリーは一九九六年秋、ターリバーンが権力を掌握した後、ロンドンからアフガニスタンにわたった。アルジェリアのジハードがイスラーム主義者による民衆虐殺に堕し、知識人活動家アブー・ムスアブ・スーリーの期待をうらぎってしまったからである。かれは別段、過激派に寛容な特定の国家に居住しつづけなければいけないというわけではなかった。スペイン女性と結婚したので貴重な欧州連合のパスポートを所有し、世界を自由に行き来し、国際的ジハードのためにおもう存分、活動することができたのである。一八歳の時、かれは生地アレッポで技師の勉強をしながら、過激イスラーム主義組織《たたかう前衛》に参加した。これはムスリム同胞団のシリア支部を母体とした民兵組織だった。そのためにスーリーはシリアの治安機関におわれ、ヨルダンに、ついでイラクに亡命した。ヨルダンやイラクの政府はシリアの政権と敵対関係にあったから、亡命してきた同胞団メンバーには便宜をはかっていた。亡命先でスーリーは技師としての能力を活用して支持者に軍事教練をほどこした。一九八二年二月、同胞団が計画したハーフィズ・アサド政権にたいするハマーの町での蜂起が失敗する。この事件ではたくさんの犠牲がでたが、スーリーはこの事件をきっかけに組織の指導部と対立するようになる。ハマーの虐殺がおこったのは指導部が戦略的思考を欠いたためだと批判したのである。そのためにかれはフランスに亡命し、そこで技師の勉強をつづけ、一九八五年にスペインにいる両親に合流して、貿易会社をたちあげる。スーリーはサイイド・クトゥブ（同胞団の思想を急進的にし、一九六六年にナセルによって絞首刑になったエジプトのイスラーム主義イデオローグ）の熱心な読者であったが、かれ自身もシリア同胞団の実験の挫折についてのノートを紙に書きとめていた。またかれはアフガニスタンのジハードに自分の希望が具体化されたとかんがえ、ペシャーワルにわたった。そしてそこで「ジハードのイマーム」アブドゥッラー・アッザームの側近となり、一九八九年一一月アッザームが暗殺されるまでかれの側にとどまる。同時にスーリーはビン・ラーディンやザワーヒリーともふかい交流をもち、一九八八年に創設されたアル＝カーイダの初期の会合に参加する。かれはまたアフガニスタンでさまざまな国からきたジハード主義者とも知りあいになる。とくにそこで知りあったアルジェリア人のカーリー・サイードは一九九二年に母国でジハードが開始されたとき重要な役割をはたすことになる。しかしアフガニスタンのジハードはソ連赤軍が撤退した後、ムジャーヒディーンのリーダー同士が骨肉のあらそいをおこすようになる。期待をうらぎられたスーリーはアフガニスタンを去り、一九九二年に第二の故郷グラナダにかえる。そして一九九四年から一九九七年にはロンドンに滞在し、そこからアルジェリアのジハードのために活動する。「アフガニスタンでたたかったアラブ人」という経歴はものを言ったし、思想家・戦略家として評判もたかかったからである。もっとも、まだインターネット普及以前の時代だったから、スーリーの「評判」と言っても、ペシャーワルで少部数印刷されたかれの作品を読んだ活動家グループ内部にかぎられていたのではあるが……。シリアでの挫折とアフガニスタンでの失望の後、アルジェリアは過激イスラーム主義にのこされた最後の約束の地のようにおもわれた。スーリーはコピー印刷でアンサール誌を週に一度発行し、元アフガニスタン・ジハード戦士という輝かしい権威をもってロンドンからＧＩＡの行為を正当化する活動をおこなっていた。しかしＧＩＡ内部で血なまぐさい粛清がおこり、さらに虐殺事件があいついでおこったために、スーリーは雑誌への参加をやめる。そもそもかれは共同発行人のアブー・カターダのサラフィズムのゆきすぎに困惑していた。スーリーは神学者というよりは、サイイド・クトゥブの路線にちかい政治的なイデオローグだったのだ。しかし大変な費用をかけてロンドンからフランスやアルジェリアのモスクにファックス送信され、アルジェリア情勢に関心のあるひとびとが競って読んだ雑誌の発行を経験したことで、スーリーの読者層は大幅に拡大した。

一九九六年夏、ターリバーンによるカーブル制圧と同時にビン・ラーディンはアフガニスタンにもどる。それ以後、アル＝カーイダのリーダーは世界のジャーナリズムから何度も重要なインタビューをうけることになるが、最初の頃はスーリーがその仲介役になっていた。こうしてスーリーはメディアの世界にのりだすことになる。スーリーはやがてターリバーン首長国に決定的に定住する。かれはこれまでおおくの失望をあじわってきたのだが、とうとう本当にイスラーム国家がアフガニスタンに樹立されたとかんがえたのである。かれは《アル＝グラバー（外国人）》と名づけられた訓練キャンプの責任者となり、そこでおおぜいの欧米出身青年（移民子弟や改宗者）を訓練したようだ。しかしかれは時間の大部分をおびただしい量の文書を書くことに費やした。それは一九八〇年、一九九〇年代の過激主義運動の年代記『私のアルジェリア・ジハードの経験』のような個人的体験をかたったものである場合もあったし、ジハードの地政学をあつかったものである場合もあった。とくに後者は後にかれの大作『国際的イスラーム抵抗運動のアピール』となる。スーリーはビン・ラーディンが「メディア戦略」を開始した時、それに関与したのだが、まもなくビン・ラーディンがメディアへの過剰露出症にかかっているとかんがえ、それに批判的な態度をしめすようになる。かれは政治的にリスクがおおきすぎる派手な行動に反対し、不信仰な欧米やその共犯者である背教的イスラーム教徒にたいして「地道な手段で」執拗に攻撃しつづけることを提唱した。一九九〇年代末、エジプトやボスニア、アルジェリア、カシュミール、チェチェンなどでゲリラ形式のジハードが挫折し、イスラーム主義が衰退しかけていたのだが、そこから脱却するためにはちいさなテロリストの細胞グループを形成し、そのそれぞれが自律性をもち、段階に応じて大小さまざまな規模の作戦行動をとり、同調者の輪を徐々にひろげ、だんだんと対抗的な裏社会をつくりあげていって、最後に政権を打倒する、といった形の戦略をとることが必要だとかんがえたのである。こうした戦略を中期的に成功させるためには、ターリバーン首長国やロンドニスタンをモデルにしてイスラーム主義の聖域をつくるのが理想的である。そうした聖域で未来の活動家たちに時間をかけて技術教育、イデオロギー教育をさずける。そしてそこで教育をうけた人間が各地域の細胞グループの幹部となって、作戦実行が適切かどうかという判断や実行形態など具体的な決定をすることができるようにする……。一九九八年八月七日のナイロビとダル・エス・サラームのアメリカ大使館にたいするテロはビン・ラーディンの指示でおこなわれたのだが、スーリーはそれに反対した。かれはイスラーム主義運動はまだ超大国アメリカと直接対決する力はないとかんがえ、テロがグループの存続に悪影響をあたえるのではないかと心配したのである。実際、テロに報復するためにアメリカはアフガニスタンのさまざま訓練キャンプにミサイル攻撃をくわえたが、その攻撃の正確さはスーリーにおおきな不安をかんじさせた。だからかれはターリバーンがビン・ラーディンにおとなしくするよう勧告したとき、それを全面的に支持した。かれの観点からすれば、九・一一テロは破滅的行動に他ならなかった。ビン・ラーディンは傲慢さのためにアメリカの経済的・政治的中心を攻撃して挑発したが、その結果、アフガニスタンの聖域は根絶され、国際的ジハード運動には何年もの遅れがでることになるだろうとスーリーは予測した。メディアの助けをかりて世界中に過激イスラーム主義者の大胆さを宣伝し、テレビをとおしてイスラーム大衆をうごかすという戦略はかれにはとてつもなくおおきなリスクをともなっているようにおもわれた。実際、テロはそのような結果をもたらし、そしてこのあたらしい逆境の影響をスーリー自身がこうむることになる。一九八二年のシリアでのジハード、一九九二年のアフガニスタンの最初のジハード、一九九七年のアルジェリア・ジハード、この三つのジハードの挫折にひきつづき、スーリーは四度《よたび》、アメリカの絨毯爆撃をうけながら、かれが期待のすべてをかけたターリバーン首長国から逃げることを余儀なくされた。あわただしく出発したために著作の一部さえのこしておかなければならなかったのである。スーリーはパキスタンやイラン、イラクのクルディスターンのイスラーム主義者が支配する地域などをさまよい歩いた。イランではモッラー政権によって軟禁処分にされた。クルディスターンのイスラーム主義者支配地域ではスーリーはザルカーウィー（スーリーとおなじアブー・ムスアブという名前をもつ）によって一時的に匿われたようである。ザルカーウィーとはアフガニスタンで出会っていて、旧知の仲であった。スーリーは逃亡中もエネルギーの大半を執筆にあてていた。著作を完成させ、ネットで公開するためであった。しかしアメリカはかれに四〇〇万ドルの賞金をかけていた。そしてついに二〇〇五年秋、スーリーはパキスタンのバローチスターン州でとらえられる。

一九五一年生まれのエジプト人アイマン・ザワーヒリーはスーリーよりも少し年長だが、ほとんど半世紀ちかくにおよぶ知識人活動家としての経歴のなかでスーリーは、ザワーヒリーとおなじように、ジハード主義運動の三つのおおきな局面を経験している。第一の時期はムスリム同胞団（スーリーの場合はシリア、ザワーヒリーの場合はエジプト）の政治的戦略にたいする徹底的な批判からはじまる。ついでかれらはアブドゥッラー・アッザームのもとでアフガニスタン・ジハードを経験し、イスラーム国家を樹立するためには「軍事的解決」が不可欠であることを発見する。一九八九年二月一五日、ソ連赤軍がカーブルから撤退し、アフガニスタンにおける最初のジハードは勝利におわるが、その結果、ムジャーヒディーンの司令官たちはたがいにはげしい抗争をはじめる。第一期はこのジハードのピュロス風勝利（訳注：あまりにも損害のおおきい勝利）で幕をとじる。この時期のコミュニケーション手段は依然として印刷物で、部数はすくなく、入手は容易ではなかった。ジハード主義の第一世代のあいだで思想の伝達はゆっくりと、人間を媒介にしてなされた。かれらはよく旅行したのだが、ジハード主義者がたくさんあつまったアフガニスタンはイスラーム主義思想が形成されていくために非常に重要な役割をはたした。

第二の時期は一九九〇年代全般に相当する。この時、スーリーは三〇代、ザワーヒリーは四〇代である。この時期にはアフガニスタンの経験にならったゲリラ戦があいついでおこなわれるが、どれも成功せず、そうした挫折にたいする反動としてあの九・一一のビッグ・バンが敢行される。ザワーヒリーは五〇歳になった年にネットでかれの著作『預言者の旗印のもとに集う騎士たち』を公開し、九・一一を理論化している。これは政治的・軍事的逆境の経験につよく刻印された著作である。だからそうした挫折の経験をつんできた著者ザワーヒリーはジハードを成功させるためにはあの地球的驚天動地の大事件「ニューヨークとワシントンの祝福されるべき同時襲撃」を遂行して、作戦の規模自体を決定的に変化させるしかないとかんがえたのである。ザワーヒリーにとって九月一一日のあの日、言わば歴史はふたたびあたらしくヒジュラ暦元年にもどって再開された。それは過去の苦しみを一挙に消しさり、その結果、必然的に未来は不信仰者にたいするイスラームの最終的勝利へとむかって直進していくことになるだろう。これがこの年以降、ザワーヒリー（と、頻度はよりすくないがビン・ラーディン）がテレビやネットでおこなった数おおくの宣言の意味であった。かれらはジハードの前線でおこった（あるいはおこらなかった）出来事をたえず《大きな物語》のなかに位置づけ、すべてをイスラームの最終的な栄光と不信仰《クフル》の敗北への一段階として解釈する。テロや戦争だけではなく、ニューオリンズをおそったハリケーン・カトリーナや二〇〇五年にパキスタンのカシュミールでおこった地震のように、竜巻や地震でさえこの物語のために都合よく利用される。この第二の時期はターリバーンの成功もあって、当初はジハードが勝利し、ジハードには輝かしい未来が約束されているとかんじられていた。この頃、ジハードには中心地がふたつあった。九〇年代前半（これはまだゲリラ戦形式によるジハードの時代に相当する）はロンドンのロンドニスタン、そして一九九六年夏からはターリバーン首長国のカンダハールとカーブルである。後者は固有の意味でのアル＝カーイダの時代と言うことができよう。一九八〇年代の印刷の時代とくらべると、この時代にはロンドンからファックスを利用することによって思想の動きは等差級数的に増加していったのだが、さらにインターネットやテレビ（一九九六年秋に開始されたアル＝ジャズィーラはアラビア語の分野ではそのパイオニアだった）であたらしい多極的媒体が提供されるようになると、それは等比級数的に増加していった。あたらしい媒体のおかげで国境も、検閲も、そして距離も存在しなくなったのである。アッザームがジハードの第一世代の象徴だったとするとビン・ラーディンとザワーヒリーはジハード第二世代の究極の姿を体現している。かれらはジハードは九・一一から勝利の道を直線的にすすみ、まもなく時の最後がきて、人類全体がイスラーム化されると信じつづけている。このような《歴史のおわり》のジハード主義的解釈においてジハードの第三世代など必要はない。というのも運命は定まり、未来は決定されているからである。

アブー・ムスアブ・スーリーをはじめとする幾人かのひとびとは無用な存在とされたこの第三世代を代表している。九・一一につながる戦略が一九九〇年代前半の敗北したゲリラ戦にたいする批判とそののりこえの努力のうえに構築されたように、第三世代は「祝福されるべき同時襲撃」ののりこえと批判（スーリーはそれを明示的におこなうが、ザルカーウィーの場合は暗黙のうちにである）のうえに構築された。スーリーによればニューヨークとワシントンの同時テロの悪影響はそれがもたらした利益よりおおきい。ロンドンとアフガニスタンの聖域は解体され、軍事的・経済的圧力がつよまり、警察の追求がきびしくなって、ジハード主義のリーダーのなかでもまだ逮捕されたり、殺害されたりしてない者もびくびくしながら生きることを強いられている。とりわけ、九・一一の奇跡的な成果を見て民衆がジハードの旗のもとに大挙結集するとザワーヒリーたちはかんがえたのだが、その期待はうらぎられた。それどころか、テロの後、民衆のあいだでたしかにイスラームの自覚は強化されたが、それはジハード主義ではなく、その宿敵ムスリム同胞団、そしてさらにはイラン、イラク、レバノンの唾棄すべきシーア派に有利なように作用している。程度の差はあるにせよトルコからアルジェリア、エジプトからサウディアラビアにいたるまで、スンナ派の世界ではどこでも、選挙や民主主義という虚妄にあざむかれた同胞団系の政党が権力の座にある「背教的」政権にとりこまれ、それをワシントンが祝福する。レバノンのヒズブッラーは言うにおよばず、ハマースでさえイランに支援されている。だからこの混沌とした状況から一番、利益をえているのはテヘラン政権であるようにおもわれる。占領下のイラクなどその最たるものだ。イラクでは、ザルカーウィーひきいるジハード主義者の「英雄的」レジスタンスにもかかわらず、クルド人世俗主義政党と「異端の」シーア派政党が状況を急転させ、国と巨大な石油資源を自分たちに有利な方向にうごかしている。ザワーヒリーはテレビ視聴者やネットサーファーに自己満足にみちた発言をくりかえしているが、それとは逆に第三世代のジハード主義者たちは、歴史は依然として《悪》の力によって支配されており、自分たちの行動によってそのような歴史のながれを逆転させなければならないとかんがえている。九・一一の性急で時期尚早な軍事行動によって不信仰な欧米は自分たちが直面している危険をはっきりと認識した。だからかれらは各地の同盟者にささえられながら、その力の相当部分をイスラーム信者共同体の前衛たちを抹殺するために集中している。そのためにイスラームの前衛たちは非常にたかい代償を支払っている。かれらの現在と未来にとってそれはきわめて重い負担になっている。こうしてスーリーは破局をさけるために「世界的なイスラーム・レジスタンス」を展開することをよびかける。ロンドンやアフガニスタンの聖域をあてにすることはもうできないし、アメリカでのテロを可能にした高度な手段をもちいることもできない。そのためには決定をくだす中心的な組織が必要だからである。そのようなピラミッド型の組織は九・一一後の弾圧によって破壊されてしまった。だからちいさな細胞組織をたくさんつくり、ジハードという共通の世界的イデオロギーによって団結したメンバーが欧米とイスラーム世界のなかの欧米の同盟者（かれらは背教者に他ならない）にたいして戦いを遂行できるようにしなければならない。そのためには各メンバーがたかい教育と訓練をうけて、弱体化した中央機関に依存することなく、独自の作戦能力と資金をもち、自分の判断で敵を悩ませる軍事行動を決定できるようにしなければならない。

このジハード主義者の第三世代の代表はアブー・ムスアブというおなじ名前をもっているが、かなり毛色のことなった二人の人物、技師スーリーと殺人狂ザルカーウィーである。かれらはザワーヒリーやビン・ラーディンとは対極的に自分たちの戦いが今、「優勢な局面」にあるのではなく、逆に「不利な局面」にあるとかんがえる。ムハンマドに啓示がくだされた最初の時代の歴史に通暁したイスラーム教徒ならだれでもこのふたつの概念が預言者の政治・軍事行動のふたつの局面に対応していることがすぐにわかる。ムハンマドは不信仰者にたいして戦いをいどむには弱すぎた時、まだちいさい信者共同体の消滅をさけるために局地戦や限定的な規模の戦いをつづけながらもマッカを去ってマディーナに移った（聖遷《ヒジュラ》）。そして十分に強力になったとかんじたとき、マッカに攻撃をしかけ、勝利した。現代のジハード主義者はこのモデルにこだわっているのだが、一番むずかしいのは攻撃が敗戦ではなく勝利におわるために好都合な時はいつなのかを決めることであった。ザワーヒリーが自信過剰のようにおもわれるレトリックをもちいるのはヴァーチャルなイスラーム信者共同体を構成する活動家や、同調者、ネットサーファー、テレビ視聴者に刺激をあたえ、九・一一の攻撃の後、勝利はちかく、腐敗した欧米はジハードの打撃でまもなく崩壊し、ジハードが世界を征服すると信じさせるためである。それにたいしてスーリーの禁欲的で現実主義的なテクストはジハードを防衛的な行為とし、可能ならば不信仰者の支配力のおよばない戦闘地域であらたな聖域を確保し、敵をできるだけ疲弊させ、敵が十分に弱体化したら、その時にはじめて最終的・決定的攻勢をかけると主張する。アメリカによるイラク占領後ザルカーウィーが実践した「イスラーム・レジスタンス」運動もそうした方向で理解することができる。つまり二〇〇四年のファルージャのように「解放」地域をつくり、さらにはそれを象徴的存在にしたてあげる。実際、ザルカーウィーが死んでから四ヶ月後の二〇〇六年秋に「イラク・イスラーム国家」の樹立が宣言されている。それは法的には完全にヴァーチャルな存在でしかなかったが、それでも一応はアンバール州のようにアメリカ軍も政府軍もシーア派やクルドの民兵もほとんどはいりこめないスンナ派勢力の拠点に基盤をおいている。ザルカーウィーは公式にビン・ラーディンに忠誠を誓い、それによってメソポタミア・アル＝カーイダ組織というブランド名をもちいることができるようになった(55)。それはかれに象徴的な次元で利益をもたらした。かれの活動のひとつひとつをすぐさまメディアがとりあげるようになったからである。しかし反シーア派感情がつよく、ビデオ・カメラの前でこのんで人質の首をはねる「殺人狂司令官」と地政学的戦略家ザワーヒリーとのあいだにはたえず緊張・確執があった。とりわけザワーヒリーのザルカーウィー叱責という出来事があったが、これは地域的戦略と包括的戦略の齟齬をあきらかにするものと言えよう。ザルカーウィーはイラクのスンナ派社会に身をかくしながら、そこを根拠地にして緊急避難的に自分たちの空間を構築しようとしていた。つまりかれはスンナ派社会がいだく特有な恐怖や復讐心を身近に見ながら生きていたのである。それにたいしてザワーヒリーにとって特定の地域での活動は世界的ジハードのあらがいがたい進展に従属すべきものだった。ジハードの目標はもうすぐ実現されるはずだったからである。ザルカーウィーの実践した小空間征服という論理は毛沢東からヴォー・グエン・ザップさらにはゲバラ時代のラテン・アメリカで展開されたゲリラの古典的理論をおもいださせるが、やはりジハード主義者の第三世代にむすびつけられるもうひとりの著述家アブー・バクル・ナージーもこれについて理論的考察を展開している。この人物の本当の身元はわからない。これは単なる筆名で、専門家たちは複数の人物がこの名前で文章を発表していると推測している。ナージーは二〇〇四年末からネットにながされた「イダーラ・アッ＝タワッフシュ(56)」という奇妙な題の作品でひとびとの注意をひいた。アラビア語の題は「無法地帯の管理」あるいは「野蛮状態のマネージメント」を意味するが、不信仰な国家の支配が排除された無法地帯についてかたっている。つまり、そうした地域は「シオニスト＝十字軍の陰謀」によって操られた国際社会の敵意をものともせずに、ジハード主義者によって管理されなければならない、という主張である。もちろんそれにはおおくの問題があるだろう。とりわけジハード主義者はそうした社会管理に必要な人的資源を欠いているからである。だから、ジハードと平行して、大学、とりわけ欧米の大学で、移民出身のイスラーム系学生やイスラームに改宗した欧米人のあいだに、イスラーム主義の幹部になるひとたちを確保しなければならない。

このように九・一一以降のジハードの論理にはふたつの力がはたらいている。ひとつはビン・ラーディン、とりわけあらゆる所に姿をあらわすザワーヒリーの言説によって具体化されているものである。かれらは自信満々な《大きな物語》を展開する。かれらにとっては不信仰にたいするイスラームの勝利は約束されている。イスラームはひとびとの信仰の炎をかきたてながら、じょじょに勝利へとむかう軌跡のうえにいる。だから、かれらの展開する《物語》は、無数のテクストをつうじて、ひとつひとつの出来事をイスラームの勝利へとみちびく軌跡のなかに位置づけようとする。一方、中東や、その他の（たとえばヨーロッパのような）イスラーム社会で、現場でテロをおこない、戦闘をおこなっているひとびとは自分たちをレジスタントと規定する。しかしかれらの活動にメディアをつうじて公的に意味をあたえることができる人間は今ではいない。スーリーは投獄され、ザルカーウィーは死んでしまったので、自由な、あるいは生きているスポークスマンはいなくなってしまったのである。二〇〇一年夏以来おこっている出来事はこのふたつの力の交錯点に位置づけられる。「殉教作戦」はあいかわらず中心的な位置をしめているのだが、それはそうした作戦が敵に甚大な、防御不可能な損害をあたえているからというだけではない。それはまた同時に、武装ジハードが永続するという証明でもあるのだ。何故なら、ジハードは勝利によっていつかおわるということがなく、戦士たちが自分たちの命を犠牲にすることによって自然消滅するしかないのかもしれないからである。ジハードは九・一一事件がひらいた勝利の展望のなかに位置づけられるのか、それともこれまで以上に世界を牛耳るようになった不信仰な勢力の攻撃にたいするレジスタンスなのか——これが一方でザワーヒリー、他方でスーリーをはじめとする現地ジハードの実践者、この両者のあいだの解釈上の対立の焦点となっているのだ。

ザワーヒリーの自信過剰と孤独

アイマン・ザワーヒリーが発表したおおくの声明の大部分はジハード主義者のサイトに掲載され、一部は抜粋されて世界中のテレビ・ニュースでとりあげられている。声明ビデオの背景には通常、武装ジハードのメトニミーとして小銃か機関銃がうつしだされている。しかしザワーヒリーのこうしたビデオはながいあいだにくりかえしにおちいってしまった。ビデオがあまりにも多すぎるためにジャーナリズムでのインパクトはなくなり、新奇さをうしなってしまった。だから、特定の標的にたいして明確に脅迫がなされ、スクープの価値がある情報としてあつかわれる場合以外には、アル＝ジャズィーラもふくめておおきなメディアがとりあげることは非常にまれになっている。ザワーヒリーの発言にはさまざまなジャンルがまぜあわせられていて、モスクの金曜礼拝の説教みたいに教条的で生硬な調子もあればニュース番組風の語りがされる場合もある。しかしその発言がふくむメッセージはつねにおなじである。つまり、それは《歴史》についてひとつの意味をあたえ、それが「シオニスト＝十字軍」の無数の虚偽に対抗する唯一の英雄的真理の言葉であるとされる。これはかれの声明のおおくが過去の出来事の記念日に発表される理由でもある。ザワーヒリーは毎年九月一一日に「祝福されるべき同時襲撃」以来のジハードと十字軍の活動の総括をおこなっている。またヒジュラ暦一四二八年初頭（西暦二〇〇七年初頭にあたる）には「イスラーム信者共同体の現状にかんする演説」をおこなっているが、これはアメリカ大統領によって一月末におこなわれる恒例の大統領一般教書演説（訳注：直訳は「国の現状にかんする演説」）に対抗するためであった。ザワーヒリーは自分が推進する《大きな物語》を否定するような出来事がおこると、《物語》からの逸脱とみなされかねない事態についての正しい理解をあたえるために「すぐさま」介入する。たとえば二〇〇六年夏のイスラエルとヒズブッラーの戦闘だが、それによって「異端の」レバノン・シーア派組織の書記長シャイフ・ナスルッラーは「アラブ民衆」の先導者であるかのようにみなされるようになる。しかしそれはアル＝カーイダの野心にとって障害となる。そこでザワーヒリーは早速ネットに登場するのだが(57)、背景にはいつもの小銃ではなく、「九・一一の殉教者たち」の写真がかざられていた。それはヒズブッラーのうぬぼれじみた行動などスンナ派ジハードの勝利の道の途上にあらわれた付随的現象にすぎないと示唆するためであった。二〇〇六年六月アメリカの爆撃によってザルカーウィーが死亡した後、ザワーヒリーはかつてかれのやり方を批判したにもかかわらず、弔辞をよせてザルカーウィーを賞讃する。ザルカーウィーの戦闘行為をアル＝カーイダの戦果とするためであった(58)。さらに九・一一テロが新時代のはじまりであるという事実をより確固としたものにするために、アル＝カーイダのメディア部門アッ＝サハーブ・プロダクション（「サハーブ」は「雲」の意味。ロゴはアル＝ジャズィーラのものをまねている）は二〇〇六年九月に「マンハッタン襲撃の物語」を二話構成でビデオにしている。それは九・一一の「本当の」姿をつたえると称し、テロの準備作業を克明にえがいている(59)。現在ではアッ＝サハーブの製作するビデオにはおおくの場合、プロの手で英語字幕がつけられ、アラビア語が通じる範囲をこえて、世界中に流通することができるようになっている。これによってたとえばインド亜大陸の英語をはなす多くのイスラーム教徒にもうったえかけられるようになり、またジハードの新兵募集のための無尽蔵な潜在的供給源を確保したことにもなる。しかし英語字幕の利点はなんといっても「シオニスト＝十字軍」連合にたいしてかれらの言語（国際共通語としての英米語）で挑戦し、「イスラームと不信仰のあいだの戦いの真実」（二〇〇六年一二月の演説の題）をよりよく表現できることである。この時期のビデオのおおくには（アル＝ジャズィーラの番組のように）ネットサーファーの興味をひきつけ、ジャーナリズムの注意をひくために、冒頭に抜粋や「注目すべき表現」で構成された「予告編」がつけられている。また九・一一の記念日にはザワーヒリーとアッ＝サハーブ・プロダクションの「ジャーナリスト」の対談という体裁をとったビデオを制作している。一般のイスラーム民衆や、さらにはオグリッシュ・コムやユー・チューブでたまたま目についた演説をダウンロードした野次馬は活動家用につくられたあまりに博識ぶった形式にはうんざりしてしまうだろうから、そうしたひとたちむけに「テレビ」番組のような雰囲気をだそうとしているのである。ジハードの申し子たちも商業主義の影響からまぬかれてはいないのだ。

二〇〇五年の九・一一の四度目の記念日から二〇〇七年の六度目の記念日のあいだの二年間の演説を分析すると、「アイマン医師」がどんな風にアル＝カーイダの《大きな物語》をねりあげていったか観察できる。ザワーヒリーは自分にとって都合のいいすべての出来事をあらかじめ用意した緯糸にむすびあわせていく。イスラーム教徒を輝かしいジハードのもとに結集し、シーア派との競争にうちかち、不信仰者を呪い、イスラームの前衛にたいする十字軍のむなしい挑戦が敗北におわることをしめすためである。

その例としてまず二〇〇五年九月の「ニューヨークとワシントンの襲撃から四年たって」という題の談話をと

りあげよう(60)。それはまず「アメリカとその同盟国の十字軍」が九・一一後、「イスラームとイスラーム教徒にたいする全面戦争」をくわだてたが、「あらたな十字軍は、これまでのものと同様、成功しなかった」ことをしめそうとする。この導入部でザワーヒリーはおおくのイスラーム教徒がもっている攻囲妄想的感情をたくみに利用しようとしている。イスラーム教徒はジハード主義イデオロギーに同意はしなくても、《対テロ戦争》のやり方に否定的な反応をし、それが反イスラーム的攻撃であるとかんじている。かれらのそうした感じ方はブッシュ大統領が九・一一直後、アメリカが反撃を予定していることをあきらかにしたとき、「十字軍」という言葉をつかったためにいっそうつよまってしまった。（とはいえ、現代の日常的アラビア語で「ジハード」という単語が陳腐化してあらゆる徳行をめざす努力を意味するようになったのとおなじように、英語でこの表現はあらゆる公民的努力を意味しているだけなのだ。）論証のためにザワーヒリーはアフガニスタンから議論をはじめる。アフガニスタンは《対テロ戦争》の第一の標的で、その結果ターリバーン政権は打倒され、アル＝カーイダが解体され、おいつめられた。しかし二〇〇五年夏の時点で、カルザイ政府はカーブルしかコントロールしておらず、首相は「自分の執務室からはなれることができない。なぜならカンダハールに行けば、殺害されるおそれがあるからである。」また総選挙結果は国連の同意のうえで改竄された。国連など「十字軍の王国の一部分にすぎず、ワシントンの皇帝がそのうえに君臨し、コフィー・アナンやその同類をやとっている。」またターリバーンは注意ぶかく警戒しながら「村や山に撤退した。そこにこそ真の権力が存在しているのだ。」さらにかれはつづける。イラクでは「民衆の半数がボイコットしたスキャンダラスな選挙（二〇〇五年三月の立憲議会選挙をスンナ派がボイコットし、シーア派とクルド人が絶対過半数を獲得）の結果、政府が成立した」。しかしアブー・グレイブ監獄のスキャンダルがおこる一方で、「北部独立国家（クルディスターン）にはユダヤ諜報機関が潜入し、裏切り者のふたつの政党（「民主党」と「愛国同盟」）が国を分割し、機会あるごとに殺しあっている。かれらが合意するのは国家の世俗性とアメリカの旗のもとでイスラームにたいして戦争するという点だけである。もしサラディーン（十字軍をうちゃぶったサラーフッディーン、クルド人だった）が生きていたら（アッラーよ、かれを祝福したまえ）、かれらとたたかい、殺していたであろう。」しかし「アッラーのおかげで、アメリカとイギリスは二〇〇五年七月のロンドンの祝福されるべき襲撃の直後、宣言を発表した。それはかれらの敗北を明白にしめしている」。というのもかれらは「国民の恐怖をしずめるために」イラクから撤兵する意図をあきらかにしたからである。

アメリカでのテロ同様「祝福されるべき襲撃」とよばれる七月のロンドン・テロについては九月一日にそれ専用の声明が発表された。この声明にはアッ＝サハーブ・プロダクション製作のビデオ・クリップがふくまれている。クリップはロンドン・テロ主犯ムハンマド・スィッディーク・カーンが犯行前にのこした遺言の録画で、かれはそこで生地ヨークシャー訛りのつよい英語で自分は不信仰とたたかうイスラームの戦士であると述べている（「これは戦争であり、私は戦士である(61)」）。一方、ザワーヒリーは地政学的な論評をおこない、ロンドン・テロは「傲慢な十字軍兵士ブレアーにたいする平手打ち」であると述べる。画面の背景にはニューヨーク、マドリード、ロンドンのテロ、そしてイラク、パレスチナ、チェチェンのジハードの光景が平行してながされる。

ブッシュはアル＝カーイダのメンバーの四分の三は殲滅したと主張している。しかし、そうしたテロの成功がしめしているとおり、ブッシュの主張は嘘で、《カーイダ・アル＝ジハード》は依然として「ジハードの基地《カーイダ》」である、とザワーヒリーはアラビア語で言葉遊びをしながらかたる。「アル＝カーイダは拡大し、伝播し、強大になり、そしてアッラーのおかげで前衛的民衆運動に変身し、シオニスト＝十字軍がいどむあらたな戦いにたちむかい、イスラームからうばわれたすべての土地を奪還する。」このように「ジハード主義運動は力強く展開され、ニューヨークとワシントンの同時テロでその頂点をむかえた。そして今もそれはイラクとアフガニスタンとパレスチナ、（……）さらには十字軍の国の中心地であるロンドンで歴史的な戦いをくりひろげている。」「アル＝カーイダは組織としては破壊され、メッセージや戦略としてのみ存在しつづけている」という意見をおくの分析者がもっているが、それについてどうおもうか、とアッ＝サハーブ・プロダクションの「ジャーナリスト」が質問する。それに反論してザワーヒリーはアル＝カーイダの輝かしい姿をえがきだし、組織が「アッラーのおかげで、メンバーも、手段も、実行される作戦の数もふえている。納得したければアフガニスタンへのアメリカ十字軍の開戦以後に実行された軍事行動の数をかぞえてみればよい。アフガニスタンやイラクでの巨大な軍事行動のみならず、最近もロンドンで祝福されるべき襲撃がおこなわれた」とこたえる。

インタビューのつづきは放送のプロ風に体裁をととのえるというよりプロパガンダ優先の色彩がつよい。ザワーヒリーはイギリスでテロが実行された理由に話題をもどし、パキスタン（おそらくザワーヒリーとビン・ラーディンはそこに避難している）のイスラーム教徒にたいしてムシャッラフ大統領を打倒するために蜂起するよう訴えかけ、説教することに満足して武器をとるようよびかけないウラマーを非難し、（その前月の）イスラエル軍のガザ撤退は「殉教と犠牲」によって実現したのであって「交渉と断念」によってではないと強調する。これは暗にハマースにたいして武装闘争を断念したり、選挙に参加したりしないよう警告したものだ。そして最後にアメリカが世界中に自由をひろげようとしていることを愚かしい企てだと嘲弄する。

ジハード主義者のなかでもスーリーのように九・一一テロの戦略がアル＝カーイダにとってよい選択だったかどうか自問するひとびとがいる。ビン・ラーディン自身の息子ハムザもそのひとりだ。ザワーヒリーのこのインタビューはなによりもそうしたひとたちにたいして「祝福すべき同時襲撃」がアル＝カーイダにとってよい選択であり、「ジハードの基地」はイスラーム主義運動全般と共同歩調をとりながら、たえず強力になりつつあるということを証明しようとしているのだ。民衆との連帯というテーマはザワーヒリーにとっては強迫観念のようなもので、かれの著書『預言者の旗印のもとに集う騎士たち』でも、一九九〇年代の前衛運動にはイスラーム民衆を動員するという発想が欠けていたことが反省され、それをどう実現するか、その手段を発見することが中心的課題になっていた。そして見つけだされた答えは「遠い敵」に打撃をあたえることである。それが世界全体にジハードのおしとどめることのできない運動を始動させるきっかけになるとされたのである。自己弁護の欲求といった問題はさておき、ザワーヒリーの強弁はあることがらについて沈黙をまもっており、そしてこの沈黙自体も意味ぶかい。それは六月のイラン大統領選挙でのアフマディネジャードの勝利とジハード主義運動内部の葛藤である。アフマディネジャードの当選はイスラーム民衆を反米運動に動員するにあたって、シーア派というあらたな競争相手が誕生したことを意味する。また、ジハード主義内部の対立にかんしては、実際、ネットやテレビでもったいぶったプロパガンダが提供されている一方で、活動家のあいだでイラクのレジスタンスのあり方、とりわけアブー・ムスアブ・ザルカーウィーがアル＝カーイダの名で実践している戦闘手段にかんして論争がさかんにおこなわれていた。そのためにザワーヒリーは二〇〇五年夏、ザルカーウィーに手紙をおくらざるをえなくなった。手紙はアメリカの情報機関によって途中で押収され、その年の秋に公表された。ザワーヒリーはその手紙でメソポタミア・アル＝カーイダ組織のリーダーを叱責している。ザルカーウィーは「異端の」シーア派を批判する宣言をしきりにだし（さらにシーア派を虐殺し）、ビデオカメラの前で人質の喉をかききる。それはジハード主義の前衛をイスラーム大衆から遊離させる危険がある。一般大衆はまだそうした作戦が本当に必要だと理解していないからだ。ザワーヒリーは第二代カリフ、ウマル・イブン・ハッターブを引用しながら、それにほとんど毛沢東主義的な発想をつけくわえて「泳ぎをおしえる前に大衆を海になげこんではならない」とかたる。大衆がついてこなかったら、一九九〇年代のゲリラ戦の挫折の後、かれ自身が経験したのとおなじようなドラマティックな状況にジハードはふたたびおちいることになるだろう。「民衆の支持なしにはイスラームのジハード運動は闇にしずむだろう。臆病でぼんやりとした民衆はジハードからとおざかったままでいるだろう。そしてジハードの前衛と傲慢な権力との戦いは民衆からも日の光からも遠い牢獄の闇のなかだけでたたかわれることになるだろう。（……）」「まさしくそれこそが世俗主義的背教者政府とその同盟者たちがめざすものである。かれらはジハード主義運動をイスラーム民衆から孤立させたいと願っている。したがってわれわれの戦略の目的は民衆から離れたところではけっしてたたかわず、民衆の参加をうながすことでなければならない」とかれは述べるが、この箇所は『預言者の旗印のもとに集う騎士たち』で展開した分析をほとんど逐語的にくりかえしたものである。イラクの場合には民衆の支持はいっそう重要になってくる。というのも、ザワーヒリーが後の声明でもこのテーマを何度もくりかえしてとりあげているように、イラクは中東の中心にあり、もしこの国にイスラーム主義国家ができれば容易にイスラエルを破壊することができるからである。たしかに、これまでのすべての歴史がしめしているように、シーア派は真のイスラームとたたかった異端であり、そして現在もかれらはイラクでアメリカ人と手を組んだ。「それはイランの元大統領ラフサンジャーニーでさえみとめていることである。」しかしシーア派にたいする戦いを優先すると、イスラエルを破壊するための戦いを危険におとしいれる可能性がある。この地域においてはイスラエル破壊がジハードのもっとも重大な課題であり、シーア派など二の次だ。毛沢東風の比喩をつづけると、アイマン医師はイスラエル破壊は主要矛盾であり、シーア派根絶は二次的矛盾にすぎないとかんがえていると言える。実際、イラクからアメリカ軍を追放するという第一段階（それは中期的にはかならず実現される）の後に第二段階がこなければならない。それは「イスラーム政権あるいは首長国を建設することである。なぜならアメリカ軍撤退後にうまれた真空状態に非イスラーム勢力がはいりこむことがないように、真空をすぐさま満たさなければならないからである。さらにこの首長国を発展させてカリフ国家をつくり、できるだけ多くのスンナ派地域を包括するように拡大しなければならない。」この首長国はイスラエル打倒のためのジハードのロケット発射台となるだろう。ところで、二〇〇六年一〇月一五日「イラク・イスラーム国家」の誕生が宣言されたが(62)、それはかならずしもザワーヒリーが主張していた方針にもとづくものではなかった。というのもそれはシーア派やクルド人にたいする戦いを最優先事項としていたからである。

二〇〇五年一〇月、大地震がパキスタンをおそったとき、ザワーヒリーは世界中でわきあがった被害者救援の大合唱にわりこんできた。欧米やキリスト教系ＮＧＯが人道援助を独占することを許すまいとして、かれはすべてのイスラーム教徒、すべてのイスラーム系NGOにカシュミールのイスラーム民衆を援助するためにあらゆる手段をつくすようよびかけた。かれのこの声明はアル＝ジャズィーラをつうじてひろくながされた(63)。声明のなかでザワーヒリーは「アメリカの秘密諜報員」や「CIAの手先であるムシャッラフの軍隊」の妨害のためにかれ自身は苦しむ同胞の側にいることができないと述べている。ザワーヒリーはこんな風にして慈善事業というすぐれて倫理的な領域に無理矢理わりこみながら、世界のイスラーム教徒全体のカリスマ的指導者でもあるかのようなポーズをとる。この人道主義的テロリストという突拍子もない組み合わせは一大ニュースとなり、欧米テレビ局のおおくがかれの声明の抜粋を放映した。アル＝カーイダは自然災害をも神の意志という観点から解釈し、《ジハードと殉教》という《大きな物語》をとおして歴史の意味をかたるためにどんな領域にでも姿をあらわそうとするのだ。

二〇〇六年一月、ザワーヒリーは今度はアラブ連盟や「権力に懐柔されて」選挙に参加するイスラーム主義者に批判の矛先をむけ(64)、かれらがイラクにおけるアメリカの避けがたい敗北をおおいかくしてブッシュ大統領をたすけようとしていると批判した。ザワーヒリーはエジプトの名門の出身で、一九四五年アラブ連盟が創設された時の初代事務総長アッザーム・パシャはザワーヒリーの母方の大叔父にほかならない。そのアラブ連盟が二〇〇五年末、「和解のための会議」を準備するためにイラクのさまざまな政治勢力・宗教勢力の代表者をあつめてカイロで会議を開催したのである。名望家出身のザワーヒリーはアメリカ大統領にたいしてなれなれしい語り方をし、尊大な態度をしめしながら、ブッシュを「おまえ」よばわりする。「ブッシュ、おまえはイラクで敗北し、アフガニスタンでは敗北しつつあり、そしてまもなく(アッラーの御力と御加護により)パレスチナでも敗北するであろう。おまえはそのことをみとめるべきだ。(……)イスラームはイラクで勝利した。今日、私はイスラーム信者共同体にその点について敬意と祝意を表したい。」「アッラーの恩寵によりアメリカはイラクから撤退するために哀願し、ムジャーヒディーンとの交渉を懇願する」と揶揄し、さらに「耳も聞こえず、口もきけなくなった老女、アラブ連盟」にたいして痛烈な皮肉をあびせかける。アラブ連盟はアメリカがイラクから体面をたもったまま撤退できるようにイラクの反乱者たちの「犠牲を台無しにしようとしている。」「アラブ連盟にとつぜん命がふきこまれた。アメリカ政府の血がその乾ききった血管にながれだしたのだ。」ミイラ化したアラブ諸国の政権が再生をはかるためにおこなったもう一つの試みは選挙を組織することである。そしてそれにムスリム同胞団その他のイスラーム主義を標榜した裏切り者たちが荷担する。エジプトでは同胞団は議会の二〇パーセントの議員を獲得した。政権側がかれらの参加とその程度の勝利を容認したからだ。サウディアラビアでは史上はじめての選挙として市議会選挙がおこなわれ、同胞団関連の候補者リストが勝利をおさめた。サウディアラビアについては「アメリカは《市議会選挙》と称する茶番劇を祝福し」、エジプトではワシントンは「同胞団にあらかじめ決められた議席を獲得できるように手配した。」（……）「これは、イスラーム民衆をあざむき、そのもっとも重要な権利からかれらの注意をそらすためのペテンだ。イスラーム民衆にとって本質的なことはシャリーアの支配を確立し、占領軍から自由になり、これまでの指導者の責任を追及することである。」政府から独立したアナリストや非政府組織も大部分がアメリカ政府を満足させるためのうわべだけの民主化には疑問をもっているのだが、ザワーヒリーもまずそうした見解を述べる。そして民衆がイスラームに覚醒することこそが必要なのに、欧米の策略によってそれがさまたげられていると結論づける。しかしかれのこれまでの発言がしめしているとおり、本当はかれが一番懸念しているのはこの声明では直接言及されていない別の選挙プロセス、すなわちパレスチナにおけるハマースの選挙参加とその結果としての一月一五日の勝利である。ハマースの選挙戦勝利はかれの論理にとっては都合のわるいものであるように見える。だからザワーヒリーはハマースの勝利は幻想にすぎないと躍起になって言いつのる。しかしパレスチナの同胞団直系イスラーム主義組織ハマースはアル＝カーイダのはるか先を行っている。ハマースは国際的というより国民的なコンテクストのなかで活動をつづけているが、選挙に参加することによって武装闘争はそれ自体が目的なのではなく、武装闘争と選挙戦略をむすびつけることが可能だということを実証しようとしたのである。

しかしアメリカとアル＝カーイダが直接対決する事件があったためにザワーヒリーの声明はスケジュールを大幅に変更することを余儀なくされ、パレスチナ情勢を詳細に論じることができなくなってしまった。二〇〇六年一月一三日、アメリカの飛行機がアフガニスタンとの国境地域にあるパキスタンの村を爆撃する。ザワーヒリーの潜伏先が確認されたからである。しかしザワーヒリーは奇跡的に爆撃を逃れる。この事件をうけて、その三週間後、ビデオが発表され、そこでザワーヒリーは殉教者のような白衣を着て、コーランを引用しながら、自分はアッラーのもとに行く準備はできているが、それはアッラーがのぞまれる時にであり、傲慢な「ワシントンの殺人鬼」が欲する時にではないと述べる(65)。そしてブッシュ大統領にたいしてなれなれしくかたりかける。「ブッシュよ、おまえはただ嘘つきで敗者であるだけではない。(……)私はおまえに質問する。イラクとアフガニスタンから撤退するのはだれだ？　おまえか、それともわれわれか？」こうしてかれはアル＝カーイダをアメリカと同列におくのだ。この演説はドラマがかっていたし、荘厳な調子でもあったのでニュースになり、アル＝ジャズィーラもゴールデンタイムのニュースで四分以上をこれについやし、局のスカーフを着用したスター、アルジェリア人のハディージャ・ベンガナがニュースをコメントした。その時、ベンガナは緑色のスカーフ（訳注：スカーフはイスラーム信仰の印で、緑はイスラームのシンボル・カラー）を着用していた。

二〇〇六年三月六日、前年の秋にデンマークの新聞が預言者ムハンマドのカリカチュアを掲載し、これが世界的な大事件に発展した。この問題については次章で詳細に分析するが、事件はイスラーム世界におおきな波紋をまきおこした。アラブ諸国のリーダーたちは抗議し、コペンハーゲンから大使を召喚し、一部の国はデンマーク製品のボイコットをおこなった。シリアやレバノンではデンマーク大使館や領事館が焼き討ちにあい、アフマディネジャードのイランは抗議活動の先頭にたった。だからザワーヒリーは欧米にたいするイデオロギー闘争で他の勢力に先をこされないためにも公的に介入する必要があった(66)。他の勢力とはもちろん異端のシーア派、そしてスンナ派の「背教者」政権である。とりわけ「背教者」政権はこの事件が「侮辱されたイスラームの擁護者」という姿勢をしめす好機だとかんがえ、民衆の目先をかえるためにそれを利用している。ボイコットから抗議デモ、さらには大使館焼き討ちにいたるまで、さまざまな具体的行動がおこされ、大衆運動とまでは言えないまでも、たくさんのひとびとが参加した広範な運動が展開されていた。しかしアル＝カーイダはそれにまったく関与することができなかった。だからなおさらザワーヒリーは声明という形ででもこの問題に介入することが必要だった。なにしろ、ザワーヒリーの《大きな物語》ではアル＝カーイダがイスラーム大衆の前衛ということになっていたのだから。（アル＝ジャズィーラで放映された）声明のなかでザワーヒリーは、まずデンマークの新聞による預言者への侮辱を相対化し、それをより一般的なコンテクストのなかにおきかえる。つまり欧米が知的十字軍を結成して戦いを挑み、イスラームの聖性を冒涜している。その例はサルマン・ラシュディーから最近のフランスの法律制定にいたるまで枚挙に暇がない。フランスではユダヤ人をまもるためにホロコースト否定発言を犯罪として罰する法律がある一方で、イスラーム女性にたいして学校でスカーフを着用することを禁止する。「フランスではイスラーム教徒の父親は娘がふしだらな行為をするのを禁止できない。法律がふしだらな娘の方を擁護するからである。しかし娘が学校でスカーフをかぶろうとするとおなじ法律がそれを罰する。」このような危機を前にして、抗議デモをしたり大使館を焼き討ちにしても、また日常生活にもどるのでは、欧米の挑戦にたいして十分に対抗できない。さらに一歩すすんで、アメリカやマドリード、ロンドンの「襲撃」のように欧米にたいして深刻な経済的損害をあたえ、パレスチナやイラク、アフガニスタンから敵をおいはらい、背教的で腐敗した政権を打倒し、至る所で純粋なシャリーアを全面的に適用するようよびかけなければならない……。この声明においてザワーヒリーが自信なげであることがかんじられる。これはかれにはうまく扱えない領域なのだ。デンマークの預言者カリカチュア事件を契機とした民衆動員の場に参加できなかったかれは、その有効性を否定し、不十分な対応でしかないと指摘する。かれによれば欧米の挑戦にたいして有効なのはただ武装ジハードだけなのだ。

三月三一日と四月一二日、ザワーヒリーは記念日の常套句羅列を再開し、「九・一一に勢いをえたジハードの勝利はちかい」という《大きな物語》の補強につとめる。三月、かれは「トラボラの勝利」の四周年を祝う(67)。トラボラでアメリカ軍は莫大な軍事的手段をもちいながら、アフガニスタンの山奥に逃げこんだビン・ラーディンをとらえることに失敗した。四月は英米軍によるイラク侵攻三周年記念である(68)。それ以来、「メソポタミア・アル＝カーイダ組織」は八〇〇件以上の殉教作戦を遂行した。しかし残念なことに、この勝利も一部のイスラーム教徒の裏切りによってあやうくされてしまった。髭やターバンの長さがどうであれ、預言者の家系出身者であれ、部族の長であれ、十字軍と協定をむすぶことはイスラームへの裏切りである。それはコーランの第五章「食卓」の五一節で禁止された事項に明確に違反している。その一節はビデオの冒頭でながされているが、ザワーヒリーはあらためてそれを引用する。「信仰する者たちよ、ユダヤ人やキリスト教徒を友としてはならない。かれらはたがいに友であり、おまえたちの内、かれらの友となる者はかれらの仲間となるのだ。アッラーが不義の民をみちびかれることは決してない。」ビデオは安物の模様入りの白いカーテン二枚を背景にローアングルで撮影されており、そのためにザワーヒリーは老けてみえ、表情もこわばっている。ザワーヒリーは通常は古典アラビア語で注意深くはなすのだが、この時はエジプト方言の庶民的なアクセントがまざった語り方をしていた。目は気怠げに原稿提示装置をおっているようにみえ、何度も言いまちがえをする。声明の大部分はアラブ諸国の指導者とりわけパキスタン大統領ムシャッラフ（一六分のうち一二分）を冷罵し、十字軍の同盟者となってイスラーム教徒とたたかうかれらに悲惨な運命がまちうけていると予言することに費やされていたのだが、言外にその警告はイラクのスンナ派の指導者や部族長にむけられていた。当時、アメリカ大使ザルメイ・ハリルザードがかれらとザルカーウィー一党を離間させ、政権への参加とひきかえにジハードを放棄させようとしていたのである。

声明はアメリカ大使によるスンナ派分裂工作を批判していたが、これは予兆的だった。メソポタミア・アル＝カーイダ組織のリーダーはその年の六月七日、アメリカ軍によって殺害されたのである。おそらくかれを匿っていたスンナ派の部族長が「売った」のだろう。死体の写真は世界中のテレビでながされ、雑誌の表紙や新聞の一面をかざった。「異教徒たち」がおおきな成果ともてはやすなかで、ザワーヒリーは事件を相対化し、予告されたジハードの勝利がさまたげられることは少しもないと証明しなければならなかった。しかしザワーヒリーはザルカーウィーを「殉教者のプリンス」と口をきわめて賞讃しながらも、その路線とはかなり距離があることをかくさない。とりわけシーア派にたいする戦いについてはそうである。ザワーヒリーは是非ともシーア派をスンナ派の戦士と連合させなければならないとかんがえていた。さもないとかれが実現したいと願っているイラク・イスラーム国家の未来はあやうい。ザワーヒリーは生前のザルカーウィーを十分コントロールできなかったけれど、イラクにイスラーム国家ができればそれをきちんと監督したいとかんがえていた。ザワーヒリーによるザルカーウィーの追悼演説は死後二週間たった六月二三日にやっとアル＝ジャズィーラにながされた。演説は奇妙な時間的ずれがかんじられる冒頭の宣言からはじまっていた。「われわれはイスラーム信者共同体に兵士のなかの兵士、英雄のなかの英雄、イマームのなかのイマーム、アブー・ムスアブ・ザルカーウィーの死をお知らせする。われわれはザルカーウィーが殉教者であると認定する。」実際、ザルカーウィーが殉教者と形容され、かれの死が「勝利するジハード」という《大きな物語》のなかに書きこまれるのはザワーヒリーが発表したこの追悼文だけである。（ビン・ラーディンの名で六月三〇日に発表された追悼文もこの点を踏襲しているが、これは誇張的文体で書かれているものの本当の意味で政治的な内容はない(69)。）ザワーヒリーは「われわれ」から「わたし」に語り方をかえてつぎのようにつづける。「アブー・ムスアブの死——アッラーがかれに憐れみをあたえくださいますよう——という運命的な知らせを聞いた時にわたしに一番つよい印象をあたえたこと、それはニュースがヌーリー・マーリキー（シーア派のイラク首相）とザルメイ・ハリルザード（アメリカ大使）によって発表されたことである。私はこの発表の仕方がそれ自体でイラクにおける十字軍とイスラームの戦いの性格の大部分を要約しているとかんじた。ザルメイ・ハリルザードは自分の宗教をすてた背教者のアフガニスタン人で、アメリカに亡命し、それからシオニストにちかい原理主義者の足もとにひれふした。こうしてかれは（元国防副長官ポール・）ウォルフォウィッツの息子となった。そしてヌーリー・マーリキーは権力の座につくためにイスラームをうりわたし、占領前も、占領中も、占領後も、仲間とともに十字軍占領軍と通じ、シャリーアの支配を断念し、占領軍に抵抗することを禁止し、さらにはブッシュ十字軍の旗のもと、ムジャーヒディーンとたたかった。」アフガニスタン系アメリカ人外交官ザルメイ・ハリルザードにははげしい侮辱があびせられるが、イラク首相はシーア派である点を批判されていないし、またザルカーウィーの演説ではよくあるような「異端」という言葉が発せられてはいない点に注目すべきであろう。マーリキーは単なる宗教的なペテン師として、スンナ派のなかでアメリカに協力した者たちと同列におかれているのだ。さらにまだ生きのこっているアル＝カーイダの戦士たちは、勝利と殉教の日まで戦いをつづけ、そして殉教の時には原始イスラーム時代の英雄のように死ぬよう激励されているのだが、現代イスラーム主義の殉教者としてサイイド・クトゥブやアブドゥッラー・アッザーム、そして戦死したアル＝カーイダの指導者があげられるのは当然として、原始イスラーム時代の殉教者としてアリーやフサインの名前もあげられている。これがシーア派との和解を意図したものであることはあきらかである。

やがて都合よくロンドン・テロの一周年記念日がやってきたので、ザワーヒリーはザルカーウィーの不都合な死から話をそらすことができる。記念日はまるでメトロノームのような正確さでジハードの物語をくりかえすための機会をあたえてくれるのである。二〇〇六年七月七日にながされたビデオはロンドン地下鉄自爆テロでムハンマド・スィッディーク・カーンと行動をともにした「殉教者」シフザード・タンウィールを登場させる(70)。ビデオはスィッディークの時とおなじ紫がかった色の壁紙を背景に撮影されていたが、赤と白の格子模様のパレスチナ風カフィエ（訳注：アラビアのベドゥウィン人がかぶる頭巾）をバンダナ風につけたタンウィールはこの犯行前録音遺書のなかでヨークシャーの労働者特有のなまりをもった英語でたどたどしくイスラーム主義の決まり文句をくりかえす。（「おまえたちが生を愛するように、われわれは死を愛する。」）ついで機関銃を背にしたザワーヒリーがもったいぶった口調で、この青年が殉教を熱望していたと説明する。それにつづいてアル＝カーイダの英語の切り札アダム・ガッドハムが登場する。かれはカリフォルニアの良家のユダヤ人で、一七歳でイスラームに改宗し、「アメリカのアッザーム」とよばれている。まるでウェスト・コーストの弁護士が黒いターバンとアラビア風長衣を着たみたいな風情のガッドハムはウィンクや真っ白な歯をみせる笑顔で好感度をたかめながら、アメリカ軍兵士がわかいイラク人女性を集団強姦し、犯罪の痕跡を消すために家族ともども殺害した事件を糾弾して、イラク占領のおぞましさを言いたてる。（ただしこの事件は軍法会議により捜査され、刑がくだされた。）

しかしこの壮麗な記念式典がおこなわれてすぐ、アル＝カーイダを困惑させるあらたな重大事件がおこる。二〇〇六年七月一二日から八月一四日までつづいたイスラエルとヒズブッラーの「三十三日戦争」である。この戦争のあいだ、ヒズブッラー書記長にして比類なき雄弁家ハサン・ナスルッラーはアル＝ジャズィーラの視聴者を熱狂させる。これによってかれはビン・ラーディンやザワーヒリーの一党を「時代おくれな存在」にする。アル＝カーイダなどせいぜい大衆から遊離したテロ活動をおこない、ビデオでわけのわからない言葉をくりかえしているだけである。それにたいしてレバノンのヒズブッラーは大規模な民衆動員をする力があり、テレビやネットをつうじてイスラーム世界を熱狂させることができる……。七月二七日、ザワーヒリーはヒズブッラーの挑戦にこたえようとする。かれが証明しなければならないことはこういうことだ――「レバノンやガザにたいするシオニストの攻撃」（これが声明のタイトルである）がどんな展開をとげようと、一番大事なのはアル＝カーイダがおこなっている戦闘である。そのためにビデオではまず冒頭に殉教者になったばかりのザルカーウィーの声がなされる。かれの声と明示されているわけではないが、だらだらとした語り口、幻覚をみているような口調から容易にそれと見わけがつく。その声は「われわれはイラクでたたかっているが、われわれの目はつねにエルサレムにむけられている」とかたる。つまりザルカーウィーという偉大なるシーア派殺戮者の指揮のもと、メソポタミア・アル＝カーイダ組織がイラクでおこなっている戦争こそが重要な戦いだということである。灰色の服を着たザワーヒリーはいつもとは違う舞台装置のなかで出現する。かれの背後にはアブー・ハフス・マスリー（元エジプトの警官、アル＝カーイダの主要な軍事リーダーのひとりとなり、二〇〇一年の米軍のアフガニスタン攻撃で死亡）とムハンマド・アター（九・一一テロ・グループのリーダー）、そして炎上するワールド・トレード・センターのツイン・タワー・ビルの写真がかざってある。これこそが《大きな物語》の象徴なのである。それはヒズブッラーのおもいあがりをたしなめてくれる。ヒズブッラーなどほんの脇役でしかない。何万人ものアラブ人囚人がイスラエル政府によって囚われの身となっているのにたった三人のイスラエル兵が誘拐されたからといって大騒ぎをしている欧米世界に皮肉をあびせかけながら、アイマン医師はイスラエルの背後には十字軍＝シオニスト連合がいて、それが出資してイスラームにたいする戦争を推進していると指摘する。それこそがすべてのイスラーム教徒がたたかうべき相手なのだ。「われわれはイスラームの英雄の子であるのに、どうしてそれを黙って見ていることができよう」と慨嘆しながら、かれはアリーやフサイン（こうしてかれはシーア派もまきこんでいく）、ユースフ・イブン・ターシュフィーン（一一世紀にスペイン軍をうちやぶり、マラケシュを建設したマーリク派のベルベル人指導者）、サラーフッディーン（十字軍をうちやぶったクルド系のスルタン）、サアド（ペルシア・ササン朝に勝利した）そして征服者メフメト（コンスタンティノープルを征服したオスマン・トルコ皇帝）の名をあげる。「マージ僧（つまり拝火教徒、これはイラン人にたいする蜂の一刺しというべきものである。スンナ派のサラフィー主義者はシーア派の教義が前イスラーム期の信仰の名残ではないかとつねに疑いをもっている）の火を消し、アッラーの名を称揚するためにビザンチンを破壊したこの偉大なる文明はふたたび前進し、世界征服を再開する。その第一歩が二〇〇一年九月一一日だった。その記念すべき日のほぼ一年前、アフガニスタンのカンダハールにあるアル＝カーイダ訓練キャンプで、アブー・ハフス司令官がパレスチナにかんする講演をおこなった後で、英雄ムハンマド・アターがたちあがり、尋ねた、『敵イスラエルとどのようにたたかえばよいのでしょう』と。この物語の続きがどうなったかは、アメリカが十分に承知している事柄だ」とザワーヒリーはゆっくりと結論づける。かれが言いたいことはこうだ――パレスチナ解放は世界中の至る所でイスラエル支持国に損害をあたえる攻撃をおこなうことによって実現できる、つまりヒズブッラーではなくアル＝カーイダのやり方こそが正しい。「イスラーム信者共同体の隊列から（九・一一の）一九人の殉教者がでてきたが、その二倍の数の殉教者をだすことはきわめて容易だ」とかれは脅迫するようにかたる。後からかんがえると、このほのめかしが翌月発覚し、未遂におわった計画の予告だった可能性はある。液体爆弾をつかって大西洋のうえでイギリスとアメリカをむすぶ一〇機程度の飛行機を爆破するという計画がくわだてられていたのである。それが成功していたら、ザワーヒリーの論証の正しさを実証するものとなっていただろう。かれは声明のなかでさらに議論をつづけ、つぎのように力説する。ジハード推進のための重要な前線はふたつ、アフガニスタンとイラク（つまりパレスチナやレバノンとちがって、アル＝カーイダが関与しているふたつの地域）である。すべてのイスラーム教徒はそこからアメリカ軍を追放するために協力しなければいけない。とくにイラクはそうである。イラクでジハード主義者によるイスラーム首長国を成立させることができたら、そこからヨルダンを通過してパレスチナ国境にまで戦線を移動させ、パレスチナ内部のジハード主義者と連携し、イスラエルを破壊する――ザワーヒリーはこのような戦略構想を表明する。さらにザワーヒリーは冒頭にながされたザルカーウィーの言葉をもう一度引用した後、革命的シーア派教義常套の用語をかりて「被抑圧者と屈辱をうけた者《ムスタドアフーン・ワ・ムズルムーン》」にたいして専制権力と不正義を打破し、権利を回復するためにイスラーム教徒（つまりスンナ派、とりわけアル＝カーイダ）とともにたちあがるよううったえかける。ザワーヒリーの議論は非常に手がこんでいるのだが、その意図はきわめて明白である。つまり、アル＝カーイダが代表する《歴史》の意味の正しさを主張し、ジハードを推進するためにパレスチナやレバノンの出来事を利用しようとしたのだが、ザワーヒリーは当時、中東で話題の中心だったヒズブッラーやハマースに言及さえせずにそうした問題を論じるという離れ業をやろうとしたのだ。

しかしふたつの組織は「アラブ民衆」のあいだに絶大な人気があったから、ジハード主義的修辞学を縦横無尽に駆使したこの声明も期待した効果はえられなかった。だからザワーヒリーは九月はじめ、ふたたび仕事にとりかからなければならなかった。とくに先に述べた八月の大西洋航路の航空機爆破未遂事件がアル＝カーイダの仕業で、この失敗のために組織の信用に傷がついていたとしたらなおさらであっただろう。この年の九月は「祝福されるべき同時襲撃」の五周年目にあたり、それを記念してアッ＝サハーブ・プロダクションは四編ものビデオをネットにながした。そのうちの二本はそれぞれ半時間は優にあるビデオで、テロとその準備の経緯を再構成し、この画期的な出来事がウンマ再建とジハードの出発点となると相もかわらずくりかえしていた。ビデオはアル＝ジャズィーラの歴史回想番組を彷彿とさせるB級テレビ・ドキュメンタリー風に構成され、オスマン・トルコ帝国崩壊からはじまり、イスラエル建国とアラブ・ナショナリズムの歴史を経過して九・一一という崇高な到達点にいたる。とりわけビデオには未来のハイジャック実行犯が犯行の予行演習をおこない、占拠した航空機の乗客の首を斬りさく訓練をしたり、単調な声で事前録画用の遺書を読みあげて、イスラームを称揚し、異教徒におもい罰をあたえると脅迫したりする様子がみられる。背景は炎上するツイン・タワー・ビルの映像である。このビデオには本当の意味であたらしいものはなにもないが、いろんな映像が全体としてひとつにあつめられたという点があたらしいと言えばあたらしい。このビデオは当事者によってブラウン管むけにまとめられた九・一一テロという神話的物語の「テレビ用台本」とでも言うべき役割をはたしている。二〇〇六年九月二日、アッ＝サハーブ・プロダクションは「イスラームへの誘い(71)」という四八分の番組を放映するが、そのビデオでザワーヒリーはカリフォルニア出身の改宗者で「アメリカのアッザーム」と称せられるアダム・ガッドハムに発言機会をゆずる。こざっぱりとし、肥満で、髭をたくわえ、白いターバンを巻いたこの二六歳の青年はアメリカのプロテスタントのテレビ説教師の所作・みぶりをまねた説教で同胞アメリカ人、さらには西洋人一般にたいしてイスラームへの改宗をよびかける。かれによればイスラームは聖典が偽造されていない唯一の宗教である。だから改宗せずに誤りに固執していると重大な結果をまねくことになるだろう。アル＝カーイダによるメディアを舞台にしたこの電撃戦は二〇〇六年九月二九日、もうひとつあたらしいビデオが発表されて最高潮にたっする(72)。このビデオにはいろいろなテーマがあつかわれているが、なかでもザワーヒリーが教皇ベネディクト一六世にイスラームに改宗するよう命じている点が注目される。教皇がレーゲンスブルクでおこなった預言者ムハンマドにかんする発言がイスラーム世界に論争をよびおこしたからである。（この問題については次章で論じることにする。）ここでも、自分がひきおこしたわけでもない予期せぬ世論のたかまりに直面したアル＝カーイダのイデオローグがそれをうまく利用して、世論の代弁者になろうと苦労している様子がうかがえる。

この頃にはもうアラブや欧米メディアはザワーヒリーのいつおわるともしれぬ退屈な声明の数々をほとんどとりあげなくなっていた。だからかれが期待できる視聴者はジハード・マニアにかぎられるようになっていたようだが、そうしたなかで一番重要なのは九・一一の五周年を記念する「焦眉の問題」と題されたビデオであろう。これはアッ＝サハーブ・プロダクションの「ジャーナリスト」による一時間一五分におよぶインタビューという体裁で構成されている(73)。そのビデオでザワーヒリーは本箱の前で撮影され、本箱には色とりどりの装丁をほどこされた宗教関係書籍がならんでいる。それはまるで中東でよく開かれるイスラーム書籍フェアーで本を買いあつめた敬虔な学者の書斎といった風情である。このビデオでザワーヒリーはたたかうウンマが直面するさまざまな「焦眉の問題」を概観しながら、はじめて守りの姿勢に転じているように見える。ひきたて役になったインタビュアーはジハードに熱中する誠実なイスラーム教徒という役まわりを演じ、近年の事態の進行に不安をかんじると述べ、質問をする。それにこたえる形でザワーヒリー医師はイデオローグとして教育的なテクストをつくりあげるのである。ここでもレバノンとパレスチナの問題は国際的ジハードの展望のなかでとりあつかわれ、それによってザワーヒリーはヒズブッラーやハマースを無視し、アフマディネジャードのイランについては一言もかたらずにすませる。二〇〇六年末にひとびとの注目の的になっていたのはイランであり、イランこそがアメリカとその同盟国にたいするジハードの先頭にたっていたように見えていたにもかかわらず……。それにたいしてザワーヒリーはアフガニスタンでターリバーンが自爆テロを開始したことに欣喜雀躍し、喜びのあまりエジプト方言をみじかく口走るほどである。イラクではザルカーウィーの死は痛手であったが、後継者のアブー・ハムザ・ムハージルに権力委譲がおこなわれたことは喜ばしい。それにまもなくイラクではイスラーム国家が到来し、腐敗したヨルダンを占領してパレスチナの戦士たちと合流し、イスラエルを破壊すると期待できる……。いつものとおり、ザワーヒリーは「ジハード主義の前衛たち」にウンマを動員し、それぞれの国で敵十字軍をうちやぶるようよびかける。シャリーアは民間人と軍人を区別せず、戦闘員と非戦闘員を区別するだけだとかれは説明する。そして十字軍とたたかわないもの、つまり西洋諸国の選挙民や納税者はたとえ政府の政策に反対であっても敵性戦闘員のカテゴリーにふくまれる。民主主義とは市民が集団的に責任をとる体制であるからだ。かれをインタビューする「ジャーナリスト」がイラクにおけるジハード主義者の孤立について疑問があるようなふりをする。それにたいしてザワーヒリーは、あきらかに事実に反するのだが、メソポタミア・アル＝カーイダ組織は超大国アメリカと対決しながら、つねに同盟の輪をひろげようと努力してきたと反論する。とくに「十字軍がぶつかって砕けていったイスラームの岩」（サラーフッディーンへの言及）であるクルド人は「イスラームの歴史に輝かしい数ページを書きくわえた」民族であるから、ジハードに合流し、「ユダヤ人とアメリカ人につかえる」クルディスターンの世俗主義政党政権を拒絶するようよびかけられる。シーア派にたいしては侮辱的な表現もつかわれないし、そもそもシーア派の名があげられることさえない。シーア派「政権」のみがイスラーム教徒のあいだに諍い《フィトナ》のタネをまきちらしていると批判されるだけである。しかしアル＝カーイダは「アメリカ人とたたかうすべてのひとびと」にたいして同盟をむすぶことを提案する。最後にインタビュアーは普通のイスラーム教徒がもっているとされる懸念を代弁して、ジハード主義者の戦略は非現実的なのではないかと質問をする。結局の所、大衆は選挙に参加するイスラーム主義政党を支持しているのではないだろうか……。それにたいしてザワーヒリーは「大衆の支持というだけならスーフィー教団を支持している人の方がおおいし、サッカーのサポーターならさらに数はおおい」と反論する。ザワーヒリーにとって前衛のみがウンマの意識を体現している存在なのである。かれは前衛にたいして試練のなかでも堪え忍ぶようによびかける。こうした逆境のなかでも朗報はある。エジプトのイスラーム団やアルジェリアのＧＳＰＣ（「宣教と戦闘のためのサラフィー主義グループ」）がアル＝カーイダにあらたに忠誠を誓ったし(74)（イスラーム団はこれを否定する）、ソマリアでもあたらしいジハードの戦線がひらかれた。「イスラーム・マグリブ地域アル＝カーイダ組織」が実行犯とされるテロ事件がしめしているように、南と西からジハードが西洋、とりわけヨーロッパを包囲している。

二〇〇六年一一月、ザワーヒリーは元気をとりもどし、いつものとおり記念日を口実に「イスラームと異教徒の戦いの真実」と題された五一分にのぼるあらたな大演説を発表する(75)。この年はパレスチナにおけるユダヤ人国家建設のきっかけとなった一九一七年のバルフォア宣言八九周年にあたったのである。「バルフォア宣言は、所有者でもない人間が所有する資格のない人間にパレスチナの聖地をあたえたものである。」宣言を記念しながらアル＝カーイダは自分たちだけがパレスチナの悲劇の真の解決方法を知っているという主張をもう一度くりかえす。アラブ世界のアル＝カーイダの政敵はだれもパレスチナ問題を解決できなかったし、またヒズブッラーやハマースのように選挙への参加という未来のない道にまよいこんだ者もけっしてそれを解決することはできない。ジハードを勝利させるための唯一の鍵はアフガニスタンとイラクを占領している「十字軍」をおいだすことだ。イギリスはとりわけイスラーム教徒の怒りにあたいする。というのもバルフォア宣言以来、そしてハーシム家やサウード家にオスマン・トルコ帝国の背中を短刀で刺すような行為を教唆した時代からイラクやアフガニスタンに軍事駐留する現在にいたるまで、イギリスはつねにイスラームを害するための陰謀を企ててきたからである……。おそらくこのイギリス批判は二〇〇五年夏から二〇〇七年夏にかけてのイギリスでのテロを正当化するための議論であろう。この声明にはもう一つの出来事の記念という面もあった。アフガニスタンに「十字軍」が侵入して五年になったのだ。しかしこの戦争は欧米にとって失敗だった。ターリバーン首長国はまもなく復活し、かつてのような偉大さをとりもどすだろう。アフガニスタン民衆はイスラームを手放さないから、いかによわくまずしくとも、最終的にはソ連とアメリカというふたつの超大国をつぎつぎとうちやぶる結果になるだろう。この声明の第三のメッセージ、それはアメリカ民主党によせられている。二〇〇六年一一月の中間選挙で共和党をうちやぶったのは民主党ではない、「アフガニスタンとイラクのイスラーム信者共同体の前衛である。」もし民主党がこのふたつの国から撤退し、イスラエル支援をやめなければ、おなじ運命がかれらをまちうけているだろう。「世界史においてあたらしい局面がはじまったことを理解しなければならない。すなわちアブドゥルアズィーズ・イブン・サウードの末裔やシャリーフ・フサインの孫、サーダート、ムバーラク、アラファトなどの時代はおわった。そしてハーリド・イスラームブーリー、アブドゥッラー・アッザーム、アブー・ハフス司令官、ハッターブ、ムハンマド・アター、ムハンマド・スィッディーク・カーン、シフザード・タンウィール（かれらに神のお慈悲を）の時代がやってきたのだ。」九・一一はあたらしい時代の紀元零年となる。このおおきな変化のために今まで西洋世界と協調路線をとりつづけてきたサウディアラビアやヨルダンの君主、エジプトやパレスチナのアラブ指導者は完全に時代にとりのこされてしまった。これから人類と啓示の歴史にあたらしい時代がはじまる。ジハードの「殉教者」はそのあたらしい時代を予告し、その到来を証するものだったのだ。ザワーヒリーは上にあげられたジハードの「殉教者」と完全に同時代人であった。かれはサーダート暗殺者イスラームブーリーと政治生活をはじめ、アッザームやアブー・ハフス、チェチェンのジハード主義者のリーダーだったサウディアラビア人ハッターブ司令官の側でそれを継続し、二〇〇五年七月のロンドン自爆テロの二人の実行犯を後援した。しかし結局のところ、ザワーヒリーがこの声明であきらかにしようとしている「真理」の大部分は

（西洋ではなく）イスラーム信者共同体全体にむけられたものであり、真のねらいはシーア派の信用をおとさせることであった。レバノンではヒズブッラーがスィニューラ親欧米政権の機能を麻痺させ、アフマディネジャードのイランは核の脅迫を効果的にもちいている。そのためにシーア派がイスラーム信者共同体の擁護者であるかのようにひとびとはかんがえがちである。しかしかれらはアル＝カーイダが基礎をきずいたあたらしい時代の簒奪者でしかない。「レバノンでのユダヤ人にたいするジハードが合法的《ハラール》でアフガニスタンやイラクでのアメリカ軍にたいするジハードが禁止行為《ハラーム》であるなどということがどうしてありえるだろう。レバノンで敵シオニストと協力することが裏切りで、イラクやアフガニスタンで敵十字軍と協力することが進歩と安全をもたらす行為であるなどということがどうしてありえるだろう。（……）もしイマーム・アリー（神がかれに栄光をおあたえくださいますよう）やハサンやフサイン（神がかれらにご満足なさいますよう）が今イラクやアフガニスタンにいたとしたら、かれらはイスラームの地に侵入した十字軍と関係・協力して、イスラームの地を防衛するムジャーヒディーンとたたかったであろうか。十字軍によって任命され、国連に祝福された政府に参加したであろうか。ブレマーやトミー・フランクスやラフダル・ブラヒーミーにしたがうだろうか。（……）イマーム・アリーやフサイン（アッラーがかれに満足されますように）はそんなイスラームのためにみずからすすんで殉教したのだろうか？」ザワーヒリーはシーア派を象徴する人物の殉教を今日のシーア派指導者から横どりし、自分の陣営の手本として利用する。そして七世紀のイマーム・フサインから現代ヨークシャーのパキスタン人ムハンマド・スィッディーク・カーンやシフザード・タンウィールにいたるひとびとをイスラーム殉教者というひとつの包括的イメージとして構築し、それを完全に自分の側にとりこんでしまう。さらにザワーヒリーは、権力者にお墨付きをあたえるウラマーにいつもどおりの呪詛をなげかけ、「ペテン師ベネディクト（一六世）」の訪問にたいして反対デモをおこなったトルコのイスラーム教徒を賞讃し、最後に結論としてイスラーム信者共同体の南部戦線をまもるソマリア・イスラーム法廷と西部戦線を防衛するアルジェリアのＧＳＰＣに激励の言葉をおくる。この結論を述べる前にアル＝カーイダのイデオローグは一〇月一五日に発足が宣言されたイラク・イスラーム国家に敬意を表明していることを付言しよう。しかしその表現はきわめて微温的であったから、かれがその組織の行動を本当にコントロールできているかどうかはかなり疑わしい。ちなみにこのイラク・イスラーム国家発足の報をとりあげたのはせいぜいジハード主義者のネットのニュース欄くらいのものであった。

二〇〇七年の声明は前年の勢いのままつづけられる。まず一月には「正しい等式」声明の一四分のビデオである(76)。そこでザワーヒリーはバグダードにあらたに二万人の兵士を派遣するというブッシュ大統領の「増派」計画発表にたいして皮肉でこたえ、アメリカの軍隊を全員イラクに派遣すればどうかと示唆する。というのもイラクの犬はもっとたくさんのアメリカ兵の死体を食べたいとおもっているからだ。タイトルの「正しい等式」というのはアメリカ軍とジハード軍の兵力は一見するとアンバランスに見えるが、実際には同等であるということをしめしている。というのも信仰をもったジハード軍兵士は「目には目を」という原則にしたがって反撃し、西洋に修復しがたい損害をあたえる決意があるからである。次の声明「ヒジュラ暦一四二七年（つまり二〇〇六年）の教訓と偉業(77)」でかれはこうした自信過剰な見方をさらにいっそう強調する。アッ＝サハーブ製作のこの四〇分のビデオの映像はザワーヒリーの静止画をうつすだけで、内容も事実にかんしてはこれまでの声明とおなじものをとりあげているだけである。しかも中東でシーア派が政治的ファクターとしてますます重要な役割をはたすようになっていたにもかかわらず、前年の出来事のなかで世界中のスンナ派ジハード主義者の勝利にみちた歩みをしめす要素しかとりあげない。ザワーヒリーによれば、すべてはアフガニスタンとイラクという要塞を中心に展開しているのである。そこにはふたつのイスラーム首長国が存在し、それぞれムッラー・ムハンマド・ウマル（ザワーヒリーはかれにたいする忠誠の誓いをくりかえす）とアブー・ムハンマド・バグダーディー（ザワーヒリーはかれに挨拶の言葉をおくる）によってみちびかれている。五月、今度は六七分におよぶ大長編の声明が発表され、アメリカ側の情報にもとづきながら、イラクにおける米軍の敗北が必然的であることを予言する(78)。さらに同月末、ターリバーンの司令官ムッラー・ダードゥッラーにたいする弔辞が発表される(79)。ダードゥッラーはフランスのＮＧＯメンバーをふたり誘拐した後、「卑劣なやり方で」殺害された殉教者とされるのだが、その弔辞は前年のザルカーウィーにたいするそれを彷彿とさせるものだった。ビデオには視聴者にアフガニスタンの雰囲気を実感させるような映像がちりばめられ、一九八〇年代のジハードと現在のそれとを関連づけ、あらたなジハードが以前とおなじように勝利でおわることを予言していた。

六月二五日、ガザでイスマーイール・ハニーヤ首相を支持するハマース民兵がマフムード・アッバース議長側の部隊を敗走させ、パレスチナのイスラーム主義運動が勝利をおさめたようにおもわれた。これはハマースの選挙参加を誤りだと叱責したザワーヒリーの批判に逆行するものだったが、これにたいしてザワーヒリーはジハード主義者の代表的なインターネットフォーラム（alhesbah.org）に「エルサレム陥落後四〇年」と題された二五分のオーディオ・メッセージをよせた(80)。いつものやり方どおり、かれは出来事を自由に解釈し、それをアル＝カーイダの《大きな物語》の歴史的論理のなかに位置づけ、ハマースの「誤り」をただし、パレスチナ解放のための真の道筋をさししめす。エルサレムが一九六七年六月の「六日戦争」で陥落してしまったのは、アラブ指導者がアッラーの道からはずれ、ナショナリズムという誤った道にさまよいこんでしまったからである。そして今日、パレスチナ・ナショナリズムの代表者たちは、マフムード・アッバースをみればわかるようにアメリカの手先になりさがってしまった。だからハマースも、ジハードの路線に厳密にしたがい、選挙やナショナリズムにたいする幻想をすてなければ、「シオニスト＝十字軍連合」のガザへの圧力にたいして勝利をおさめることはできない。ハマースの指導者たちはモスクワでチェチェンの抵抗運動はロシアの内政問題だと宣言し、西洋諸国と良好な関係をもつようにしたいという意志を表明したが、こうした妥協はなげかわしく、まちがっている。ウンマの全勢力がハマースのムジャーヒディーンに協力して活動すべきである。ハマースは妥協を拒否すれば勝利するであろう。西洋を恐れることはない、とザワーヒリーは強調する。「アメリカはイラクやアフガニスタン、ソマリアで敗北し、血をながして顔面蒼白になっている。アメリカには出口はない。アッラーのお許しがあれば、パレスチナでもアメリカは敗走するであろう。」

数日後の七月七日、アッ＝サハーブ・プロダクションはザワーヒリーが登場する今までで一番長時間のビデオをネットに公開する。一時間半以上にもおよぶこのビデオは「ナスィーハ・ムシュフィク」という題だった(81)。ナスィーハという言葉はここでは賢明なる法の博士（「気配り深き《ムシュフィーク》」宗教人）が君主や共同体をみちびくためにあたえる忠告を意味する。アイマン博士は勝利は地平線に見えはじめているという断言からはじめる。しかし、歴史がわれわれにおしえてくれるように、まさしくそうした状況においてこそ敵は避けがたい敗北をすこしでも遅らせようとして、陰謀をはりめぐらせる。そうした陰謀のなかでも最悪なのはジハード主義者を分裂させようとするものである。イラク・イスラーム国家に異議がもうしたてられるのはそのためである。ジハード主義者のなかでも一部のもの（たとえばスンナ派の中心的戦闘グループのひとつイラク・イスラーム軍など）はイラク・イスラーム国家の正当性や資格を疑問視し、まともにとりあおうとはしない。アル＝カーイダはまだ胎児の状態でしかないこの新生国家の養い親だから、これにはアル＝カーイダ自体の信用がかかっている。ザワーヒリーがこの問題を重要視するのはそのためである。だからかれは両方のグループにあやまちがあったとして、統一をよびかける。アッラーは信者が団結するときにはいつでもそれに報いてくださったからである。それからザワーヒリーは、今日アル＝カーイダがアメリカの主要なる敵であるとかヘーゲルの言う「世界精神」、「時代精神」であるとなんらかの形でみとめるひとたちの発言を片っ端から引用しながら、アル＝カーイダをめぐって壮大な歴史的・地政学的一大絵巻をえがこうとする。そのためにかれはアメリカのジャーナリストや政治家の発言を利用し、かれらのテレビでの英語の発言の抜粋をアラビア語吹替えつきで（それにさらに英語の字幕がつけられる）モンタージュしたり、ハンチントンやキッシンジャーやさまざまな新保守《ネオコン》主義評論家に言及したアメリカの著作のアラビア語訳を抜粋してスクリーンにちりばめる。つまりザワーヒリーは英語圏メディアがうつす映像を逆転させながら、敵を自分をうつす鏡にし、敵の発言そのものからアル＝カーイダの活動の原動力となる神話を構築していくのである。が、かれの論証の大部分はアル＝ジャズィーラ製作の番組からとってきた非常にながいパッセージによって構成されている。そこでは組織のメンバーではない、したがって組織について「客観的な」分析をするアラブ知識人が発言し、アル＝カーイダは国際関係の重要な動因のひとつであると述べている。つまり、われわれアラブ人・イスラーム教徒は神の啓示によって世界のすすむ方向をコントロールするための特別な運命をあたえられたのだが、われわれがその運命をとりもどすことができるとしたら、アル＝カーイダをテコにするしかないというわけである。ビデオでとくにとりあげられたのは二人の評論家、ロンドン発行のアラブ民族主義系日刊紙クドス・アル＝アラビー編集長アブドゥルバーリー・アトワーンと英国で教育をうけ、過激イスラーム主義支持のクウェート人大学関係者アブドゥッラー・ナフィースィーである。アトワーンはアル＝カーイダに反帝国主義・反シオニズムというお墨付きをあたえ、ウサーマ・ビン・ラーディンとその一党が九・一一以来ますます強力になっていると分析し、二〇世紀後半にアラブの大義のためにたたかったひとびとが担っていた理想を今日、かれらがあたらしい形で体現しているのだと主張する。一方、ナフイースィーは二〇〇六年六月カタルのドーハで開かれたアル＝ジャズィーラ主催の湾岸イスラーム主義運動会議で発言し、アル＝カーイダにはふたつの賞讃すべき点があると述べている。第一に、アル＝カーイダはムスリム同胞団とはことなり、既成権力と政治的な妥協をして経済的見返りをもとめようとしたことは一切なかった。そして第二に、アメリカや西欧諸国はこれまでベトナムからイラク・パレスチナにいたる「周辺国家」に暴力をもたらしてきたのだが、アル＝カーイダはテロによってそうした暴力を欧米の「中心国家」におくりかえし、かれらに代償を支払わせ、改悛させたのである。

だから、アル＝カーイダ以外の選択肢はない、とザワーヒリーは結論づける。アラブ・ナショナリズムやハマースの西洋との妥協やイラクのシーア派指導者のあやまちは戦略としては敗北にみちびくだけだ。今やかれらの戦いはジハードに従属すべきである。ジハードだけが世界をつくりかえることができる。ジハードは今、「遠くの敵」にたいする攻撃を激化させているが、やがて「近くの敵」を討ち、地球上にシャリーアを施行して、全人類の幸福を実現するであろう。

九月一一日はアル＝カーイダ支持者の熱情を維持し、敵に恐怖をあたえ、《ジハードと殉教》という《大きな物語》を再活性化させるためのまたとない記念日となったのだが、その六周年を記念してアッ＝サハーブ・プロダクションは「熱狂的ファン」のためにウサーマ・ビン・ラーディン本人のメッセージをふたつ同時に発表した。ビン・ラーディンが最後にビデオに登場したのは二〇〇四年の秋、ジョージ・W・ブッシュが再選されることになるアメリカ大統領選挙の時だった。その時、かれは書見台のうしろにたち、湾岸諸国の首長のような礼服を着てアメリカ国民にメッセージをおくった。だからかれの登場は三年ぶりということになるので、このふたつの声明ビデオにはたいへんな数のアクセスがあった。かれが病気だとか、死んだという噂もあったし、それにザワーヒリーのくりかえされるビデオ出演にメディアはあきあきし、専門のウォッチャーしか関心をもたなくなっていたからなおさらであった。映像はピンぼけだったが、前回同様ベージュ色の服を着用し、テーブルのうしろにすわり顎髭や口髭を黒く染めたビン・ラーディンとおぼしき人物は特有のだらだらとした口調としわがれ声でテクストを読みあげていた。が、四一分のビデオのうち動画は四分だけで、のこりは静止画像、背景に二〇〇一年九月一一日のシーンがながされていた。さらに奇妙なことに、二本のビデオは九月七日と一一日、つまりたった四日の間隔で発表され、しかも第二のビデオは最初のビデオ録画からとったビン・ラーディンの静止画像をもちいていた(82)。「解決策」という題の七日の演説は英語の字幕つきで、ふたたびアメリカ国民にむけられたものだった。内容は二〇〇四年の声明やそれまでにザワーヒリーが同一テーマでかたったものとおなじような趣旨で、過去の発言内容のアンソロジーのようなものになっていた。一方、一一日の演説は活動家や支持者にむけられていた。題はごく地味に「アブー・ムスアブ・シェフリーの遺言への序文」となっていた。シェフリーはサウディアラビア人でニューヨークとワシントンのテロを実行した一九人の自爆テロ犯の最年少だった。この演説でビン・ラーディンは古典的なレトリックをもちいてジハードと殉教を賞讃し、ユダヤ人とキリスト教徒にたいするお決まりの呪詛をくりかえしている。それにたいして第一のメッセージは意図的に近代的な議論に依拠し、反グローバリゼーション運動や極左の既成秩序批判的語彙を借り、お定まりのイブン・タイミーヤやその他のイスラーム聖典の急進的註解者ではなく、アメリカの行動的哲学者ノーム・チョムスキーや元ＣＩＡアフガニスタン部門責任者マイケル・ショイアーの著作が参考文献として引用される。チョムスキーとショイアーはともにイラクへのアメリカの関与とジョージ・ブッシュの政策にたいしてはげしい批判を展開している人物である。またソ連崩壊を予言し『帝国以後』でアメリカによる世界支配の終焉を予想しているフランスの人口学者エマニュエル・トッドも「あるヨーロッパの思想家」として名前をあげずに（しかし誰かは容易にわかる形で）言及されている。こんな風に「外向け」と「内向け」のメッセージを区別することによって、アル＝カーイダのリーダーは（あるいはウェッブのデジタル空間でその役割を演じるヴァーチャルな人物は）ひとつのおなじ《大きな物語》についてふたつのヴァージョン、世俗むきの穏健化されたヴァージョンと神聖で暴力的なヴァージョンを用意して発表したのである。

ビデオにあらわれたビン・ラーディンはひょっとするとヴァーチャル空間で役を演じる瓜二つの人物にすぎないかもしれないし、また単なる合成映像かもしれないが、ともかく、ひろく西洋の一般大衆にむけた演説でかれは自由も民主主義も単なるみせかけにすぎないと論じる。多国籍資本の大企業と大金持ちの権力者の利益のためにイラク戦争がおこなわれているのであり、自由や民主主義というイデオロギー的幻想はそうした本当の利害関係を隠蔽している。新保守主義者《ネオコン》たちはイラク戦争はホロコースト（アラビア語では「ムフラカ」、つまり「火による生け贄」）を避けるための唯一の手段だと主張していたが、ユダヤ人を焼き殺したのはヨーロッパ人である。ユダヤ人は異端審問をのがれてイスラーム世界に逃げてきた。だからモロッコにはおおきなユダヤ人社会が存在するのだ。（ビン・ラーディンは今でもモロッコに昔とおなじくらいたくさんのユダヤ人が生活していると信じている――か、あるいは視聴者にそうおもわせるようにしている――ようである。）キリスト教徒も、エジプトに何百万人もいることをみてもわかるように、一四世紀前からかれらはイスラームの地で幸福にくらしてきた。人類の本当の虐殺者はアメリカ人、西洋人である。六二周年の記念式典がおこなわれた原爆によるナガサキやヒロシマの破壊をみればわかる。それにアメリカのインディアン虐殺もあるし、イラク戦争でも百万人の孤児と六五万人の死者がでているのだ。

ピンボケ静止画のビン・ラーディンはつぎにアメリカの有権者に高飛車にかたりかける。「おまえたちは二〇〇六年一一月に戦争をやめさせるために民主党をえらんだ。しかしかれらはそれをしなかった。何故か？」そのこたえは、決定するのは大資本家だからである。かれらは選挙戦に金をだして、政治家たちをコントロールしている。ケネディがベトナム戦争をおわらせようとしたとき、金をもった権力者たちはそれに反対し、かれを暗殺した。「当時、アル＝カーイダはいなかった（だから暗殺をアル＝カーイダのせいにできなかった）」とビン・ラーディンは指摘する。かれはまたベトナム戦争の第一の戦争犯罪人がドナルド・ラムズフェルドであるとする。（この時間関係の混乱は故意なのか、無意識なのかはわからない。）そしてアメリカ市民は二〇〇四年にブッシュを再選した。だから「私が九・一一事件にかんして無実ではないのとおなじようにアメリカ市民も無実ではない」とビン・ラーディンのものとされる声がだらだらとした口調で皮肉を言う。この冷笑的な調子は本来のビン・ラーディンのスタイルとはあまり似つかわしくない。しかし（と、かれはつづける）テキサス人ブッシュは戦争に反対するノーム・チョムスキーの賢明な忠告《ナスィーハ》に従おうとはしなかった。アメリカ国民には今やふたつの選択肢しかない。一番目は「われわれがおまえたちを殺しつづける」こと。二番目の選択肢は長々と展開されるのだが、アメリカ国民が状況を把握して、大挙してイスラームに改宗することである。そのためにはまず民主主義のイデオロギーが狂奔的な資本主義の利益を隠蔽しているにすぎないという事実を理解しなければならない。

多国籍企業はグローバリゼーションを利用して人類を奴隷にかえ、退廃にみちびいている。資本家の工場がもたらす地球温暖化、法外な税金、アメリカ国民の不動産に課せられた抵当、こうしたものが民衆を破滅させている。民衆は資本主義から解放されるためには一つの教義《マズハブ》しかないことを理解しなければならない。それはイスラームである。人間によってつくられた法律は実際、富んでいる者をさらに富ませ、まずしい者をいっそうまずしくするだけである。アメリカ人は神を信じていると信じている。ドル紙幣にも書かれているくらいだから。しかし民主主義、政教分離、自由などすべて神にたいする不従順に他ならない。トーラや福音書などの神の聖典は権力者にやとわれたラビや司祭によって意図的に変造された。それにたいしてコーランは変造不可能である。そしてそれがジハード主義者の力の源泉なのだ。「この点についてマイケル・ショイアーの書いたものを読むがよい。」また、かつてソ連帝国の崩壊を予言した「ヨーロッパのある思想家」（エマニュエル・トッド）がアメリカ帝国の終焉を予告した。ブレジネフは自分の政策がソ連を破滅にみちびくことを理解しようとしなかったが、ブッシュはそれとおなじように傲慢さにとらわれてものが見えなくなっている。アメリカ大統領のむなしい傲慢さもソ連とおなじ結果をもたらすだろう。ビン・ラーディンは演説のタイトルがしめすとおり、イスラームがすべての解決策であることを視聴者（納税者もキリスト教徒もひっくるめて）に説得するためにいくつかの究極の論拠を最後に提示する。イスラームには収入の二・五パーセントに決められている布施《ザカート》をのぞき、税金が存在しない。イエスとその母マリアはコーランに何十回も言及されている。コーランの源泉は福音書のそれとおなじ、神——アッラー——である。司祭階級の裏切りにあったキリスト教をのりこえたものがイスラームであり、神のメッセージの究極の姿はイスラームにおいて見いだされるのである。

この奇妙な演説は偽善的な論証のなかにアル＝カーイダの非イスラーム教徒宣教用の「決まり文句」がつめこまれている。が、経済のグローバリゼーションの悪影響でサラリーマンや貯蓄者、下流階層のひとびとがまっさきに犠牲になっているという主張を展開しながら、世界の「抑圧された者たち」にたいしてスンナ派ジハード主義者がはたらきかけるというのはあたらしいテーマである。こうした観点からイスラームは二〇世紀の救世主思想である社会主義にとってかわる「解決策」として売りこまれているのだ。そのためにマルクス主義的な色彩のレトリックがもちいられているのだが、これはビン・ラーディンのこれまでの演説にはなかった流儀だ。この点でも演説の真の作者が誰かという点について疑惑がもたれている。実際、この演説は合成作業の産物、この領域におけるザワーヒリーの主な「ヒット曲」の「リミックス」のようにみえる。このようなイスラーム主義と極左思想の混合はアル＝カーイダ特有のものではない。イランのイスラーム革命やターリク・ラマダーンもすでにそれを試みているし、西洋世界でもその反響はある。実際、第三世界主義の知識人やロンドン市長ケン・リヴィングストーンのような社会民主主義の議員、エラスムス大学の講座に出資して、ハサン・バンナーの孫（ターリク・ラマダーン）を教授に就任させたロッテルダムの市会議員などがそれに好意的な態度をしめしている。シーア派イスラーム主義者もターリク・ラマダーンも民主主義的な語彙に配慮し、民主主義とイスラームが完全に共存可能であるとする。（イランの選挙やラマダーンによる欧州在住イスラーム青年への欧州市民権獲得のよびかけがその証拠だ）。しかしアル＝カーイダの《大きな物語》はその先を行き、民主主義を「虚偽の意識」、すなわち厳密にマルクス主義的な意味での「イデオロギー」として批判する。それは大衆を疎外するための幻想にすぎない。だからそれはのりこえられる必要がある。かつては共産主義の到来によって、そして現在はイスラームによって。人類を苦しめる不幸にたいしてアル＝カーイダは解決をもたらすのだが、そこには地球温暖化やアメリカ不動産不況までふくまれ、サブプライム問題で破産したアメリカ中西部のプチブルにまで配慮されているのだ。額面どおりにうけとると、こうした演説は過去十年間、アル＝カーイダがおこなってきたテロと完全にずれている。しかしイラク戦争がはじまって四年、戦争が大失敗におわり、自分たちがえらんだ政策決定者にたいしてアメリカ市民は困惑をおぼえるようになった。二〇〇七年秋のアメリカを特徴づけるこうした確信の崩壊といったコンテクストのなかでアメリカ市民の困惑のおおきさはビン・ラーディン（あるいはデジタルで合成されたそのクローン人間）の空言につけこむ余地をあたえた。それはこの九・一一のメッセージが発表された後のアメリカ・ジャーナリズムに不安にみちた反応がたくさんあったことをみてもわかる。イラク戦争は国家がついた嘘を根拠にして開始された。そのためにアル＝カーイダという亡霊がアメリカのテレビとパソコンのスクリーンを徘徊しつづけているのである。

野蛮さの根底に

ザワーヒリー（とその背後のビン・ラーディン）はネットサーファーやテレビ視聴者に予言をくりかえすのだが、そうした予言が存在できるのはメディアがヴァーチャル世界でその流通を保証しているからに他ならない。二〇〇七年九月にスクリーンに登場したビン・ラーディンが「実物」かどうかあいまいさがのこるという事実をみてもそのことはわかる。ザワーヒリーがかたる《大きな物語》と現実とをむすびつけているのはただテロ事件だけである。テロを実行したロンドンその他の「殉教者」たちがスクリーンのうえで証言をすることによってだけビデオは現実と接点をもつのである。

アブー・ムスアブ・ザルカーウィーの行動はそれとはまったくことなる。ビン・ラーディンやザワーヒリーはサウディアラビアやエジプトの名家出身だったのにたいして、アフマド・ナザール・ハラーイラはヨルダンのベドウィン社会の下流階層の出身で、バニー・ハサン族に属し、名門の家系だがザルカーの町に定着してからプロレタリアート化した家庭にうまれた。ザルカーウィーという戦場名は出身地のザルカーからとったものである。かれは一九九〇年代のはじめ、ペシャーワルでサラフィー主義的ジハード主義のもっとも重要な理論家のひとりヨルダンのパレスチナ人アブー・ムハンマド・マクディスィーと出会う。マクディスィーは一九八五年に書かれた著作『アブラハムの共同体』で知られているが、これはもっとも厳格なワッハーブ主義を現代風に書きなおしたものである。かれはさらに一九八九年、第二の著作『サウード家の国の不信仰の明白な証拠』でサウード王家を不信仰と批判した激烈な告発書を書くことになる。マクディスィーはまたジハード主義関連のテクストを収録した一番大規模なオンライン文庫のサイト「神の単一性とジハード」(tawhed.ws)の創設者・管理者でもある。ザルカーウィーとマクディスィーは九〇年代後半、ヨルダンの刑務所で再会する。ザルカーウィーはもともとは普通の犯罪者だったのが、ジハード信奉者に変身した。かれが大物のイスラーム主義者になったのはこの九〇年代の刑務所での師マクディスィーとの交流をとおしてであった。一九九九年、ザルカーウィーはヨルダンのアブドゥッラー二世が国王に即位した際に恩赦をうけ、アフガニスタンにむかう。かれはそこでビン・ラーディンのグループと接触するが、その指揮下にはいることはないままクルディスターンのイスラーム主義キャンプに合流し、米軍のイラク侵攻後、ジハード主義者グループの司令官として名前が知られるようになる。ザルカーウィーはグループの発足を二〇〇四年一月四日に「(ジハードの)隊列に合流せよ(83)」と題されたオーディオ・ファイルで発表した際に、グループ名として師が運営するサイトの名前をつけた。この「(ジハードの)隊列に合流せよ」という表現はアブドゥッラー・アッザームが一九八〇年代、世界のイスラーム教徒にアフガニスタンのジハードに合流するようによびかけた小冊子の題をまねたものだった。教育のないザルカーウィーが読みあげたテクストを自分で書いたとはおもわれない。コーランやサラフィスト系文献の引用がちりばめられたこのテクストは多分、グループの「シャリーア担当官」アブー・アナース・シャーミー青年の手になるものだろう。(シャーミーはマディーナ・イスラーム大学を卒業した知識人で、その年の九月アブー・グレイブ刑務所襲撃の際に殺害された。)紋切り型を満載したこのテクストの結論部分はつぎのように書かれている。「アッラーよ、あなたが皇帝カエサルをうちくだかれたように、王ブッシュをうちくだき、アメリカ軍をけちらし、かれらに恐怖をあじわわせ、かれらをイスラーム教徒の獲物としてください。アッラーよ、アラブ人とペルシア人の暴君たちがひとりも逃げることができないように人数を数えあげ、かれらをすべて殺してください。アッラーによってかくなりますように。」このテクストの後、もうひとつ、公開される予定ではなかったが、クルド人兵士がザルカーウィーの伝令から押収したテクストがある。日付は二月一五日でビン・ラーディンにあてられたものである。このテクストが本物かどうかは疑問があるが、ザルカーウィーの死後その週のうちに弟子が敬虔に編集し、ネット公開したザルカーウィー遺稿全集には収録されている(84)。この手紙でザルカーウィーはビン・ラーディンに協力関係をきずく提案をしていたのだが、はげしい反シーア派的感情（とそれよりは程度はよわいが反クルド感情）をしめしている点が注目される。これは一般的にサラフィストのジハード主義者が「シオニスト＝十字軍連合軍」にたいする戦いで公言している規範と比較するとザルカーウィーの特異な点である。シーア派にたいする呪詛はその後のかれの公式声明でもいつもあらわれるもので、この点は二〇〇四年一〇月一七日、かれがビン・ラーディンに忠誠を誓い、それによって「神の単一性とジハード」グループが「メソポタミア・アル＝カーイダ組織（逐語訳では「ふたつの川の国のアル＝カーイダ組織」）になってからもかわらなかった(85)。ザルカーウィーはシーア派への呪詛を死ぬまでくりかえすことになるだろう。実際、二〇〇六年六月の最初の週(かれはこの月の七日に殺害されている)、かれは四つの声明を録音しているが(86)、そこにはシーア派の「異端者」にたいする侮辱と糾弾が際限なく述べられ、何世紀も前からつづくサラフィスト的論争術の決まり文句がくりかえされる。シーア派はアリーやフサインや十二人のイマームを神格化し（だからシーア派はアッラーの単一性を尊重しない偶像崇拝者ということになる）、初期カリフや預言者の同伴者を批判し、預言者のわかい妻アーイシャが不義をはたらいたと非難する……。ザルカーウィーが引用するあるイマームの表現によれば、シーア派とは「マージ僧（ゾロアスター教徒）の地にユダヤ人によって植えられたキリスト教の種子」なのだ。そして今日、バドル軍団の制服を着ていようと、国軍の制服を着ていようと、かれらは永遠の「サファヴィー朝」（イラン）の手先となって、スンナ派を虐殺し、牢獄にとじこめる。ザルカーウィーはバドル軍団に「裏切り《ガドル》」軍団というあだ名をつけ、「国軍《ワタニ》」は「異端《ワサニ》」軍とよびかえるのである。

ザルカーウィーは以前にもこのような反シーア派的な強迫観念のために師のアブー・ムハンマド・マクディスィーから叱責をうけていた。二〇〇四年夏の『ザルカーウィー――援助と叱責、希望と苦痛(87)』と題された書簡だが、その翌年、マクディスィーはアル＝ジャズィーラのインタビューでおなじ内容をくりかえしている。マクディスィーは自爆テロでシーア派（そしてより一般的にイスラーム教徒の女性や子供）を無差別に殺害することは合法的ジハードの範疇にははいらない、ジハードは「十字軍占領軍」に集中されるべきであると述べていた。先にも見たように、この発言とおなじ趣旨をザワーヒリーもくりかえしていた。ザワーヒリーは人質の斬首をビデオで撮影し、それをすぐにネットにながすことに異議をとなえたのである。ネットに発表された『ザルカーウィー発言完全収録アーカイヴ』の敬虔な注釈者の説明によると、実際、ザルカーウィーは人質斬首実況録画をすくなくとも二度おこなっている。二〇〇四年五月のニコラス・バーグと一〇月のユージン・アームストロングである。まず（ザルカーウィーの主張では）囚人の斬首を正当化するコーランの一節が朗唱された後、処刑のシーンが次のようにえがかれている。「シャイフ・アブー・ムスアブ――アッラーがかれに憐れみを賜わんことを――はここでニコラス・バーグを斬首し、その後、同胞ムジャーヒディーンがこの不信仰な雄ラバの死骸をバグダードの橋につるした。かれの同類の他の雄ラバたちの教訓とし、イスラーム教徒の名誉を証するためである。」ユージン・アームストロングについてはザルカーウィーは米軍に拘禁されたスンナ派女性の釈放とひきかえにする交渉をしていたのだが、交渉は成立しなかった。このケースでは純粋さというテーマが前面にだされていた(88)。「ここでシャイフは不純なアメリカ人をかれの汚れなき純粋な手で斬首した。イスラームの宗教に不敬な態度をしめすすべてのひとびとの教訓とし、また十字軍の牢獄にとじこめられ、尊厳をふみにじられたひとびとの復讐をするためである。アッラーは偉大なり、アッラーは誉めたたえられよ。」

イラク社会では殺人が日常的におこなわれ、社会全体がその渦巻きのなかに巻きこまれたようになっているのだが、このような妄想をまきちらしているザルカーウィーの発言に説得されるのはせいぜいかれをとりまいている殺人狂たちくらいであった。自分のイメージを刷新して、ひとびとがかれと一体感をかんじることができるようにしたり、あたらしい行動様式をとってイスラーム民衆を熱狂させるといったことはかれには困難であった。死の直前、かれはスンナ派部族から見すてられ、包囲網がせばまってきたのをかんじていたが、そんな時期の二〇〇六年四月二四日、「ひとびとへの宣言」というビデオを発表した(89)。それは民衆にたいする一種のアピールで、かれは素顔をさらしてかたり、黒服と黒い被り物をし、ギャングのような風情で、体には爆発物をまきつけていた。ドラッグの影響か、目は殺気だち、声にはまったく抑揚がなかった。かれは自分が体現するジハードをイラクから故郷のヨルダンにまでひろげようとしたのだが、試みは大衆への宣伝という面では大失敗におわってしまった。二〇〇五年一一月、かれは「背教的結婚式」を阻止するためアンマンの大規模ホテルに自爆攻撃をしかけるべくあるカップルをおくっていた。女性の方のウンム・ウメイラは最後になって実行を躊躇し、逮捕され、イスラームのヴェールの下に爆弾の帯をつけている姿がテレビにうつしだされた。連れの男性の自爆テロは実行されたのだが、それに衝撃をうけていたヨルダンの世論はこの報道にいっそうショックをうけた。ヨルダン国民の半数以上がパレスチナ出身者だから、ヨルダンではこれまでイスラエルを標的にした「殉教作戦」に賛成するひとびとの割合はどこよりもたかかった。しかしピュー・インスティテュートがおこなった世論調査によると二〇〇二年には八五パーセントもあった賛成意見が二〇〇五年一一月には五七パーセントにまで低下している。

ザルカーウィーはビン・ラーディンに忠誠の誓いをした後も現場の行動について判断の自由を保持していた。しかし、ザワーヒリーが推奨する国際的ジハード論とジハードの代表的戦場で現場のイニシアティヴでおこなわれる行為のあいだにおおきなズレがあることはアル＝カーイダ指導部のプロパガンダにとって憂慮すべきことがらだった。だから、二〇〇六年六月に殺人狂ザルカーウィーが死亡して殉教者になったことは、アル＝カーイダや国際ジハード主義運動にとって好都合なことだった。今後はかれのこれまでの行為のなかでアメリカにたいする戦いだけが記憶にとどめられるだろう。ザワーヒリーが祝福した後継者アブー・ハムザ・ムハージルはザルカーウィーの黄金伝説の内容を選別し、イスラーム主義陣営のなかからさえ批判の声があがった行為にはいっさい言及しなくなる。二〇〇六年一〇月一五日、イラク・ムジャーヒディーン諮問委員会は「イラク・イスラーム国家」創設を宣言した。イラク・ムジャーヒディーン諮問委員会というのはアル＝カーイダのメンバーだけではなくイラクのジハード主義者全体を結集したというふれこみの組織だった。（ちなみにザルカーウィーはかれの最後のビデオをこの組織の名前で発表している。）諮問委員会が創設を宣言した「イラク・イスラーム国家」はもともとはザワーヒリーの世界的ジハード展開構想のなかの一段階とされたものだった。アフガニスタン首長国と対になるこの「国家」はアブー・ムハンマド・バグダーディーという人物が「信徒司令官」に就任した。バグダーディーは戦場名だが、名前からしてもともとのイラク人とかんがえられる。外国からあつまってきたジハード戦士たちはイラク人と合同することに成功したようである。この「イスラーム国家」樹立宣言はアル＝カーイダが、北部のクルド自治地区や南部のシーア派解放地区のようにイラクの一部分を「解放区」として統治しており、かれらがスンナ派を代表しているとおもわせることを目的としている。ネットで公開された一連のビデオはかれらが統治機関のようなものをもっているようにみせかけようとしている(90)。事務机にまっすぐすわり、かたわらにパソコンのモニターをおいた「政府報道官」が顔をモザイクでかくしながら、アラブの権威主義的政権でよくあるようなスタイルで政府の構成を発表する。アブー・ハムザ・ムハージルはこの政府の「軍事大臣」に就任している。「カリフ国家の声」という名前の「国営テレビ」は（意図せずにではあろうが）伝統的なアラブのテレビ・ニュース番組のパロディーを製作し、ベドウィン頭巾で顔をかくし、声を合成した「アナウンサー」がジハード戦士を賞讃し、十字軍や背教者、異端者、裏切り者、妨害工作員などをサッダーム・フサイン時代のニュース番組さながらの饒舌さで糾弾する。こうしたスタイルは時代おくれで、グロテスクにさえかんじられる。なにしろ、イラクのテレビ視聴者は旧体制崩壊以来、アル＝ジャズィーラやその無数の模倣者をはじめとして何十もの新世代の国際放送、国内放送のテレビ番組を視聴できるようになっていたのである。「イラク・イスラーム国家」はセクト的路線を堅持している。そのためにイラクのジハード主義運動内部でさえ分裂がおこっている。何人もの外国人ジャーナリストを誘拐・殺害し、米軍にもおおくの攻撃をしかけてきたイラク・イスラーム軍と呼ばれる組織があるが(91)、この組織は二〇〇七年四月五日のコミュニケでビン・ラーディンにたいしてアピールをだした。ビン・ラーディンをリーダーとあおぐひとびとはシーア派を無差別におびやかし殺害するのみならず、自分たちの気に入らないスンナ派の重要人物をもターゲットにしている。アピールはビン・ラーディンにそれをやめさせるように要求したのである。「無法地帯の管理」（これはアブー・バクル・ナージーの著作の題名）は予想された以上に困難であり、大衆はイスラーム信者共同体を代表すると自称する前衛にしたがうことに熱心ではない。その一方で、内戦は今やスンナ派内部に移動し、米軍と同盟した部族とアル＝カーイダ信奉者が対立し、派手なテロ攻撃がくりかえされている。

イスラーム抵抗運動から黙示録的予言へ

このようにザワーヒリーの自己満足的なメディア世界戦略と現場でのザルカーウィの迷走的抵抗運動のあいだには矛盾が存在するのだが、アブー・ムスアブ・スーリーの著作はその矛盾の解消を実現しようとしている。まず、これはイスラーム関連文献定番なのだが、この大部の『国際的イスラーム抵抗運動のアピール』はイスラーム的価値観が崩壊したことを嘆き、現代のイスラーム信者共同体が嘆かわしい状況にあることをあきらかにしたうえで、共同体の活力の動員によってイスラームの原初の偉大さを復興することをめざす。スーリーの著作の思考スタイルは近代の急進的イスラーム主義の中心的イデオローグ、サイイド・クトゥブのそれを継承している。クトゥブは一九六六年、ナセル政権によって絞首刑に処せられたのだが、晩年、『道標』という題のイスラーム主義前衛による権力掌握のためのマニフェストを発表している。クトゥブはそこで啓示を理解するためのイスラームの伝統的概念をもちいながら一九六〇年代の世界を分析した。イスラーム的概念では前（反）イスラーム時代つまりジャーヒリーヤ（無明時代）と七世紀初頭アッラーの預言者によって開始されたイスラーム時代が対立させられる。そしてクトゥブは二〇世紀は無明時代《ジャーヒリーヤ》にもどったとかんがえ、イスラーム主義前衛が預言者にならってそれを破壊し、その廃墟のうえにふたたびイスラーム国家を建設しなければならないと主張した。クトゥブの著作は二〇世紀後半のジハード主義運動に決定的な影響をあたえた。クトゥブは処刑されたために自分の思想を明確化することができなかったが、ジハード主義運動はクトゥブのかなり漠然とした提案を具体的な行動にうつした。クトゥブは主として真のイスラームを忘れてしまったイスラーム世界の政権を断罪していたので、かれのエピゴーネンもそれに批判を集中し、イスラエルにたいする戦いを優先するというアラブ諸国の政権の主張を否定した。このように「近い敵」にたいする戦いを優先し、「遠い敵」にたいする戦争を先に延期するジハード主義の戦略は失敗におわり、一九九〇年代、ジハード主義運動の大部分が挫折してしまった。そのために、先に見たとおり、アル＝カーイダは優先順位を逆転させ、アラブ諸国が「オスロ和平」とイスラエル承認への道をあゆみはじめた二〇〇一年九月一一日、「祝福されるべき同時襲撃」によってまずアメリカ（遠い敵の典型）をターゲットにしたのである。それ以来、ザワーヒリーはネットや衛星テレビをとおして、この起死回生の方向転換を宣伝し、熱心に主張するのである。

　それにたいしてスーリーはその著作で四〇年前のクトゥブの議論を復活させ、「十九人の勇気ある騎士」が赫々たる戦果をあげたにもかかわらず、イスラームと不信仰者の最終戦争が開始されなかったことを嘆く。それはイスラーム信者共同体が道徳的・宗教的・政治的に荒廃してしまっていたからである。スーリーはビン・ラーディンが正しい道をさししめしたことを賞讃するが、その具体的な結果が、イスラーム世界全体にとってもジハード主義の前衛にとっても、現在の所は破局的であるという事実を指摘することをためらわない。スーリーの語りはザワーヒリーのバラ色のイスラーム版《大きな物語》とはおおきくかけはなれ、「シオニスト＝十字軍」異教徒集団とイスラーム世界の力のアンバランスについてきわめて悲観的な記述をおこなう。アメリカ・イスラエル・イギリスがひきいる「シオニスト＝十字軍」は巨大な世界連合を形成しているのにたいして、イスラーム世界は自分を喪失し、方向を見失っており、ジハード主義者たちはおいたてられ、何万人もの人間が殉教にたおれ、今日では訓練するための基地さえもたない。だから「世界的イスラーム抵抗運動」に別の方向性をあたえなければならない。かれは著作全体をつうじてそうした期待を表明しているのである。

クトゥブは『道標』を「今日、人類は深淵の縁にいる」という宣言からはじめたが、スーリーの著作の冒頭もつぎのような幻滅的な事実の確認からはじまっている。

「キリスト教暦二一世紀初頭の現在、イスラーム信者共同体はアメリカ・シオニスト・十字軍・西洋から武力侵略をうけ、アラブ・イスラーム世界の政権や偽善的勢力が異教徒の侵略者に全面的に協力している(92)。この両者の同盟軍・警察の攻勢によってジハード主義運動の指導者のおおくが殺害され、基地の大部分が破壊された……。今やジハード主義運動の存続がおびやかされており、そしてその法的・教義的遺産の継承もあやうくなっている。またイスラーム自体も、偽善的な宮廷ウラマーの陰謀と敗北主義的指導者の誤謬のために知的・法的衰退におちいっており、一般信者も運動員も信仰の危機を経験し、そのためにイスラーム信者共同体の信仰とアイデンティティーのみならず、その存在自体がおびやかされている。（……）わたしはこうした状況のために、いまだ生命をたもちつづけているウンマの内部から抵抗運動の核があらたにうまれてくるだろうと信じている。しかしそうした核はばらばらなままでいるだろう。思想・教義・アイデンティティーという面でそれらを結集するものがないからである。共通して存在しているのはただ攻撃をはねかえしたいという目標だけである。（……）長期間にわたって体系的に養成されたリーダーや幹部のほとんどが殉教にたおれたので、残存するジハード主義抵抗運動グループの大部分は準拠すべき政治的・法的・知的教育プログラムを欠いている。（……）こうした事情のためにわたしはこの本を書いた。アッラーの許しと援助により本書がジハード主義運動のガイドとなりますように。」著作のカバーにはこの本は読者にとって「ジハードの道におけるガイドブック」であると書かれている。

一九二〇年代のアラビア文学隆盛の時代に教育をうけ、文学の素養・センスがあったクトゥブの『道標』は簡潔で、アラビア語をはなす人ならある程度の教育をうけていれば気軽に読める文章になっていたが、技術畑出身で、プロのテロリストであるスーリーは筆のおもむくまま文章をつづり、くりかえしがおおく、空虚な饒舌に毒されている。これは著者が教育をうけた一九六〇年代、権威主義的政権が言論界を利用するようになって以来、アラビア語の文章作法でよくみられるようになったものである。『国際的イスラーム抵抗運動のアピール』を読んでいるとげんなりしてしまう。著者はここでイスラームと異教徒の対立の普遍史をえがこうとしている。イスラームは永遠の《善》の源であり、異教徒の陣営の代表アメリカとシオニストは超歴史的な《悪》の枢軸の現代的なあらわれに他ならない。それは「十字軍」キリスト教徒やユダヤ人の悪行とともにはじまる。かれらの聖書もイスラームが《啓示》を完成すると書いてあったのに、両者ともそれを改竄してしまったのである。こうしてスーリーは反ユダヤ主義のあらゆる決まり文句を駆使して世界的大陰謀をうんざりするほど詳細にえがく。しかしこの著作でわれわれの関心をひくのは、著者がその理論志向をおさえて自分の個人的な体験をえがいている箇所である。スーリーは一九八〇年代初頭のシリアでの青年時代から二〇〇一年秋以降の逃亡生活にいたるまで、すでに四半世紀も国際ジハード運動の中心的活動家のひとりとして活躍しているのだが、この時期の体験に何度も言及し、そこから現在のための教訓をひきだそうとしているのである。

この冗漫な大著を読みやすくし、ネットで利用可能なジハードのマニュアルとするために著者はテクストを九巻と結論にわけ、それぞれ個別にダウンロード可能にしている。フォントの種類や色（黒、青、緑、赤、紫）を多様にし、エクセルの図表や描画ソフトをもちいるなどあらゆるグラフィック技術を駆使して、スーリーはこの電子ブックをつかいやすい教材につくりあげようとする(93)。結局の所、これは技術者によって執筆されたジハードの使用説明書のようなものになっている。テクストにはたくさんのビデオがつけられ、燃えたつような赤色のながい髭をたくわえたスーリーがサラフィストの服装をしてホワイト・ボードの前で講義をおこなっている。手にはいろんな色のマーカーをもち、シリア方言まじりのすこしくだけたアラビア語をつかい、遠隔教育でジハード演習を受講するヴァーチャルな聴衆にむかって「ファヘムト（わかるかい？）」と何度もよびかける。こうしたビデオはいろんなジハード主義者のサイトからもアクセスできるようになっている。

「国際的イスラーム抵抗運動のアピールの理論」と題された第八巻、そしてとりわけその第四章「軍事理論」は、作者自身の言うところによれば、「作品の核心（……）、われわれの思想の本質であり要約」である。その中心的なアイデアはすでに一九九一年初頭に執筆され、ペシャーワルで数百部、出版された著書で発表されている。それはジハードに参加したスーリーの個人的体験からうまれた考察の産物である。かれは過去数十年のあいだにジハードには三つの「流派」があったとする。第一は「中央集権的ピラミッド型」、第二は「前線特定型」、そして最後が「小集団テロリストによって実践される個別的ジハード」である。最初ふたつの様式は挫折した。というのもそれは敵陣営である異教徒集団につけいる隙をあたえ、戦士が敵に殲滅されてしまったからである。そしてスーリーは第三の様式を地上におけるイスラームの勝利を確保するための最適の手段であるとして理論化し、擁護する。かれはテロを中心的行動様式として承認するが、そのためにシャイフ・カラダーウィーやその他の大部分の注釈学者同様、コーランの「戦利品（アル＝アンファール）」スーラット第六〇節に依拠する。力をあわせ、「アッラーの敵、あなたがたの敵に恐怖をあたえる」ようイスラーム教徒に命じている節である。ここに書かれたテロは「賞讃すべき」テロであり、ジハードの戦士たちはそれを擁護すべきである。西洋人たちはとりわけ二〇〇一年九月一一日と《対テロ戦争》開始以来、テロという言葉を批判的につかっているが、そんなことに影響されてはならない。「テロは宗教的義務であり、殺人は預言者の伝統である」とスーリーはくりかえす。これはスーリーがシリアでジハードをおこなっていた時代に、ムスリム同胞団メンバーでもあるかれの軍事教官のひとりが語った言葉だということだ。

スーリーは二〇〇一年秋以来、ジハード勢力は敵との力の差が歴然とし、破滅的な状態にあることを意識している。だから小集団テロリストによるジハードだけが世界でイスラーム抵抗運動を可能にする唯一の戦略だとかれはかんがえている。もうアフガニスタンやイラクのような特定の「戦闘地域」に移動する必要はない。世界全体が戦場になったからである。現代のジハード主義者は自分が生活しているところ、自分の身近な空間でテロリスト細胞のメンバーにならなければならない。それによって投資にたいする最大の見返りを期待することができる。その一番よい例は二〇〇四年三月のスペインでの一連のテロだ。スーリー自身スペインはかつて生活した場所でもあるのでよく知っており、そのためにかれがテロの黒幕だったと言われたこともあったのだが、スーリーが著作に最後の手をいれるちょうどその時にこの事件はおこっている。つまりスーリーは事件を間髪をいれず解説していることになるのだが、かれの記すところによれば、作戦は現地グループが利用できるかぎられた手段によって実行されたにもかかわらず、二〇〇人ほどの死者と一七〇〇人の負傷者をだした。これは世界的イスラーム抵抗運動にとって政治的に三つのこのましい影響をもった。アメリカに忠実な同盟者アスナール政権が敗北したこと、そのかわりに社会党政権ができ、イラクからのスペイン軍撤退がはやめられたこと、イラクに軍を派遣しているその他のすべての国にとって教訓となり、そうした国も自国でのテロを恐れて軍を撤退させようとしたことである。リスクを最小限におさえながら最大限の効果をあげるという点では、イスラーム系諸国で西洋でよく知られたリベラル派知識人を殺害する戦術はすぐれている。国家元首の身辺警護は厳重だし、そもそもかれらには道徳的権威などない。それよりはリベラルな知識人を殺害した方が話題になるし、恐怖をまきちらすこともできる。実際これは一時期、アルジェリアのＧＩＡがとった戦略でもあった。一九九〇年代中頃、スーリーがロンドンからかれらに助言をあたえていた時代に、「フランスの子供」、「フランスの有毒な乳にそだてられた」

大学人やジャーナリスト・作家の殺害を専門としていた部門がＧＩＡのなかに存在していたのである。スーリーが推奨するこのような抵抗運動はピラミッド状に組織されたグループには遂行できない。取り締まりで容易に壊滅させられてしまうからである。それよりはむしろよく訓練されたジハード主義者がゆるやかなネットワークを形成する方がよい。あるいは専門のサイトで教義をおしえこまれた孤立した個人でもかまわない。スーリーは、アル＝カーイダが実践するものとは対比的に自分の戦略的ヴィジョンを「組織ではなく方法《ニザーム・ラー・タンズィーム》」とよぶ。イデオロギー専門の集団が説教師養成に貢献し、その説教師が第三のサークルを構成するひとびととコンタクトをとる。この第三のサークルが複数の秘密活動部隊を構成する。その部隊はたがいに独立しているけれど、汎アラブ・メディアやネットによって伝えられる情報のおかげで競争心もうまれ、数も増大することが期待されるから、最終的には単なるエリートの活動ではなく、大衆的な抵抗運動になるだろう……。スーリーによれば、まさしくこの最後の一歩（大衆運動への転換）こそ、アル＝カーイダがなしとげることができなかったものなのである。

『国際的イスラーム抵抗運動のアピール』が発表された後のジハード主義者やその近辺の活動家のいくつかの軍事行動を見てみると、実行犯が直接それを参考にしたかどうかは別にして、スーリーの著作と照らしあわせてみればその行動をうまく解釈できることがある。だからスーリーは軍事行動をニザーム（つまり「方法」）として体系化し、それを理論化することに成功したと言えるだろう。場合によれば、政府の治安部隊が手薄になった地域の状況をコントロールするためにグループや個人が行動することもできるだろう。二〇〇七年のレバノン北部にあるナフル・バーリド・パレスチナ人キャンプがそのよい例だ。またジハードを遂行するという共通の発想以外にはなんの関連性もない複数の行動がおこされることもあるだろう。スーリー流軍事行動として、たとえば二〇〇四年一一月二日のアムステルダムにおけるモロッコ系オランダ人イスラーム主義者によるビデオ映像作家テオ・ファン・ゴッホ刺殺事件、二〇〇五年七月二一日の「アフリカの角」地域出身のジハード主義志願者によるロンドン・テロ未遂（七月七日テロを模倣したもの）、二〇〇七年六月から七月にかけて自動車爆弾テロ未遂をおこしたグラスゴーとロンドンの「ホワイト・カラー」のテロ計画、同年春、イスラーム・マグリブ・アル＝カーイダ組織のウェッブマスターにフランス東部で爆弾テロをおこすことを提案したアルジェリア系フランス人青年（職業は運送業界ドライバー）の事件などがあげられるが、これですべてではない。二〇〇八年一月四日、イスラーム主義のネット・フォーラム「シャバカ・イフラース・イスラーミーヤ(94)」でのチャットがフランスでおおきな反響をよんだ。ムラービト・ムワッヒド（文字通りには「神の唯一性を崇拝するジハード前線の戦士」）という偽名で身元をかくしたネットサーファーがパリでテロをおこすことをよびかけ、「マグリブのイスラーム教徒捕虜」や「ユダヤ人にとらえられたパレスチナ人の釈放」を要求するために、二〇〇二年一〇月二三日にチェチェン人がモスクワのドブロフカ劇場でおこなったのとおなじような「殉教作戦」ないしは人質たてこもり計画を実行する可能性について議論しようとしたのである。かれはスーリー流に小グループをつくり、スポーツ・ジムや海岸や森で武器のあつかいなどをめだたないように訓練することを主張していた。あきらかにフランスの事情には通じていないように見えるこの人物は地下鉄の路線図もふくめウィキペディアのアラビア語版からパリにかんする初歩的な情報をダウンロードしていた。これにたいしてアブー・カンダハールとかサイフッラー（「アッラーの剣」）といった類の印象的な偽名をつけたネットサーファーがかれにこたえ、異教徒の首都を攻撃する計画に喝采をおくるが、フランスで生活するイスラーム教徒は犠牲者にしないように要望したり、ムスリム同胞団その他の微温的なイスラーム主義者がそうした軍事行動をフランスにさらなる忠誠を誓うための口実にしはしないかと危惧する。また別のものは首都西部のデファンス地区ビジネス街が恰好のターゲットだと主張し、高層ビルやその高さをリストアップする。こうした活動に関係するものたちはフランスの状況に無知で、計画自体も杜撰なのだが、それはかならずしも危険性がまったくないということではない。しかし今のところ、湾岸や中東地域のジハード主義者が専門のサイトをつかって夜を徹しておこなうプロパガンダ活動がアル＝カーイダが九・一一でしめしたような有効性をもつにはほどとおいということはあきらかだ。スーリーの分類によれば、こうした分散的テロは第一段階に属している。かれはこの第一段階を「消耗戦」とよび、その目的は敵を混乱させることであるとされる。第二段階、「バランスの段階」では細胞組織は軍隊や警察を体系的に攻撃し、そのリーダーを追跡・処刑し、解放可能な地域を占領する。最後に第三段階の「解放戦争」では、細胞組織は解放地区を根拠地にして他の地域を征服し、さらに敵の前線の背後をついて殺人やテロを継続し、異教徒の世界を破壊しつくす。われわれは第一段階にいる（と、二〇〇四年末の執筆完成時点の著者は明言する）が、この段階には軽武装と爆弾しか必要ではない。しかし第二段階になると大砲やミサイル、高度な爆発物が必要になる。さらに第三段階では「十字軍＝シオニスト連合」の「ナチス」軍にたいする決定的な戦闘を開始するために本格的な軍備が必要になる。

ザワーヒリーは「勝利は地平線に姿をあらわしている」とかんがえるのだが、それとは対照的にスーリーは戦いの困難さを軽視しない。とりわけ大衆は移り気な上に、西洋文明の影響に毒されているから説得がむずかしく、地球全体で非常に長期的にジハードを遂行しなければならないとおしえこむことは困難である。自分自身、生きていられるか、自由の身でありつづけられるか確たる保証はないと述べるスーリーは著書のなかでジハードというこのすばらしい目標が実現されるのを自分の目で見ることができますようにと何度もアッラーに祈念する。しかしかれは自分の生前にそれが実現されるという幻想をほとんどもっていない。かれはこのような実存的な不安をいだくと同時に、将来、万人の万人にたいする戦争がおこり野蛮状態がうまれ戦慄的な未来がくることを予感する。『国際的イスラーム抵抗運動のアピール』の結論がおどろくべき内容になっているのはそのためである。合理主義的技術者スーリーは物理の講義とアラブ・ナショナリスト・イデオロギーと第三世界主義とサイイド・クトゥブ風イスラーム主義によって精神形成をし、さらにフランス語とスペイン語をはなして、このふたつの言語でエッセーや小説も読んだであろうとかんがえられるのだが、こうした知識のすべてがジハード主義のミキサーにかけられる。そしてかれはその大作の最後で黙示録的予言者のようにかたりはじめる。まるでアラブ世界の露天書籍商の台にたくさん陳列されている世界の終末やメシアの回帰、墓のなかの苦しみなどを予言する安物の本の作者みたいに。スーリーは自分のあまりにも人間的すぎる理論がおよぼす影響に恐れをなしたかのように、宗教のもっとも形而上学的な次元にたちもどり、反キリストの到来やメシアの復活、ゴグとマゴグ（訳注：神に反抗する集団ないしは怪物）にたいする戦いなどを予言したコーランの文章を何十も列挙する。かれの著作の中心部では合理的に論証がおこなわれているのに、結論ではさまざまな迷信が雑然とよせあつめられ、そして最後にかれの遺書が掲載される。それは「不幸な時に書かれたものである。われわれはアッラーの敵と、それをたすける不信仰者や背教者におわれて隠れ家を転々としている(95)。」スーリーはあらかじめ警告する、もしわたしが囚われの身となったら、わたしが宣言したとされるものをすべて無視するように。その時、わたしは拷問に屈服して、著作で展開したおしえをみずから否定しているだけなのだから。実際、二〇〇五年末から著者スーリーはアメリカ情報機関に身柄を拘束された。かれは自分の著作が異教徒を根絶し、世界のイスラーム化を実現すると期待したのだが、かれの主要な発想源であるサイイド・クトゥブ同様、その著作を未完のままにのこして囚われの身となり、公表されていない場所で予感どおり尋問をうけている。しかし「ジハードの第三世代」は活動を活発化している。かれらはスーリーが推奨し理論化した方法を世界のさまざまな地域で実践しているように見えるのだ。

第四章　テロリズム、多文化主義そして社会統合

二〇〇四年三月一一日のマドリード郊外電車テロ以来、ヨーロッパはアブー・ムスアブ・スーリーやアイマン・ザワーヒリーが定義した意味でのジハードの戦場となった。ザワーヒリーがアメリカの九・一一テロとおなじように「祝福されるべき襲撃」と賞讃した二〇〇五年七月七日のロンドン地下鉄・バスへのテロもこのおなじ論理のなかに位置づけられる。その他、二〇〇五年七月二一日のロンドン交通機関での未遂事件、二〇〇六年八月のヒースロー空港発の大西洋航路旅客機にたいする計画の発覚、二〇〇七年六月二九日と三〇日の自動車爆弾テロ計画（ロンドンでは未遂におわったが、グラスゴーでは実行にうつされた）、こうしたものもすべておなじである。アル＝カーイダはこれらの事件のすべてにおなじようにはっきりと犯行声明をだしたわけではない。とくに失敗におわった計画ではその傾向はつよい。しかし、スーリーが『国際的イスラーム抵抗運動のアピール』で展開した理論を見てみると、そうした事件がスーリーのシナリオどおり、特別どの組織に属しているわけでもない個人がネットや移動説教師によって教育・洗脳された後、アフガニスタンやパキスタンで訓練をうけてテロを実践したのではないかとかんがえたくなる。実際、アレッポ出身の技師スーリーはかれの黙示録的ジハー

ドの第一段階（「消耗戦」とよばれる段階）については、そうした行動にすべての期待をかけていたのだ。

しかしだからといってヨーロッパにおけるイスラームの存在に関係しておこった出来事のすべてをこのジハードの論理とむすびつけてかんがえなければならないのだろうか。あるいはアブー・バクル・ナージーが『無法地帯の管理』で予言したように、都市郊外のゲットー化した集合住宅固有の「無法状態」の結果とみなすべきなのだろうか。実際、二〇〇五年秋、クリシー＝スー＝ボワその他のフランス都市郊外で暴動がおこったとき英米のメディアはそれを「イスラーム教徒の反乱《ムスリム・ライオット》」とよんでいた。二〇〇四年一一月二日、コーランを「冒涜した」という理由でイスラーム主義者のモロッコ系オランダ人青年がビデオ映像作家テオ・ファン・ゴッホを殺害したのだが、それはこうした文脈ではどんなふうに理解すべきなのだろう。預言者ムハンマドのカリカチュアが最初はデンマークで、ついでヨーロッパ全体で新聞に発表された際、イスラーム世界でははげしい抗議デモがおこなわれたこと、二〇〇六年春にやはり預言者ムハンマドを批判したためにフランスの教員が殺害の脅迫をうけたこと、その九月、レーゲンスブルクでのベネディクト一六世の発言が預言者にたいする侮辱ととられたこと、さらには二〇〇七年春、イギリス女王がサルマン・ラシュディーを貴族に列し、そのために一九八九年二月の『悪魔の詩』事件の古傷がよみがえり、イランやパキスタンで昔とおなじように熱狂した群衆のなかで英国旗が燃やされ、それがテレビに放映されたこと、こうした事実をどんな風に解釈すべきなのだろうか。

《古いヨーロッパ》と《戦争の家《ダール・アル＝ハルブ》》

《テロ》と《殉教》というふたつの対立する《大きな物語》はこうした現象をすぐさまとりあげ、それぞれがその解釈を独占しようとした。《対テロ戦争》の唱道者たちはアメリカやイスラエルでこのテーマにかんしてたくさんの小冊子やパンフレット、論説(96)を発表したりブログにご託宣めいた文章を大量にながしている。かれらによるとヨーロッパはテロやイスラーム主義的主張とむすびついた暴力の発現、都市暴動などで打撃をうけている。というのもヨーロッパはその内部で移民系住民が増加するのを放置していたからであり、そしてまたそうした集団を社会に統合する力をヨーロッパがもっていない（あるいはかれらが同化不能な集団である）ことが判明したからである。移民系住民はジハード熱におかされているから、緊急にそれを除去しなければならない。そのためのモデルはアメリカが中東でおこなっている武力によるイスラーム主義テロリズム根絶政策である。グアンタナモの監獄（ここにはヨーロッパのイスラーム教徒も収容されている）もその延長にある。しかし古いヨーロッパは病にふかく体をむしばまれている。実際、アメリカの副大統領ディック・チェイニーと親交をむすぶようになったある高名なイギリスのイスラーム学者(97)はヨーロッパが衰退期にはいったと断じ、人口学的にはヨーロッパはやがて北アフリカの盲腸のようなものにすぎなくなるだろうと予言した。イスラームにおかされたヨーロッパはワシントンとともに《対テロ戦争》で責任をはたすことができないことが判明した。ヨーロッパの指導者たちはかつてダラディエやチェンバレンがミュンヘン会議でヒトラーやムッソリーニに譲歩したように、アフマディネジャードやビン・ラーディンの前でふるえあがっている。のみならず、イスラエルの政策を批判するという口実のもとにヨーロッパに古くからある反ユダヤ主義が復活し、それがイスラーム的発想にもとづく議論で再燃した。アメリカは軍神マルスだが、ヨーロッパは美神ヴィーナスである、と大西洋のむこうのある想像力豊かな批評家が述べる(98)。そして同時に、旧大陸——ドナルド・ラムズフェルドが嘲笑した「古いヨーロッパ(99)」——が「共産主義的な」社会保障システムをもっていることも痛烈な批判の対象になる。というのも、失業者に失業手当をばらまき、医療費をほぼ無料にすることによって移民出身者の無為徒食を奨励し、非行を横行させ、それがイスラーム主義隆盛の原因となり、ひいてはジハードをもたらす結果になっているからだ。それにたいして、アメリカのイスラーム教徒(100)はアメリカン・ドリームにひたされ、勤勉に労働しているから、移民集団のなかでも繁栄したグループとなり、星条旗のもとでアメリカ式市民宗教に誇りをもっている。

ヨーロッパのすべての国々のなかでもとりわけ厭わしいのはフランスである。フランスはイラク侵攻に反対した国々の先頭にたった。イラク侵攻に反対した国々は「臆病者の枢軸」で、それは「悪の枢軸」を補完する役割をになっている。かれらは国内の「なかばしか同化していない」数百万人のイスラーム教徒の気分を害することを恐れていると同時に、アラブ世界におけるアメリカの市場をうばおうとしているのだ。フランスはこんなふうに新保守主義者《ネオコン》からはげしい非難をうけるだけではなく、さらにアメリカやイギリス、北欧諸国の多文化主義陣営の敵意も一身にうける。二〇〇四年春、公立学校での顕示的な宗教的標章（イスラームのヒジャーブもこれにあたる）着用を禁止することによって、フランスは時代おくれなジャコバン主義をくりかえし、今日の、さらには明日の世界と「波長があっていない《アウト・オヴ・タッチ》」ことを露呈した。ジョージ・ブッシュの盟友トニー・ブレアーのひきいるクールなイギリスこそ明日の世界のもっともダイナミックなシンボルである。実際、二〇〇五年七月六日、ロンドンはライバルのパリをおしのけて二〇一二年のオリンピック開催都市にえらばれたではないか。ただその直後にジハード主義者の自爆テロで損害をうけたのは残念だったが……。

　このように《テロ》という《大きな物語》はジハードの蔓延を西欧の没落の検知装置としている。これはイスラーム主義の主張する《大きな物語》と瓜二つである。イスラーム主義的《大きな物語》の支持者にとってもやはりヨーロッパは（別の観点からだが）衰退的にあり、ヨーロッパがこれまでイスラームに征服されなかったのは運命のいたずらにすぎない。だから二〇〇一年の九・一一テロで覚醒したイスラーム信者共同体のあたらしい前衛は偶然から生じた結果を矯正しようとしているのだ。スペインはかつてアンダルシアとよばれたアラブ世界の一部だった。つまりそれはかつてはイスラームの地だったのが、レコンキスタでうばわれてしまったのであり、そうした意味ではスペインはイスラエルに占領されたパレスチナと同様である。したがってイスラーム教徒ではないその住民の血をながすことは合法である。スペインは「戦争の家《ダール・アル＝ハルブ》」だからである。マドリードで一九一人の死者をだした二〇〇四年三月一一日のテロ事件をみればそれはわかる。ヨーロッパの他の地域が不信仰の闇のなかにとどまることになったのもオスマン・トルコ帝国が一六八三年九月一二日のウィーン攻囲に失敗したからに他ならない。ウィーン攻囲の失敗はシーア派がオスマン・トルコ帝国の東部地域で反乱をおこし、それによって西部戦線が弱体化したからである。そうでなければ、ザルカーウィー一党が主張しているように、もう三世紀も前からヨーロッパの首都で説教壇のうえからイスラームの信仰が説かれていただろう。しかし二〇世紀後半、移民のながれが生じ、ヨーロッパの地にイスラーム教徒が定住するようになってこうした予言は実現されはじめた。モスクもおおくなっているし、ロッテルダムのようにイスラーム大学さえできるようになった。このようにに神は武装ジハードの弱さを抗しがたい人口学的侵入とその宗教状況への反映によって補われているのだが、キリスト教徒やユダヤ教徒、政教分離主義者その他の不信仰な輩が迫害や冒涜的な行為をおこなってこのような神の意志をさまたげようとしている。かれらは毎日何千人ものヨーロッパ人が改宗するアッラーの宗教の不可避的な発展に恐怖をいだき、それを遅らせようとしているのだ。しかしそれは無駄である。サルマン・ラシュディーからデンマークの預言者カリカチュア事件にいたるまで、フランスの「反ヴェール法」から教皇ベネディクト一六世の預言者ムハンマドにかんする発言にいたるまで、「十字軍＝シオニスト連合」はイスラームにたいする敵対的行動をくりかえしている。その報いとしてかれらの大使館が焼き討ちにあい、製品がボイコットされ、イスラーム世界全体でかれらの市民が誘拐され人質にされているのだ。

新保守主義者《ネオコン》の《大きな物語》とイスラーム主義者のそれとのあいだで無気力なヨーロッパが板ばさみになっている。かつて社会主義陣営のミサイルで消滅の危機にあったヨーロッパは今や勝ち誇るジハードの暴徒集団が虎視眈々とねらう豊かな戦利品のようなものになってしまった。ヨーロッパ連合は二七カ国に拡大されて巨大な経済力を獲得したにもかかわらず、非効率で無意味な規則にがんじがらめになって政治的・軍事的にはとるにたらない存在でありつづけているから、かつてのビザンティン帝国とおなじ運命をたどるだろう。穏健派とはいえイスラーム主義者エルドアン首相が政権をにぎるトルコがヨーロッパ連合に加盟すれば、それは一四五三年にコンスタンティノープルに「征服者」メフメト二世が入城したのとおなじような意味をもつであろう。

こうした言説は全部ならべてみると極端すぎるように見えるのだが、それを支持するのは提唱者グループだけではない。実際、二〇〇六年春、中東地域でデンマーク製品をボイコットしたのは十字軍にノスタルジーをかんじているひとびとだけではなかったし、トルコのヨーロッパ連合加盟に反対投票したのは十字軍にノスタルジーをかんじているひとたちだけではなかった。しかし新保守主義者もイスラーム主義者もヨーロッパについてカリカチュア化された見方を提示し、旧大陸にたいするジハードの危険性（や可能性）を過大視し、その本当の性質をあいまいにしている。ザワーヒリーやスーリーのビデオに熱狂する個人やグループがどこにでも存在するというのがもし事実であったとしても、そうしたひとたちはなぜ、そしてどうやってある国ではテロを実行でき、別の国では実行できなかったのだろう。ロンドンやパリ、ハーグ、マドリード、コペンハーゲンでそれぞれの社会・国家が移民出身イスラーム系住民を社会的・文化的に統合すべく政策を実践しているのだが、それが実践され、管理される方法とテロの有無のあいだに関連性があるのか、そしてあるとしたらそれはどんなものなのかを検討すべきである。ある種の社会は嫌々ながらも国内にイスラーム世界の飛び地（さらにはジハード主義が跳梁する「無法」地帯）が形成されることを容認するが、別の社会はテロの発生・実行をより困難にするよう工夫する。イギリスでは共同体主義的編入政策がもっとも極端におしすすめられ、みずからをイスラーム系と自認するエリートが著しい社会的上昇をはたし、可視性もきわめてたかい。それにもかかわらずイギリスはきわめて執拗にイスラーム主義のテロにねらわれている。こうした状況をみれば、どんなふうにして国際的ジハードの活動家たちが英軍のイラク駐留を批判することによってイギリス国内のイスラーム社会と連携し、危機を誘発することに成功しているか理解できる。そのためにイギリスでも労働党・保守党がともに金科玉条としていた多文化主義に疑問が呈されるようになっている。オランダも民族の分離発展という古くからの伝統をポストモダンな語彙でかざりながら多文化主義を実践してきたのだが、そのオランダでもテオ・ファン・ゴッホ殺人事件がおき、そのためにイギリス以上に民族間の反目がおおきくなっている。逆にデンマークは移民・難民系住民にたいして政治的空間がほとんどひらかれていなかったのだが、預言者ムハンマド戯画事件はデンマークが一触即発の社会・文化状況にあることを露呈させた。さらに、この事件によって誘発された爆発の余波はデンマークのみならず世界中に波及したのである。スペインの移民（とりわけモロッコ系）は北欧より歴史があさく、そのためにまだ不正規移民の数がおおく、また独身者が大半で家族で居住している者はすくない。このように他の国にくらべると移民にかんする制度整備が大幅におくれているスペインでマドリード・テロが勃発し、政府は不意をうたれた。政府はとつぜん、移民社会に不正規滞在者がおおく、法の支配がよわいためにアブー・バクル・ナージーが推奨する「無法地帯」が拡大していることに気がついたのである。こうして政府は二〇〇五年三月、不正規滞在者の大規模な正規化にふみだす(101)。最後にフランスだが、フランスはヨーロッパで最大のイスラーム系住民をかかえている。その数は他の国にくらべて圧倒的におおく、二〇〇三年の時点で当時の内務大臣ニコラ・サルコジーによれば五〇〇万人に達する（イギリスでは一六〇万人から二〇〇万人）。しかしそのフランスでは二〇〇一年九月一一日から現時点までジハード主義者によるテロはまったくおこっていない。とはいえ、不幸なことだがフランスはこの領域では先駆者だった。一九八〇年代中頃、レバノン内戦に関連して、イラン・イスラーム共和国情報機関の仕業とかんがえられているテロ事件が何度も発生し、さらにレバノンでは複数のフランス人が誘拐され人質にとられた。ついで九〇年代、アルジェリアの内戦がフランスに波及し、一九九五年から九六年にかけてアルジェリアのＧＩＡ（イスラーム武装集団）による一連のテロで死傷者がでた。二〇〇四年三月一五日の公立学校における顕示的な宗教的表徴着用禁止にかんする法律は非常に幅広い層から怒りにみちた批判をあびせられた。ザワーヒリーのみならず、アメリカ・オランダ・イギリスの多文化主義者さらにはフランスの一部のリベラル派のひとびともこの法律にたいする批判の合唱にくわわったのである。（もっともこの数ヶ月後にはファン・ゴッホ殺人事件がおこり、一年後にはロンドン自爆テロがおこって、オランダもイギリスも茫然自失となったのだが……。）

しかしフランスのイスラーム主義者たちの抗議行動は低調であった。それにもかかわらずアル＝ジャズィーラはこの事件を大々的にあつかい、クローズ・ショットを多用して、ダンケルクからマントンにいたるフランス全国のすべてのイスラーム教徒がデモに参加したかのような印象をアラブ世界のテレビ視聴者にあたえた。しかしこの法律に反撃するためにおこなわれたあるテロ活動が学校におけるヒジャーブ着用支持者の立場をよわめる結果になった。二〇〇四年夏、「イラク・イスラーム軍」と名のるグループがバグダードでふたりのフランス人ジャーナリストを誘拐し、法律が撤回されなければ殺害すると通告したのだ。しかし、これは誘拐犯にとっては情けない結果におわってしまった。フランスではこの死の脅迫にたいして、とりわけイスラーム系市民が抗議活動にたちあがり、そのために誘拐犯たちは人質を解放せざるをえなくなった。誘拐犯にたいする批判に国民のほとんどすべてが同意したのだが、そうした批判はかれらの要求内容にまで延長され、そのためにフランスのイスラーム主義活動家も法律への反対行動をおこすことができなくなってしまった。イラクのテロリストと同一視されることを恐れたからである。その翌年の秋、フランスの大都市郊外で騒乱事件がおこった。この事件はさまざまに解釈された。フォックス・ニューズは事件を報道するためにわざわざエッフェル塔が炎上するロゴをつくり、それに「パリは燃えている」というスローガンをつけた(102)。《テロ》という《大きな物語》の信奉者はそれを《物語》の傍証のひとつとしたのである。他方、アル＝ジャズィーラはイスラーム教徒をフランスの差別構造と人種主義、社会統合の失敗の犠牲者とした。が、アル＝ジャズィーラはつねにイスラームを美徳でかざりたてていたからテレビで食傷気味になるほどくりかえし報道された暴力や集団的破壊行動をイスラームと関連づけることはできなかった。一方、ジハード主義者はその空疎な演説のなかでこの事件をとりあげることはなかったし、また騒乱参加者やそのサポーターのネット掲示板でイスラームへの言及はきわめてまれであった。ザワーヒリーはフランス都市郊外の状況に言及することはなかった。またフランスのムスリム同胞団系団体は沈静化をよびかけるファトワーをだして騒乱参加者と政府のあいだの仲介役を演じ、自分たちの社会的役割を強調しようとしたのだが、それも空振りにおわってしまった。車を焼き討ちにしていた青年たちは政治的な形で自分たちがイスラーム教徒であると認識していなかったし、かれらの一部はサハラ砂漠以南地域出身者で、イスラーム系でさえなかった者もふくまれていたのである。

こうした多様な現象がイスラームと関連があるとかんがえられたわけだが、その関連性が現実にもとづくのか、たんにそう想像されているだけなのかは今は問わないことにしよう。ともあれ、ひとびとは二〇〇一年九月一一日にあたらしい時代がはじまったとかんじ、そうした感じ方はイラク占領によっていっそう強化された。そんな時代の雰囲気のなかで衛星テレビやネットのブログがひとつの包括的な世界の表象の仕方を流布させる。上に述べたようなヨーロッパのさまざまな事件はそうした世界の表象のなかに位置づけられるのだ。つまり事件はそれぞれのコンテクストをこえた枠のなかで解釈され、世界的テロリズムという悪の徴候のひとつとされたり、あるいは逆にジハード到来の予兆とされたりする。しかし本当はこうした事件はまずそれがおこったそれぞれの国に特有な伝統のなかでかんがえられるべきなのである。たとえば二〇〇五年以来のイギリスの一連の自爆テロは一九八八年から一九八九年のラシュディー事件とその余波、そして一九九〇年代の「ロンドニスタン」形成というコンテクストのなかにおいてかんがえなければ理解不可能である。またロンドニスタン形成という事実ももっと時代をさかのぼって、インド植民地帝国におけるヒンドゥー教徒、イスラーム教徒、シーク教徒を分割統治した大英帝国的コミュナリズム（フランスで言う共同体主義《コミュノタリスム》）の伝統と関係している(103)。そもそもイギリスでは市民権と国籍は制度上分離され、イギリス市民権を所有していても、国籍はイングランド、スコットランド、ウェールズ、「その他」とさまざまであり、人種や肌の色、宗教にもとづいた社会集団形成が法的に保証されている。イギリスのイスラーム主義はこのような歴史的・法的伝統を利用し、周囲と接触をもたずに組織を形成していったのである。同様に二〇〇四年のオランダでのテオ・ファン・ゴッホ殺人事件も、二年前のもうひとりの挑発的人物、政治家ピム・フォルタイン殺人事件と関係づけなければ理解できない。このふたつの事件はともにオランダの多文化主義政策の限界を露呈している。オランダの多文化主義はさまざまな共同体を併存させる「列柱《ザイルン》」主義という伝統的な分離主義的社会システムから由来しており、一九七〇年代から定住しはじめたイスラーム系住民もそのなかに組みこまれていった。オランダにおいて公共空間は名ばかりのもので、さまざまな社会集団がたがいにたいして無関心なまま併存している。そこではどんなタブーでも踏みこえられないものはないようにおもわれる。麻薬は自由に販売され、ポルノにも規制がなく、街や学校で顔を完全におおうヴェール（ニカブ）を着用することも自由である。アムステルダムの運河沿いでは、この自由放任の国でハネムーンをすごすためにやって来たアメリカのゲイのカップルが酔っぱらって抱きあっている。こうした社会的な精神分裂状態がながいあいだつづいているなかで上に述べたふたつの殺人事件がおこり、そしてそれにたいするオランダ社会のはげしい反発がおこった。そしてついにソマリア出身の国会議員アヤーン・ヒルシ・アリーが国外追放されることになった。ヒルシはイスラームの棄教者で、ファン・ゴッホが殺される原因となった映画『従属《サブミッション》』（イスラーム女性抑圧を批判した挑発的な映画）の共同脚本家であった。

おなじことがフランスについても言える。フランスはヨーロッパ最大のイスラーム系住民をかかえ、他国同様さまざまな傾向のサラフィスト、ジハード主義者が活動しているのだが、しかしフランスでは二〇〇一年九月一一日以降ヨーロッパを襲ったテロがおこっていない。何故そうなのか理解するためにはフランスにおける過去二十年間のイスラーム主義テロリズムの歴史とフランスのジャコバン主義的神秘主義（個人を単位とした社会統合や国民国家への一体感）の文化的影響力を考慮にいれなければならない。フランスの絶対王政は同化主義的傾向をもっていたし、またその植民地主義はイデオロギー的バックボーンとして「フランスの文明的使命」を主張していた。たしかにこのスローガンには胡散臭さ・偽善的な響きがあるのだが、ともあれフランスの現在の状況はこうした同化主義的絶対王政と植民地主義的伝統の産物なのである。フランスは長期的にも短期的にもこのような歴史をもっているために警察機構はジハード主義の挑戦にたいしてはやめに対応することができた。またイスラーム系市民・住民もイスラーム主義者のテロがおこれば、フランス社会での自分たちの生活に破滅的な影響をあたえる危険性があることをはやくから意識していた。フランスではすでに八〇年代、九〇年代にイスラーム関連のテロ事件があり、免疫があったということもあったが、以上のような事情のために九・一一事件後も全体的にはフランスのイスラームにアル＝カーイダへの共感が浸透することはなかった。とりわけイスラーム系住民と受け入れ社会（フランス）が共通の価値観を共有しているという点が多文化主義を標榜する他のヨーロッパ諸国よりも強調され、支持もされていたからなおさらであった。しかしこうした文化的透明性はアファーマティヴ・アクションによって移民出身者の社会的成功を促進するといった類の政策には消極的であるため、社会的には不透明性が増大するという裏面をもっていた。二〇〇五年秋の暴動は近隣諸国とくらべてもその規模のおおきさは例外的であったが、これはそうした移民出身者の社会的不安定さの影響が劇的な形であらわれたものであった。とはいえ、実際には暴動も移民がフランス社会によりいっそうとけこみたいという意志のあらわれであり、その拒絶ではないとかんがえるべきだと主張する人もいた。

ロンドニスタンとの決別

アッ＝サハーブ・プロダクションのビデオは二〇〇五年七月七日のロンドン「殉教作戦」が「十字軍帝国指導者ブレアーが（バルモラル城での）G8サミットを主宰して政治的成功を自讃し、イギリスがヨーロッパ連合の議長国となり、十字軍の首都（ロンドン）がオリンピック開催地にえらばれたことを祝っていたさなかに」おこされたことを指摘してそれを讃美する。「何百万ドルも費用をかけて警備体制をしき、自由を制限し、西洋諸国を警察国家とする法律を制定してもそれをふせげなかったのである。」スクリーン上のザワーヒリーはもったいぶった調子で「その時、いとたかきアッラーがロンドンの心臓に一撃をあたえるためイスラームの怒りの騎士をつかわされ」、「祝福すべき襲撃」がおこなわれたと説明する。実はイギリスの首都における自爆テロ攻撃以前に、イギリスのジハード主義地下組織が行動をおこす兆候はあった。その一年前の二〇〇四年三月、ロンドンの倉庫で警察が六〇〇キロもの硝酸アンモニウムを発見した。これは農業用肥料だが爆発物製造にもつかわれるものだった。ロンドン最大のディスコとスーパーマーケットをターゲットにして何千人もの死者をだす大規模なテロが計画されていたのである。これに関連して五人のイギリス国籍イスラーム教徒青年が逮捕された。そのうちの四人はパキスタン系であった。かれらは二〇〇七年四月終身刑を宣告されることになる。テロ事件後の捜査と情報照合で犯人のうち何人かはパキスタンのキャンプでジハードの実践的訓練をうけ、さらにそのリーダーは二〇〇五年七月七日のテロの実行犯ムハンマド・スィッディーク・カーンやシフザード・タンウィールと接触していたことがわかった。この両名についてはテロ実行後、アッ＝サハーブ・プロダクションが犯行前録画遺言ビデオをながしている。警察は接触の現場を撮影していたにもかかわらず、カーンやタンウィールはジハード主義者としても小物とみなされていたので、あまり注意がはらわれなかったのである(104)。

この未遂事件に先だって二〇〇三年四月三〇日、イギリスも参加した多国籍軍のイラク侵攻の直後、二一歳と二七歳のパキスタン系イギリス人がテル・アヴィヴのバーで自爆テロをおこし、実行犯一名の他に三人のイスラエル人が死亡した。おりしもパレスチナでは第二次インティファーダがおこり「殉教作戦」がその中心的な戦術になっていた。これについてイギリスのイスラーム主義グループ「ムハージルーン」のスポークスマンはBBCの朝の人気番組で「イラクやアフガニスタンでの出来事やパレスチナでつづくインティファーダのためにイスラーム系住民のあいだでジハードへの参加意欲は現在非常にたかい」と述べ、この事件に驚きはかんじないとかたっている。しかし、ふたりのイギリス人青年がイスラエルにまで行って自爆テロをおこしたこの事件は一九八〇年代以来のイギリスの対イスラーム主義政策の前提自体をくつがえしてしまった。イギリスは在英のインド・パキスタン系イスラーム社会はアラブ中東諸国系とはまったくことなった利害関係をもっているとかんがえていた。こうした前提にたってアブー・カターダ・フィラスティーニー、アブー・ムスアブ・スーリー、アブー・ハムザ・ムハージル（アブー・アイユーブ・マスリー）、ウマル・バクリー・ムハンマドなどおおくのアラブ系急進主義イデオローグのロンドン在住を容認していたのである。言語や政治・文化的バックボーンがことなるので、かれらとイギリスのイスラーム教徒のあいだにははっきりとした障壁があるとかんがえていたからである。関係者から「ロンドニスタン」とよばれていたこの聖域ができたことで、イギリスの情報機関は国際イスラーム主義運動の動向について貴重な情報源を確保することができ、しかもそうした活動家がインド亜大陸出身の移民労働者大衆に過激思想を「感染させる」心配もなかった。アルジェリアのＧＩＡ（イスラーム武装グループ）の中心的指導者アブー・カターダやアブー・ムスアブ・スーリーが九〇年代にロンドンで活動できたのはそのためであった。その被害をこうむったのはＧＩＡの爆弾テロの舞台となったパリであった。フランスは一九九五年から一九九六年にかけてフランスでおこったいくつかのテロ事件についてアルジェリア人ラシード・ラムダを容疑者として特定し、イギリスに引き渡しを要求したが、イギリスはそれを拒否しつづけ、応じたのは二〇〇五年七月七日のテロがおきてからであった。ラムダは最終的に事件から一〇年ちかくもたった二〇〇七年一〇月、フランスで裁判をされ、有罪判決をうけることになる。一方、イギリスとは正反対に、フランス当局はアラブの急進的イスラーム主義イデオローグを国内にうけいれることを拒んだ。フランスのイスラーム系住民は大半がアラブ系だったから、そうしたイデオローグがかれらのあいだに布教活動をすることを恐れたからである。二〇〇四年末にネットにながされた『国際的イスラーム抵抗運動のアピール』でアブー・ムスアブ・スーリーは当時のジハード主義のリーダーにとってロンドンが天国のようなものであったこと、そしてそれが今では失われてしまったことを次のような懐旧的な言葉でかたっている。

「イギリスにいた頃（一九九四〜一九九七年）、わたしはまたとないジハードの経験をした(105)。たとえば私はロンドンで発行されるたくさんのジハード主義の雑誌に寄稿することができた。（スーリーはリビア系、エジプト系、アルジェリア系などの雑誌の名前を例としてあげる。）ロンドンではたくさんの講演会、学習会、会合がひらかれていた。そうした場での発言は録音され、世界のさまざまな国に記録が伝達されて、ジハードに目覚めるひとたちをふやしていった。」

ところでこの「世界のさまざまな国」というのはアラブ諸国にかぎらなかった。たとえばパキスタンは国際的ジハード主義運動の主要な震源地のひとつであった。パキスタンはタリバーンのアフガニスタンに隣接しており、両国国境「デュランド・ライン」の両側の住民はともにパシュトゥーンという民族グループに属しており、その地域にはジハード主義者の訓練キャンプが多数あった。さらにシーア派殺害やインドのカシュミール襲撃を専門にするパキスタン固有のジハード組織も数おおく存在した。ところで、アラビア語はロンドニスタンの主要言語でありつづけていたが、英語もはやくから枢要な位置をしめるようになっていた。ロンドニスタンがイギリスにあったからだが、また英語が世界共通語という性格をもっていたためでもあった。だからジハード主義のレトリックは普及を容易にするためすぐさま英語で表現されるようになっていた。インド亜大陸系移民も一九八〇年代末頃にはイギリスでうまれたり、子供時代にイギリスにやってきたわかい世代が大挙して成人の年齢に達するようになった。成人に達したかれらはとつぜん文化的・社会的緊張・機能不全に直面することになる。実際、イギリス風の共同体主義的編入モデルはさまざまな文化が別々に発展することを奨励し、「主流派」とはことなるものにも価値をみとめていたから、インド亜大陸のイスラームの社会生活を統率していた宗教組織はイギリスにも「そのままの形」でもちこまれることになった。しかし青年たちの大部分はそうした宗教組織がもちいるコミュニケーションや説教のための言語、ウルドゥー語やベンガル語をあまりうまくあやつることができなかった。BBCがイギリスの三〇〇のモスクを対象におこなったアンケート(106)によると、二〇〇七年七月の時点でもイマームの八五パーセントはインド亜大陸の出身者だが、英語で説教をおこなうのは六パーセントだけ、四五パーセントが英国滞在が五年以下であった。イマームの大半はイスラーム神秘主義教団バレールヴィー系で、ヨーロッパの近代的世界に対処するための知識が十分ではなかった。またデーオバンド派（ターリバーンの源流となったもの）やアフレ・ハディース派のようにバレールヴィーよりも聖典重視のイスラームを信奉し、知的には西洋文化にたいして敵対的な教派に属するものもいた。さらに一九二七年にデリー近郊でうまれた敬虔主義的団体タブリーグ（「信仰の伝達」という意味）の信奉者もいる。このグループは信者の数という面では世界のイスラーム団体のなかで最大のものであるが、「不信仰」な（ヒンドゥーや西洋の）社会と文化的に完全に絶縁し、日常生活のすべてで厳格にコード化されたイスラームを実践することによって社会を構築しなおすことを説いていた。現在、この団体の本拠はパキスタンのラホール近郊ラーイウィンドにあり、毎年、何百万人もの信者がここを訪れる。この巡礼の道筋・旅程は世界中に巨大な蜘蛛の巣のようにはりめぐらされている。タブリーグはヨークシャー州デューズベリーにヨーロッパ本部をもうけているが(107)、二〇〇五年七月七日の四人のテロ実行犯のひとりはこの町の出身者だった。デューズベリーはムハンマド・スィッディーク・カーンの出身地ビーストン（リーズ郊外）から数マイルの所にあるし、また一九八九年一月、現地モスク運営委員会代表がサルマン・ラシュディーの小説『悪魔の詩』を焚書にしたブラッドフォードからも近かった。ヨーロッパの社会は開放的に機能しているわけだが、そのおなじ場所にマイノリティー集団が孤立主義的なイスラーム・アイデンティティーを主張し、それを軸にして閉鎖的・共同体主義的に行動するようになると最後にははげしい衝突がおこる。ラシュディー事件はその最初のめざましい実例だった。共同体の障壁にまもられたイスラーム系青年たちはイギリスの指標・拘束・規範・価値観のシステムと無関係に成長し、そのためにかれらとイギリス社会とのあいだには完全にずれが生じていた。しかしもう一方で、かれらも学校に行き、英語をつかい、イギリス人風に消費生活をおくり、イギリス人との交流もあり、イギリス社会のなかにどっぷりひたって生きていたのである。そのためにかれらは宙づりの状態で生きることを余儀なくされていた。サッチャー、ブレアー時代の自由主義的イギリスではかれらもその一員である低学歴庶民階級がおかれた状況は不安定であったから、そうした状態はなおいっそう耐えがたいものであった。ラシュディーの小説が出版されたのはこうした状況のなかであった。ラシュディーが小説でえがいたのはまさしくイスラーム系インド亜大陸とイギリスの奇妙で微妙な共生状態の物語であった。かれはそれがどんなふうに機能不全をおこし、どんな文化的衝突をもたらしているか、そしてまたそれがどんなあたらしい文明の誕生の可能性を秘めているかをえがこうとしたのである。ラシュディーはそれを幻想的レアリズムをもちいてかたろうとしたのだが、小説の題材となり、事件の主たる当事者となったイスラーム系インド亜大陸出身者にはそれは理解不可能なものだった。かれらはウンベルト・エーコが「虚構契約」とよんだもの(108)をうけいれることができなかった。「虚構契約」が成立するためには読者が現実にたいして距離をおく姿勢をもち、そして個人が共同体から自立している必要があるのだが、イスラーム系住民はみずからの共同体の文化的環境のなかにとじこもって生活していたから、それは不可能だった。だから小説の文章は文字どおりに理解され、イスラーム系住民の神聖な価値を批判し、タブーをやぶった侮蔑的・冒涜的な内容ととられ、ひとびとの呪詛の対象となってしまった。イマームとイスラーム系イギリス人指導者は移民社会にたいするへゲモニー獲得をきそいあっていたからラシュディーにたいする呪詛・脅迫をエスカレートさせた。そしてそれがついに例のホメイニーのファトワーにつながったのである。ある意味ではラシュディーの小説は在英イスラーム系青年の気持を代弁していたにもかかわらず、おおくの青年が小説を断罪するデモに参加した。それはかれらの社会的・文化的不安感をはげしい形で公に表現する最初の機会となったのである。かつてはインド亜大陸の伝統的イスラーム指導者（ピール、つまり教団指導者）が西洋的教養を欠いているにもかかわらず地元の宗教界有力者として各地のイスラーム系住民を代表し、選挙ごとに信者の票をイギリスの政治家と交渉していたが、そうした時代はおわった。いまや青年層を代弁するのは英語をはなすイスラーム主義運動家たちである。かれらはアフガニスタンやパキスタンで展開されるジハードの大義につよく共感し、ファックスをおくったり、ＢＢＣのテレビ討論会に参加したりする。こうした状況のなかでウルドゥー語をはなし、アラブ伝統の葦ペンで字を書いているひとびとによる伝統的共同体主義から英語とアラビア語と情報機器を完璧にあやつる急進的運動への転換がおこったのである。一九九〇年代からそうした運動組織が活動の核となり、ロンドニスタンをとおして国際的ジハード主義運動とヨークシャーの労働者用住宅街とをむすびつける中継点となった。こんな状況のなかで、イスラーム系青年たちがイギリス社会やイギリス的価値と一体化できるとかんじられるようになる可能性は非常にちいさかった。かつては伝統的共同体のなかにとじこもって外部の社会を拒絶していたのだが、今度は国際的ジハードという大義を信奉し、反西洋的イスラーム主義論理にもとづいてイギリス社会にはげしい敵意をいだくようになる。青年たちはかつては故郷にいる従姉妹たちのなかから配偶者をえらぶためにパキスタンに頻繁に行き来していた。しかし今やそれは（すくなくとも青年たちのなかでとりわけジハードへの意欲のたかい者たちにとって）ジハード基地での訓練実習やジハード主義系神学校で思想教育をうけるための旅にかわってしまった。

一九九六年秋、カーブルがターリバーンに占領された後、ロンドニスタンからかなりの数のイスラーム主義のリーダーや活動家が消えていった。アブー・ムスアブ・スーリーのようにアフガニスタンに出発したのである。同年、ビン・ラーディンがアメリカとその同盟国をジハードの正当な標的とするという宣言をだし、そのためにイギリスのステイタスが変化しはじめた。イギリスはそれまではイスラーム主義の聖域とかんがえられていたのが、今や戦争の家《ダール・アル＝ハルブ》とみなされるようになった。イギリスで行動をおこすことは容易だった。イスラーム主義運動が自由に活動できた時代につくりあげられたネットワークのすべてがテロ実行のために利用可能だったからである。ロンドンの北にあるフィンズベリー・パークのモスクはアブー・ハムザ・ムハージル（マスリー）がアルジェリアにおけるジハードを説くための拠点としていた。犯罪常習者が改心してイスラームに改宗したり、信仰を再発見することがよくあったが、ロンドンの南にあるブリクストンはそうしたひとたちをうけいれ、イスラーム教徒としてあたらしい人生をあゆむ手助けをしていた。そうした場所はたくさんあったが、モロッコ系フランス人ザカリヤー・ムーサーウィーや「シュー・ボンバー」リチャード・リードが出入りしていたのもそうした場所のひとつであった。ムーサーウィーは二〇〇六年五月三日、九・一一テロの謀議に参加したとしてアメリカで判決をうけた。一方、リードは服役中にイスラームに改宗したチンピラ犯罪者で、二〇〇一年一二月パリ・マイアミ間の飛行機で靴にしかけた爆弾を爆発させようとしたためにやはりアメリカの裁判所で無期の判決をうけた。ふたりともアフガニスタン、パキスタンにあるアル＝カーイダのキャンプに行った経験がある。しかしロンドニスタンをめぐる状況が完全に変化したのはイギリスがアメリカとともにイラクと交戦状態になってからである。これによってパキスタン系イギリス人のプロレタリアート青年や中産階級出身の学生が堰を切ったように大勢、中東で、インド亜大陸で、さらにはイギリスで、ジハードの隊列にくわわっていくようになる。

二〇〇三年四月三〇日、テル・アヴィヴで自爆テロをおこなったふたりはそうしたイスラーム系イギリス青年であった。かれらにとってイスラエルはカシュミールとおなじように占領されたイスラームの地とかんがえられ、インドに「占領された」カシュミールではヒンドゥー教徒を殺害しなければならないように、イスラエルでユダヤ人の血をながすことは合法的であるとされた。このようにパキスタンという枠をこえて世界的規模でジハードをかんがえる思考法は故郷への頻繁な帰国によっても助長されていた。二〇〇七年、イギリス治安当局の責任者によれば年間延べ四〇万人がパキスタンに渡航するが、そのうちの四千件以上が英国在住パキスタン人がゲリラ・キャンプで軍事訓練をうけたり過激派神学校でイデオロギー教育をうけるためのものである。こうした方向への変化の先鞭をつけたのはイギリスで良家にうまれ、名門校で教育をうけて名高いロンドン・スクール・オブ・エコノミクスに入学した元学生ウマル・シャイフである。かれはジハード主義者のキャンプで訓練をうけた後、一九九四年からインドのカシュミール地方でイギリス人・アメリカ人観光客誘拐をはじめた。一時、逮捕された後、パキスタンのイスラーム主義組織ジェイシュ・エ・モハマドによるインド航空機ハイジャック事件で人質と交換に釈放された。パキスタンにもどったかれは二〇〇二年一月、ウォール・ストリート・ジャーナル記者ダニエル・パール(109)を誘拐し、斬首により殺害して、それをビデオで撮影した。これ以後、世界のあちこちでジハード主義者が人質を斬首・殺害する事件があいつぐ。大陸ヨーロッパのイスラーム系移民の出身国ではアルジェリアのようにジハード主義運動が敗北してしまっていたり、モロッコ、チュニジアのように完全におさえこまれていたり、あるいはトルコのように「穏健派イスラーム主義」政党がそのエネルギーを吸収し、暴力的ではない方向に誘導して政権を掌握することに成功している。こうした大陸ヨーロッパとは対照的に、イギリスのイスラーム系住民の主たる出身国では「ターリバーン化」が進行しており、イギリスはその影響をもろにうけている。パキスタンでは急進的な神学校が急増し、国家が介入できない治外法権地域のようになり、そのために情勢が不安定になり、暴力事件が頻発している。二〇〇七年一二月二七日のラワルピンジーでのベーナズィール・ブットー暗殺はその極端なあらわれであった。パキスタン国内の緊張は共同体主義的論理のためイギリスにも波及する。パキスタン系住民はパキスタンやイスラーム信者共同体を自分たちのアイデンティティーの一番の基準とし、イギリス性は無視される。その上、パキスタン国内の政治・宗教グループ間ではげしい対立がおこり、たくさんの死者もだしている。

二〇〇四年三月、容疑者監視捜査の結果、ロンドン郊外で爆薬製造用の肥料のストックが発見され、グループが一網打尽にされた。この事件の捜査でえられた情報のなかには後のテロ事件とむすびつくものもあった。共同体主義的なシステムにとじこもった青年たちが過激化して二〇〇五年七月二一日にテロ未遂事件をおこしたのだ。このグループのリーダーは警察にはよく知られた人物で、警察はすでに二〇〇四年春に黒く濃いひげをたくわえたかれの写真をとっていた(110)。イングランドとスコットランドの境界にあるカンブリア州山岳地帯にジハードのための訓練キャンプを設営し、その近辺を背中に重いリュックを背負いながら耐久行進訓練をおこなっているこの人物を警察が写真撮影していたのである。カンブリア州と言えば、英語をまなぶ生徒にとってはウィリアム・ワーズワースの有名な詩「水仙」によって不朽の存在となった湖畔地帯の魅惑的な風景が連想されるのだが、二〇〇四年の春にはロマンティックなイギリスの魂を象徴するたおやかな水仙はイギリスのジハード主義者にふみにじられていたのである。

イギリスがアメリカとともにイラク戦争に参加すると、パキスタンのすべてのスンナ派イスラーム主義組織がそれを十字軍の侵略であると非難し、あらゆる手段でそれとたたかうべきであると主張した。これによって、そうした組織の系統につらなる在英機関はとつぜんブレアー政権の政策に全面的に反対するようになったのである。一方イギリス政府は、共同体主義的システムは四〇年以上つづいて歴史もあるし、十分堅固だからヨークシャーの労働者街はイギリスの対米追随政策とイラク戦争参戦をうけいれるだろうし、ロンドニスタンのイスラーム主義イデオローグたちも政治亡命者というステイタスを維持することに固執して、ひかえめな態度をとりつづけるだろうと期待していた。しかしそうはならなかった。英語でジハード主義的イスラーム主義をおしえこまれ、パキスタンの軍事訓練キャンプや神学校で訓練・教育されて急進化した一部の青年グループが《故郷にもどって》「ブレアー十字軍」とたたかおうとかんがえただけではなく、イスラーム社会のリーダーたちも沈黙してしまった。力がなかったのか、あるいはその気がなかったのか、どちらなのかはわからないが、いずれにせよかれらはイスラーム社会の一部青年たちがジハード参戦（シャリーアの観点からすればイラク占領軍はジハードの正当な標的となる）のよびかけにこたえるようになると、公的秩序の非公式な擁護者という役割を放棄してしまった。そしてこれによってイギリスの多文化主義にかんするコンセンサスもこわれてしまった。移民社会リーダーが秩序維持の機能を十分にはたさなくなったことはイギリス警察高官も確認している。警察は、イスラーム社会のリーダーたちが情報を入手していたのに、そしてその情報があればテロで無辜の人間が犠牲になるのを救えたかもしれないのに、警察には通報しなかったと述べている(11)。ＭＣＢ（イギリス・ムスリム評議会）の指導者イクバール・サクラーニー卿はマウドゥーディーの運動（訳注：パキスタンのイスラーム主義組織ジャマーアテ・イスラーミー）出身でムスリム同胞団にイデオロギー的にちかく、二〇〇五年六月、トニー・ブレアーの推薦で英国女王からサーの称号をえた人物であるが、かれのように政治的に目だつ立場にいた一部のリーダーたちは現場のイスラーム社会のリーダーに暴力分子を追放するよう「懇願」しさえした。しかし効果はなかった。イギリス当局はこれまで利用してきたメカニズム（共同体主義）が暴走し、コントロールできなくなったので途方にくれ、二〇〇五年七月の衝撃以後、警察力によるコントロールというもうひとつの方策に解決をもとめようとした。

最初、ブレアー首相は「近代主義的」なひとびとに頼ろうとした。そのなかには英語をはなすイスラーム主義運動家がたくさんふくまれていた。ブレアーはイスラームへ好意をしめし、それによって健全な信仰実践（それは最小のコストで社会平和を維持する手段として奨励されていた）と英国本土で自爆テロをおこなう「過激主義」を分離しようとした。たとえばＰＥＴ（「共同して過激主義を予防する」）という名称の委員会である。これはイマームや活動家、国内外の大学研究者、公務員で組織され、首相に助言をあたえるとともに、イスラーム民衆と対話するために国内を巡回し、かれらの不満に耳をかたむけ、かれらに提案をすることを任務としていた(112)。このイスラーム民衆との関係改善作戦に参加したひとたちのなかでもっとも注目された人物がターリク・ラマダーンであった。

スイス国籍のラマダーンはムスリム同胞団創始者の孫で、「ヨーロッパ式イスラーム」の出現をうながす著作を数おおく出版し、ヨーロッパのイスラーム教徒は第三世界主義的・反帝国主義的左翼と連携を強化するべきだと主張している。かれはマルクス主義消滅以来、強力なイデオロギー的支柱を喪失した左翼運動にヘゲモニーを確立しようとしているのだ。ラマダーンはイスラームを解放の神学の一種であるとする。これはイラン政権が「被抑圧者」の前衛を自称するのと似た戦略である。英語をはなすイスラーム青年たちのあいだでターリク・ラマダーンの人気はたかかった。かれはイギリスの一部の政治家の支持をうけて、イスラームの西洋社会への統合のモデルとしてもちあげられていた。諮問委員会はイギリスのイスラーム社会で評価が最悪になったブレアー政権の人気回復策に他ならなかったが、委員会に参加したラマダーンは自分にたいするイスラーム青年の共感を活用してブレアー人気回復に貢献しようとした。ラマダーンを支援したイギリスの政治家のなかでもっとも有名なのはケン・リヴィングストーンであるが、この労働党出身の大ロンドン市長はまたシャイフ・カラダーウィーの熱烈な支持者でもあった(113)。リヴィングストーンはカラダーウィーの穏健さと近代性を称揚した。カラダーウィーはイスラエルやイラクにおける「殉教作戦」を正当化していたが、この宗教者がイギリスの首都に招待されたとき、それを批判したさまざまな団体にたいして、大ロンドン市長はかれを全力で擁護したのである。ターリク・ラマダーンはトニー・ブレアーに協力するかたわら、オックスフォード大学から客員教授として招聘され、そのおかげでアカデミックな世界での権威を主張できるようになった。かれは二〇〇四年、ノートル＝ダム大学から招聘されたことがあったのだが、その時にはアメリカの移民局がヴィザ発給を拒み(114)、アカデミーの世界への参入は実現しなかったし、フランスやスイスでかれは行動的知識人とみなされても、大学人とみなされることはなく、学究者としての評価はたかくはなかったのである。オックスフォード大学客員教授となったかれはBBC放送にも出演し、一流大学の教授という権威をおびて議論をすることが可能になった。二〇〇六年春のデンマークの預言者カリカチュア事件のような危機的な状況が発生すると、ラマダーンはヨーロッパとイスラーム世界の仲介者としてもてはやされ、コメンテーターとしていろんな番組に登場した。しかしブレアーがイラク戦争参加のためにイスラーム民衆のみならず、宗派に関係なくほとんどすべての市民から前例がないほど不人気になってしまったために、ブレアーと接近しすぎたラマダーンも「街の支持」をうしなう恐れがでてきた。しかも、寸前に阻止された二〇〇六年の大西洋上での航空機爆破計画や二〇〇七年のグラスゴーでのなかば成功した「殉教作戦」などテロ事件もあいかわらずつづいていた。そのためにイスラーム社会の過激化をふせぎ、テロを阻止するためにイスラームの「代弁者」を自称するひとびとに頼るという多文化主義政策にたいして政権与党労働党のあいだにも疑念がひろがりはじめた。労働党もそうした政策を継続していると国民から信用されなくなり、選挙に敗北するのではないかと恐れるようになったのである。その結果、ラマダーンを中心とした「作業グループ」が提出した最終報告の勧告は棚ざらしにされた。イギリス政権中枢は多文化主義の基礎自体を問題にするようになった。それは今や問題の解決であるよりも問題の一部分であると認識されるようになったのである。

こうした変化があからさまになった最初の徴候は当局がＭＣＢから距離をおくようになったことである。ＭＣＢのリーダー（サクラーニー）はその頃、女王からサーの称号をうけたばかりだったのだが、イギリスのイラク政策にたいするこのグループの反対意見表明の仕方があまりに過激すぎるとかんがえられたからである。第二の徴候は、二〇〇六年一〇月、ジャック・ストローが自分の選挙対策事務所にニカーブ（顔をおおうヴェール）をつけた女性がはいることを禁じるという派手な決定をしたことである。これはおおきな反響をよんだ。労働党重鎮で、外務大臣の経験もあるストロー議員は自分の選挙区ランカシャー州の地方新聞のインタビューでこれを発表し、象徴的意味あいのおおきいこの事件がはじまった。当時、顔をおおうヴェールを着用した小学校女性教師が勤務先の公立学校から解雇され、多文化主義の擁護者から抗議の声があがっていた。フランスの政策を毛嫌いしていたかれらはイギリスがそうした方向に危険な方針転換をするのではないかと恐れたのである。もっともアングリカン・チャーチが国教となっている国で顕示的な宗教的標章が禁止されるということはまずありえないことではあったが。しかしイギリスのもっとも経験豊かな政治家のひとりが多文化主義の横行に一本釘をさしたという事実は多文化主義の傘のもとで繁栄していたイスラーム主義組織にとっては懸念すべきことがらであった。多文化主義（とその派生物である共同体主義）は一九六〇年代以来、イギリスにおいては市民宗教のようなものになっていた。そもそも共同体主義という観念自体、イギリスの政治的言説において意識すらされることがなかったものであった。しかし、二〇〇五年七月のテロ事件をきっかけに多文化主義は政権の中枢部ではじめて議論の的となり、多文化主義をめぐる議論が急展開する。ストローの決定はこうしたはげしい議論の結果としてでてきたのである。

二〇〇七年六月二九日と三〇日、あらたな自爆テロが発生した。それは杜撰な準備で失敗におわったものの、イギリスにふたたび衝撃をあたえた。まず二九日、爆弾をしかけた車が二台発見された。ロンドンの人通りのおおい場所で爆発させるためのものだった。これに関与したふたりのテロ組織メンバーが逮捕を恐れ、グラスゴー空港の正面入り口に爆弾をつめこんだ四輪駆動車を突入させて「殉教作戦」を遂行しようとした。この事件では唯一、車を運転した人物がひどい火傷をおって、後に死亡することになる。事件後、容疑者が逮捕され、イギリスや中東やインドでうまれ、イギリスの病院に勤務をしていたわかい医師のグループの存在があきらかになった。死者はテロリストのメンバーひとりだけだったが、国民がうけたショックは二〇〇五年七月のそれに劣らずつよかった。実際、二〇〇五年のテロ事件に関与した八人は移民系のプロレタリアートで知的水準もひくく、過激派サラフィストの勧誘者やパキスタン・アフガニスタンのキャンプでジハードを説くひとびとに簡単に丸めこまれても無理はないとかんがえられていた。かれらを許すことはできないとしても、悲惨な社会状況のために簡単に洗脳された犠牲者にすぎないとかんがえることもできた。それにたいしてあらたな事件の容疑者たちは社会的地位もたかく、快適な生活水準を享受し、未来も保証された医師たちであった。つまり英語をはなすイスラーム系住民のエリートの代表者で、イギリス社会がごく普通に自分たちの健康管理をまかせるほど信頼できるとかんがえていたひとたちであった。白衣を着てながい髭をたくわえたかれらは多文化主義モデルがモットーとする「差異の尊重」の完璧な体現者であった。グループのなかにはイギリスに定住するようになってからジハード主義イデオロギーに傾倒するようになった者もいたようである。ジャーナリズムはこの「不吉な医師たち(115)」の犯行動機についてさまざまな憶測をかたった。しかしそうした個人の問題をこえて、二〇〇七年六月三〇日のテロ事件は多文化主義モデルそのものにおおきな打撃をあたえた。二〇〇五年七月のテロ事件を実行した底辺労働者の行動は、たしかに重大だったけれど、かれらは結局は社会的には無責任な人間でしかないとかんがえられた。二〇〇七年の「白衣のテロ」は二〇〇五年の事件以上に深刻だった。多文化主義モデルが成功するかどうかは最終的にはイスラーム系エリートの存在に依存していたのであるが、二〇〇七年の事件はかれらを本当に信頼できるかどうかという問題を提起したからである。

二〇〇七年六月四日、こうした極度に緊張した状況のさなかにターリク・ラマダーンはガーディアン誌に長文の意見記事を発表する。テロ事件の三週間前のことである。この意見記事はある意味ではラマダーンのイギリスにたいする訣別の辞であった。当時、ブレアーはイギリス国民からはげしい批判をうけていたし、労働党首脳部もいつまでも「ブッシュの飼い犬」がダウニング・ストリート一〇番地にぐずぐずしていると選挙で敗北することは避けられないとかんがえていた。だからブレアーが政権を去ることは既定方針だった。ブレアーからはもうなにも期待できなかった。一方、ラマダーンの支持者のなかでも急進的なひとびとはムスリム同胞団の創始者ハサン・バンナーの孫がイギリス十字軍王国の協力者になったことに苦いおもいをしていた。だから学年暦がおわってオックスフォード招聘の期限もきれつつあったジュネーヴの説教師（ラマダーン）はかれらにたいして配慮をしめしたのである。その記事が発表される当日、ブレアー主催の「世界のイスラームとイスラーム教徒」というフォーラムが開催される予定になっていた。ターリク・ラマダーンもそれに招待されたが、断っていた。MCBのようなイスラーム主義組織が招待されていなかったためである。それは多文化主義の妥当性やイスラームの代弁者を自称するひとびとの本当の正体についてイギリス政権上層部が疑問をもつようになったことの反映なのであるが、ラマダーンはそれを参加拒否の理由とした。ガーディアン誌の意見記事もその点を問題にしていた。ラマダーンによればいまや「イスラーム問題」にたいするイギリスの公共政策は「急進化や過激主義にたいする戦い」一辺倒になってしまっている。（もともとはラマダーン自身がこの「イスラームの急進化にたいする戦い」に協力していたことを指摘しておこう。）「この政策は《イスラーム民衆の社会統合》の必要性にかんする侮蔑的な、そしてしばしば保護者然とした議論をともなっている点がとりわけ問題だ。つまり、イスラーム教徒は《イギリス性》の本質を構成するイギリス的価値（自由、寛容、民主主義など）をうけいれなければならない、などという主張がなされるのだ。」イスラーム民衆のイギリスへの社会統合に問題があることはあきらかなのに、ラマダーンはその明白な事実を否定して、イギリス風多文化主義に讃辞をおくる。「現在の問題はイギリスの《本質的価値》がおびやかされているということではなく、そうしたイギリス風の価値と言われるものと日常の社会的・政治的実践のあいだにふかい乖離があることである。黒人やアジア人、イスラーム教徒だと裁判の判決は普通のイギリス人とはことなったものになる。（……）自分が公言する価値と和解すべきなのはイギリス社会自身であり、政治家は自分が主張していることを本当に実践すべきなのである。」ラマダーンはテロを断罪しながらも、つぎのように付言する。「イラクへの不当な侵攻、ジョージ・ブッシュの狂気じみた政策への盲目的支持、パレスチナ人抑圧へのイギリスの沈黙。こうした問題がおおくのイスラーム教徒が西洋やイギリス人にたいしてもっているおおきな不満と無関係ではありえない。」ターリク・ラマダーンはかれなりのやり方でイギリスの政権が多文化主義をうらぎったことを批判しているのである。多文化主義が放棄されたのだから、ラマダーンはもうイギリスによるイスラーム教徒問題への取り組みを支持することはできない。こうしてかれはオックスフォードに招聘された二年間、イギリスに忠実につかえた後、女王陛下に暇乞いをしたのである。

かれのしかけた論争にはあきらかに正しい指摘もある。政府は公式には否定するが、イギリスが二〇〇三年三月以来のイラク侵攻に参加したことが二〇〇三年四月のテル・アヴィヴの喫茶店事件から二〇〇七年六月のグラスゴー空港事件にいたるイスラーム系イギリス人青年によるテロにおおきな影響をあたえていることはみとめざるをえない。しかしこのテロ実行が可能だったのはイギリスの共同体主義のせいであった。共同体主義のためにイスラーム民衆はイギリス的な価値観や風習、生活様式などを共有することよりも社会から完全に分離した独自なアイデンティティーを保持することを優先するようになってしまった。そしてなにかのきっかけがあればそれが憎しみと殺害へと簡単に変化する原因となったのである。ターリク・ラマダーンはその点を考慮しようとしない。こうした論争は普通ならアカデミックな世界で話題になるだけだっただろうが、二〇〇七年の六月から七月という緊迫した社会状況のなかで、政治的なレベルではげしい論争をまきおこした。プロスペクト誌は社会問題をあつかう雑誌のなかでもっとも影響力のある雑誌だが、その次の号で編集長デイヴィッド・グッドハートが「ターリク・ラマダーンへの反論」と題した記事を発表した(116)。イギリスを代表する知識人のひとりであるグッドハートはラマダーンを「危険な過激派」とする「フランスやアメリカで一般的な考え方」にたいしてそれまで二年間、自分の信用をかけて擁護してきた。この記事はそんなかれのラマダーンにたいする失望の表明だった。グッドハートは、イギリスにおける過激派の活動が政府やその外交政策、人種差別主義の責任であるという主張は「ナンセンス」であると述べ、イギリスのイスラーム教徒は世界でもっとも裕福で自由であるという事実を指摘し、「イギリスが《黒人やアジア人、イスラーム教徒だと裁判の判決》が普通とはことなったものになるアパルトヘイトの国であるかのような主張」は「馬鹿げた誇張」であると断言する。さまざまなアンケート調査によればイギリスのイスラーム教徒の七～一五パーセントが二〇〇五年七月のテロを容認する一方、かれらの四分の一がテロがイスラーム教徒によっておこなわれたのではないと宣言している点に注意を喚起しながら(117)、グッドハートはイギリス社会をいっそう改善する必要があるとしても、それだけではなく、今後はイギリスにおけるテロリズムの問題を中心的・継続的に課題としてとりあげて、どうしてイギリスの一部イスラーム教徒が過激化したのか、その原因となったメンタリティーやイデオロギーに斬りこんでいくような改革をおこなう必要性があるのではないかと結論づけた。

グッドハートの指摘にたいする再反論はなかった。ターリク・ラマダーンはロッテルダムにあるエラスムス大学のあたらしい講座に専念するために不実なイギリスとは縁を切ってしまった。オランダはテオ・ファン・ゴッホ殺人事件の後、オランダ流多文化主義の崩壊に呆然自失していた。ブレアー路線消滅で暇になった笑顔の魅力的なハサン・バンナーの孫に、今度はオランダが助けをもとめてきたのである。

ファン・ゴッホ殺人事件

二〇〇四年一一月二日、マドリードのテロ事件の数ヶ月後、今度はオランダでイスラーム主義者のテロがあった。アムステルダムの街角でモロッコ系オランダ人青年ムハンマド・ブーヤリーによってビデオ作家テオ・ファン・ゴッホが殺害されたのである。スペインやイギリスのテロ事件ではアフガニスタン・パキスタン国境地帯の訓練キャンプに参加したり、アル＝カーイダ幹部と接触のあった人物が関与していたが、この殺人事件は組織テロと無関係な単独犯の行為であった。しかしかれの犯行は「ホフスタッド・グループ」（ホフスタッドとはハーグの別名である）という名前で知られるイスラーム主義テロリスト組織内部の過激化の結果だった。グループのメンバーの逮捕がはじまり、組織の実態が解明されつつあるが、こうした意味ではブーヤリーはアブー・ムスアブ・スーリーの「国際的イスラーム抵抗運動」の理論をみごとに体現した人物と言うことができる。もちろんこのわかい殺人犯がシリア人イデオローグの膨大な著作を読んだかどうかわからない。しかしかれのジハード主義の「目覚め」は個人的にめだたない形でおこなわれた。だから情報機関や情報提供者の注意をひくことがなかった。テロが注目をあびたのは被害者がよく知られた知識人であったからである。これはスーリーが推奨する戦略に合致する。スーリーもそうした人物を標的にすることによって不信仰者に恐怖をいだかせ、他の活動家の模範となってかれらを「レジスタンス」にみちびくことができるとかんがえたのである。事件は挑発的な性格をもっていた。また事件をきっかけに取り締まりもきびしくなったし、反イスラーム的な暴力事件もおこった。そのためにイスラーム民衆のあいだで仲間内で結束するという反応がうまれ、それがさらにジハード主義イデオロギーのあらたな伸長をもたらす結果にもなった。一九七〇年代、ヨーロッパの極左運動で「挑発→抑圧→連帯」という政治的弁証法が作用したが、それとおなじ事がイスラームをめぐっておこったことになる。しかしオランダの場合、ジハード勢力の拡大という点ではこの事件の影響は一面的ではなかった。たしかに殺人事件直後におこったモスク焼き討ちやコーラン学校襲撃事件はオランダの一部のイスラーム教徒に被害者感情をいだかせ、かれらの連帯感をつよめ、反撃するために暴力的な行為をおこなう気持にならせるということはあった。しかしその反面、事件のためにオランダの多文化主義そのものが疑問視されるようになり、そのためにイスラーム過激主義の勢力拡大はより困難になった。オランダの社会契約は定住したイスラーム教徒にたいして「分離主義的発展」を奨励し、イスラーム過激主義はそのおかげで勢力を拡大してきたからである。とはいえオランダがあらたな社会平和秩序をみいだすためにはイスラーム民衆にたいしてオランダ社会自体があたらしい同化モデル、市民的・社会的統合の展望を提示しなければならないのだが、二〇〇四年一一月以後、移民にたいする政治姿勢が強硬化していることや、ソマリア出身の国会議員アヤーン・ヒルシ・アリーにたいしてオランダ国籍剥奪をおこなっていることをみると、そうした点にあまりおおきな期待をいだくことはできない。

二〇〇四年の一連の出来事をその文脈において解釈するためには、「国際的ジハード」の展開のみならず、オランダ社会の国内イスラームとの関係の特殊性も考慮しなければならない。そのためにもまず移民にかんするオランダ固有の伝統を理解することが必要である。二〇世紀末、オランダはソフトドラッグにたいして寛容策をとって刑罰を科さないことを決定したり、同性愛者の結婚をみとめたりしたが、それとともに多文化主義を旗印にかかげ、強力におしすすめた。このオランダ風多文化主義はもともとあった社会制度「列柱社会」の遺産のうえになりたっていた。「列柱《ザイルン》」というのはそれぞれの宗派に属する住民が宗教を核として結集した共同体のことで、それぞれの共同体は他の宗教共同体とは最小限のかかわりしかもたなかった。そしてこの複数の列柱（宗教共同体）が「オランダという国のドームをささえる(118)」とかんがえられた。このように社会のなかに仕切りをもうける制度ができたのは第一次世界大戦末期のことで、オランダ近代史に重要な役割を演じた政治家・神学者・思想的アジテーター、アブラハム・カイパーの理論にもとづいてのことだった。一九世紀と二〇世紀の境目に生きた福音派プロテスタント、カイパー（一八三七〜一九二〇）は一八七九年、反革命党を創設した。この党の中心理念は「一七八九年の精神」、つまりフランス革命、さらには啓蒙哲学がうみだした社会モデルとの決然たる対決であった。カイパーによればそうした社会モデルこそが、宗教を私的領域のなかにとじこめ、市民社会を構成する諸勢力を統括するものとして民主主義国家を設定し、それを最終的な意志決定者とするという罪深い改革を実現してしまったのだ。このようにカイパーの政治思想は文字どおり「反動的な」性格をもっていた。かれは増大しつつあった「危険な階級」産業プロレタリアートを諸教会によってコントロールし、かれらを「神なき革命」からとおざけようとしていた。かれは政教分離主義を嫌悪していたが、それは近代主義の背後には不吉な社会主義や共産主義の影がひそんでいるとかんがえていたからである。しかしカイパーの思想はまた同時に民主主義的な期待にこたえるものでもあった。そしてそれがかれの政治的成功の理由でもあった。というのも当時、プロテスタントやカトリックのプチ・ブルジョワジーは教育をうけることによって社会的上昇を実現することができたのだが、カイパーの主張はこうしたプチ・ブルジョワジーが活躍するための政治的枠組みを準備したからである。そして最後に、カイパーの政治思想はオランダ特有の事情を反映していた。つまり、オランダの国民統合という課題にこたえるために、プロテスタント（マイノリティーだが文化的には支配的）とカトリック（マジョリティーだがエリート層では少数派）、ユダヤ教徒（昔から都市中心部に居住）のあいだでの権力の分有を合理化するという側面をもっていた。「列柱社会」は各宗教共同体がたとえ分離した状態であっても、それぞれが発達できるようにするための妥協であった。各宗教共同体は礼拝のための場所をそれぞれがもっているだけではなく、学校・慈善組織、さらには商店や企業、住居地も別々で、信者はゆりかごから墓場まで固有の宗教的アイデンティティーのネットワークのなかだけで生きていくことができた。こうした社会的分離はオランダの繁栄の利益を宗派ごとにブルジョワ層に分配するための仕組みになっていたのであり、中立的なちいさな政府がさまざまな「列柱」の経済的・社会的利害を調整するという社会のあり方を合理化する役割をになっていた。ただし政府の高級官僚自体は「列柱」システムとは無関係に選別され、国王が国家統合の象徴となっていた。こうした組織形態が一九六〇年代中頃までオランダの制度を特徴づけていたのだが、その時、西洋世界全体に自由至上主義的・消費主義的理想の名のもとに既存社会秩序にたいする異議申し立てがおこった。それはオランダの社会構造をゆるがせたが、その基礎まで根こそぎにしたわけではなかった。六八年のイデオロギーを特徴づけるマルクスと毛沢東とマルクーゼの陽気なごった煮に熱中してオランダ社会を混乱させた青年グループ「プロヴォ」（訳注：一九六〇年代、オランダで活動した極左グループ。「挑発」という意味の単語の略語を組織名とした）たちは「列柱制度」が個人の解放や性的享楽、大衆の反逆をさまたげる抑圧的な制度だとかんがえた。プラグマティックなオランダのエスタブリッシュメントはこれを機会に変身をとげ、青年のなかからあたらしいエリートを選別し、かれらの要求のなかで一番うけいれやすいものを市場経済のなかで実現しながら、自分たちの権力は保持しつづけた。オランダ風プロテスタンティズムに固有の資本主義の精神は「拘束なく享受する」というスローガンをポルノ産業と売春の飛躍的発展、ドラッグ解禁、ゲイ施設の普及によってうみだされた潤沢な商品流通におきかえた。その結果、アムステルダムは世界中のクールな観光客があつまる場所となり、オランダの国際収支におおいに貢献することになった。その一方で、かつての列柱システムにかわって政党は複数の宗派をひとつの党のなかにふくむ多宗派的組織になった。

この頃、西欧の他の豊かな国々のすべてと同様オランダでも移民系住民の定住化という問題がおこっていた。西欧諸国は第二次世界大戦終結後、荒廃した経済を再建するために単純労働力として大量に移民を導入していたのだが、それがとつぜん一九七三年一〇月の第四次中東戦争がもたらしたエネルギー危機による景気後退と経済不況に直面したのである。政府は職をうしなった移民たちを出身国におくりかえすことをのぞんだが、移民たちは左翼政党の支援や人権を尊重するヨーロッパの法律のおかげで旧大陸にとどまることができたばかりか、故郷にのこしてきた家族をよびよせたり、家庭をきずいたりした。そして子供がうまれれば家族の数はふえ、子供たちはヨーロッパの市民権をえることになる。オランダの場合、定住した移民の大半の出身地はトルコとモロッコだった。近隣諸国の場合とおなじように、オランダでも未熟練単純労働者にとって構造的失業の時代がはじまっていたから移民出身者は貧困に直面した。のみならずオランダには（フランスのような）外国人を社会統合させる伝統も（イギリスのように）植民地による宗主国文化の部分的受容という植民地主義的な遺産も存在しなかったので、移民出身者にとってオランダ社会は文化的に不透明な存在としてかんじられるという問題もあった。モロッコもトルコもオランダの植民地支配を経験したことはなかったのである。移民出身者はオランダ語を理解せず、現地の風習も知らなかった。オランダ社会はそうしたひとびとにかつての宗派別「列柱社会」からうけつ いだ分離主義という原理の恩恵（あるいは呪い）をあたえることにより問題に対処しようとした。移民系住民は差異を開花させるよう促され、モスクやコーラン学校の建設には助成金があたえられた。六八年（訳注：フランスの「五月革命」をはじめ世界で青年層を中心とした反体制運動がもりあがった年）の余波で教会や寺院に信者がこなくなり、閉鎖されたものがおおかったから、不要になって安価に入手できる建物がたくさんあった。だからモスクやコーラン学校建設は容易だった。いずれにせよそうした建物はモスクに転用されなければディスコかスーパーになっていただろう。こうして、正式にではないが、イスラームがオランダ社会のあたらしい「柱」としてみとめられるようになった。それは、かつてカトリックやプロテスタント教会がそうしたように、モスクや学校をとおしてよい生活態度をまもらせ、教育によって信者の社会的上昇を実現させると期待された。移民社会でも「民族的」商業や産業をつうじてブルジョワジーが誕生してきたから、そうしたひとびとがモスクや学校を運営していたが、そこでは出身国の言語がおしえられていた。もともとあった「列柱」システムでも信者を代表する高位聖職者が尊重されていたが、その現代版においてもイスラーム系住民の要望にこたえたり、かれらをコントロールするために政府が交渉する相手としてトルコやモロッコ系のイマームや宗教団体の長が優先的にえらばれた。イスラーム系住民は文化的・経済的にめぐまれない状況にあったので、そのメンバーの大半はオランダ風消費社会のこころよいメルティングポットに参加することはできなかった。だからかれらはオランダ社会においていっそう「異質な存在」とかんじられていた。のみならず、トルコやモロッコの国民性は異文化の浸透を排除する傾向がつよかった。そうした傾向はアンカラやラバトの政府がヨーロッパに定住した自国民出身者が移住先国の国籍を取得しないよう圧力をかける政策をとっていたために、いっそうつよくなっていた。

一九八六年からオランダでは政教分離が実施された。その三年前に議会で「列柱システム廃止」が決定されたからである。その結果、モスクやイスラーム協会そのものに助成金を交付することはできなくなったが、社会統合促進を目的とした活動をしていると認定された団体には助成金交付を継続することができた。しかしこの「社会統合」という言葉はオランダではイスラーム系住民の文化的・社会的「遅れ」をとりもどすための共同体主義的な活動と理解されている(119)。つまりオランダ政界の論理においては共同体主義が「社会統合」の優先的な形式となっており、公共秩序が乱されないかぎりそれぞれの社会集団が相互に無関心なまま別個に生活することが当然とされているのである。モロッコ人やトルコ人は出身国にもどって結婚相手をさがし、「生粋の」オランダ人社会とのつながりはかつての「列柱システム」時代のプロテスタントとカトリックのあいだのそれ以上によわい。しかし移民に地方選挙投票権をみとめるなどリベラルな政策をおこなっているためにイスラーム系住民が何百人も市議会選挙で当選しているし、何人かは国政にも参加している。とはいえこうした移民系住民の政治参加だけから判断すると移民社会の社会的・文化的隔離状態をただしく理解することはできない。ハーグ駅についた旅行客はまず街の住民が多様な顔つきをしたひとびとから構成されていることをしめす巨大な写真にむかえられることになる。その写真でイスラーム系住民としてうつっているのは黒いヴェールで完全に顔をおおった女性だけである。まるでオランダ社会がイスラーム系住民としてイメージしているのはそうした女性だけであるかのように。二〇〇六年の時点においてさえ事態はこうであった。伝統的な列柱システムにおいてカトリックやプロテスタントの高位聖職者も利害対立があった場合、国家が最終的な決定機関であると認め、それぞれのコミュニティーの議会代表者に影響力を行使しようとしていた。それにたいして、現在、イマームはオランダ的アイデンティティーにとけこもうとせず、イスラーム的信仰共同体の一員としてみずからを位置づけ、市議会や国会に選出されたイスラーム系の世俗主義的エリートが自分たちの代表者であるとみとめようとはしない。

こんな風にオランダでは自己満足的多文化主義がポリティカリー・コレクトな公式ディスクールの規範となっていたのだが、しかし一九九〇年代になるとそれにたいして疑問の声があがるようになった。すでに一九九一年には右派政治家フリッツ・ボルケンシュタインがイスラーム的規範・慣習はオランダのひらかれた社会と両立可能かという疑問を提示していたのだが、二〇〇〇年一月、左翼知識人パウル・シェーフェルが「多文化主義のドラマ」という論文を発表し、犯罪・失業統計でモロッコ系青年の比率がたかいこと、イスラーム系社会の指導者がリベラルなオランダと対立するような文化的価値を称揚する傾向があることに警鐘をならした(120)。シェーフェルによれば移民統合が社会的・文化的に失敗したのは「列柱システム」の伝統とそれがもたらした分離主義にその原因のおおくがある。厳格主義であれ、サラフィズムであれ、過激主義であれ、イスラームはこれまではマイノリティー社会の秩序を維持するために有用であったが、いまではそれが公的領域に関与するようになり、問題をおこすようになっている。さらに成年にたっしたイスラーム青年たちのなかにはオランダ語を完璧にはなし、オランダ社会に同化するものもいるが、一方でオランダに定着したサラフィスト運動やジハード主義運動に属する過激派イマームに影響された青年もおり、一方が他方から背教者と非難されたり、殺すとおどされたり、さまざまな脅迫をうけたりする。アムステルダムは世界中のゲイに一番人気のあるハネムーンの旅行先だが、モロッコ系狂信者が公道でだきあう同性愛者に暴行をくわえたというニュースもながれた。オランダ社会全体の寛容主義的風潮とイスラーム主義の土壌のうえに形成されたある種の傾向のあいだに対立が存在し、こうしたニュースがながれる度にその対立のふかさが露呈する。こんな状況のなかで二〇〇一年九月一一日のテロがおこり、そのために対立はいっそう深刻化した。対立は三つの事件を中心に結晶化した。三つの事件は部分的に関連性があったのだが、それはオランダに大混乱をおこし、多文化主義にかんするコンセンサスを完全に破壊してしまったのである。三つの事件とはピム・フォルタインの勢力拡大と殺害、テオ・ファン・ゴッホの挑発と殺害、アヤーン・ヒルシ・アリーのスキャンダルと追放である(121)。

オランダにはタブー破壊者という政治的伝統が存在するが、ピム・フォルタインはそれにつらなる人物だった。つまり体制順応的社会の息苦しさを緩和する抗体のような存在だったのである。元極左運動家だったかれは一九六〇年代の「プロヴォ」とおなじように挑発への嗜好をもち、それによって社会民主主義や社会派キリスト教勢力が推進した多文化主義やそのポリティカリー・コレクトな言説にたいして戦いをいどんだ。その結果、極左から極右へ政治的立場を一転させることになる。かれは同性愛者であることを公言していた。オランダの他の陰気な政治家とちがってフォルタインは情熱的な演説をし、地味な色の服やラフな服装が一般的なオランダ人とは対照的に洗練されたエレガントな服装をしていた。かれは複数の不動産開発業者から豊富な資金を提供されて民衆迎合主義的な政党を創設した。オランダの既存体制は厳格主義的イスラームがイスラーム民衆と交渉するための最良の相手とかんがえ、それを保護し優遇していたのだが、かねてからこのオランダ式多文化主義特有の産物を嘲笑していたフォルタインは、かれが常連客だったゲイ・バーをマグリブ系イスラーム狂信者が襲撃した事件以後、イスラームを批判する活発な政治活動を展開するようになった。かれは長々とした演説をすることをこのんだが、ある時、イスラームがおくれた宗教であると批判すると同時に「わかいモロッコ系青年とセックスをしてオーガズムをかんじた」と自慢げにかたった。ここにはたしかに北アフリカ植民地の現地人相手の同性愛という時代おくれな俗悪色彩画をおもわせるものがある。さらにこの数ヶ月後、イラクで米兵看守が異民族間の性的支配を演出し、それをデジタル写真で撮影した事件（アブー・グレイブ）がおこっており、それとの連想がはたらかないこともない。しかしピム・フォルタインはそうしたものをこえて、オランダ社会のなかのイスラーム系住民のアンビヴァレントなあり方を指摘していたのだ。オランダ社会にとってイスラーム系住民は社会の奥深くにまではいりこんだ存在であると同時に、疎遠な集団、二重の意味で疎遠な存在である。というのも「列柱システム」の伝統にしたがってオランダ社会がかれらを「隔離」する一方で、サラフィズムのイマームはかれらにオランダ社会から文化的な影響をうけないよう説いているからである。札つきの挑発者であるフォルタインはその挑発的な言動によって、この二重の拘束のためにイスラーム系住民をめぐる状況には出口がないとかたろうとしていたのではないだろうか。実際、フランスではわかいひとたちのあいだでマグリブ系住民と「生粋の」フランス人が結婚したり同棲したりすることが頻繁におこり、食卓とベッドと子供を共有することで移民がフランス社会にごく自然に統合されていることがわかるが、オランダではそうしたことはまれである。これはイギリスやドイツ、ほとんどの北欧諸国においても同様である。オランダがこうした社会・文化的状況にあることは明白なのに、その事実にひとびとの耳をかたむけさせるためには、挑発という方法をもちいざるをえなかったのだろう。しかしかれの発言は挑発的なひびきのために一般のひとびとには真意が理解されず、結局はイスラーム教徒やイスラームを頭から拒絶する社会の外国人排斥的な傾向を助長する結果となった。「襟をたてて（＝お高くとまり）パンツをさげた」、つまりカルヴァン主義的であると同時に偏見から解放されたオランダの風習とイスラームはあいいれないものとかんがえられたのである。ピム・フォルタインはかれが批判した社会の不条理さとおなじくらい不条理な死をとげた。かれは毛皮を愛好するダンディーでもあったのだが、二〇〇二年五月六日、総選挙の数日前にラジオのスタジオから出るところを精神異常者によって射殺される。犯人は動物愛護運動の運動家でもあった。直後の選挙では「ピム・フォルタイン・グループ」が大勝利をおさめ、政権党の労働党が大敗北を喫する。労働党は故人が痛烈に批判した「ポリティカリー・コレクト」の象徴そのものであった。選挙期間中、オランダはかつてなかったようなぴりぴりとした空気に支配されていた。社会にたいする反逆児フォルタインをたたえ、その主張をくりかえすためのデモや暴動が頻発した。事件の衝撃はふかかった。なんといってもオランダは暴力を排除するために何重もの工夫がなされた社会で、政治的理由で人が殺されたのは三三〇年も前、アレクサンドル・デュマの『黒いチューリップ』でえがかれたデ・ウィット兄弟（ヤンとコルネリス）の殺害にまでさかのぼるのである。しかしこのおどろくべき犯罪は例外的とかんがえられた。フォルタインはやりすぎた。それに犯人はたんなる精神異常者だ。だからこんなことはもう二度とおこらないだろう、とひとびとはかんがえた。だからその二年後、テオ・ファン・ゴッホが殺害されたとき、ひとびとは驚愕し、茫然自失した。

　テオ・ファン・ゴッホとアヤーン・ヒルシ・アリーもフォルタインとおなじような挑発者の系譜に属する人物である。テオ・ファン・ゴッホは近代絵画の苦悩にみちた巨匠の甥の孫にあたるのだが、フォルタインがダンディーですらりとした体型をたもち、上品な物腰を心がけていたのとは対照的にテオは粗野な風采で、卑猥な言動をくりかえし、そのうえ肥満体であった。かれは下品な表現でオランダのユダヤ人ロビーにたいする攻撃をくりかえし、何度も裁判沙汰になっていたが、その都度、表現の自由を主張してなんとかきりぬけてきた。そのテオが、フォルタインの死後、空白となった実りおおい攻撃拠点をしめるべく、イスラームを標的とするようになったのである。一方、アヤーン・ヒルシ・アリーは別のタイプの人物である。親が強制した結婚からのがれるためにソマリアからオランダに逃げてきたアヤーンは最初はイスラーム主義の活動家だったが、その後、無神論者になり、わかいイスラーム系女性として宗教的ドグマティズムや部族社会の慣習（たとえば彼女自身もうけた性器切除など）にたいする戦いをつづけていた。彼女はその知性と美貌により注目されるようになり、社会民主党の国会議員に選出されたが、その後、右傾化し、自由党に合流して、かつての仲間たちが差異や文化的アイデンティティー尊重を理由にイスラーム主義活動家に恥ずべき妥協をおこなっていると批判した。彼女のイスラーム批判は一部のイマームやおおくの信者の怒りをかい、彼女は殺害の脅迫を何度もうけることになった。まるでヨーロッパの国に生きていても、イスラーム系住民ならばすべて「イスラームの家《ダール・アル＝イスラーム》」の一員であり、イスラーム法の定めに従属しているかのように一部のイスラーム教徒は背教者アヤーンをオランダ国会議員であるにもかかわらず、そしてまたたとえオランダ国内であっても殺害することに決めた。だからアヤーンはかつての同宗者を恐れて護衛をつけ、防弾装備をほどこした車で移動することを余儀なくされた。彼女のこのような宗教にたいするはげしい攻撃が挑発的で、彼女の苦境も自業自得だとかんがえる人もいた。しかしそうしたひとびとにたいして彼女はこうこたえていた――多文化主義とその派生物である共同体主義的隔壁をめぐって保守的なひとびとのあいだにコンセンサスがあるが、そうした重苦しい現状を打破するためには今のオランダの公的議論の場において挑発的言動をくりかえす以外、方法がない、と。アヤーン・ヒルシ・アリーは反動的なイマームに洗脳されたイスラーム大衆にたいして解放の道をさししめそうとしたのだが、しかし彼女のこうした態度は自分たちがまわりから攻撃されているというイスラーム教徒たちの被害者意識をつよめる結果になった。そのためにアヤーンの期待した効果がうまれなかったばかりか、それとは正反対な結果をもたらした。アヤーンの誠実さに疑いをさしはさむ余地はない。しかし自由党は彼女の発言がある種の政治的効果をもつことを期待していたとかんがえてもよいだろう。つまり社会民主党の放任政策がイスラーム主義を助長する結果となっており、自由党はそれに敢然とたちむかっているのだと党の姿勢をブルジョワ的な生粋オランダ人にアピールしようとしたのではないだろうか。後でふれるように、オランダ保守政治家はヒルシ・アリーが役にたつあいだは彼女を絶讃していたが、問題がおこると彼女をみすて、国籍を剥奪した。こうして彼女はあらたな亡命を余儀なくされるのである。

わかくして国会議員となったヒルシ・アリーはテオ・ファン・ゴッホと共同で十一分の短編映画をつくり、彼女がそのシナリオを書いた。映画は『サブミッション』と名づけられたが、これは「(アッラーの意志への)従順」を意味する「イスラーム」という単語の英語訳だった。イスラーム法にもとづく女性抑圧を糾弾したこの映画は顔をヴェールでおおい、透明なブルカを身にまとった女性をうつしだしていた。ブルカからは裸の肉体がすけてみえ、そのうえにアラビア語でコーランの章句が映写されていた(122)。殴打でふくれあがっていたり、鞭の傷跡がついた体が全面にうつしだされるなか、画面外の声が強制結婚や家庭内暴力などを批判する。映画はコーランの第一章の朗読ではじまり、アッラーへの祈りでおわる。ソフト・ポルノ風の映像と政治的スローガンをないまぜにしたこの映画は作品として傑作とは言い難いが、二〇〇四年八月にオランダのテレビで放映され、それをきっかけに作者は殺害の脅迫をうけるようになった。そして一一月二日、脅迫を気にかけなかったテオ・ファン・ゴッホはアムステルダムで昼日中、自転車にのって移動している途中、二七歳のモロッコ系青年ムハンマド・ブーヤリーに銃撃された。命乞いをするファン・ゴッホの首を斬ってとどめをさした後、殺人犯は胴に短剣をつきたて、そこにアヤーン・ヒルシ・アリーにあてた五枚の紙をつきさした。それはパソコンのプリンターで印刷した文書で、オランダ語でつづられていたが、コーランのアラビア語による引用もまざっていた。文書は女性議員が背教の罪をおかし、ユダヤ人に従属していると批判していた(123)。聖書の引用を論拠にしてユダヤ人が世界を支配していると主張していたが、これはイスラーム主義の常套句に他ならなかった。きちんとしたオランダ語で書かれたこの文書は筆者の教養のたかさをしめすものだったが、そこにはまた叙情的な要素もふくまれていた。ブーヤリーは「親愛なるアヤーン・ヒルシ・アリー嬢」とよびかけ、彼女を殺すとおどしながら、その相手にたいして恋愛感情に似たようなものをもっていることをかいまみさせるのである。通常、ジハード主義者の文書は非個人的で型にはまったスタイルで書かれていることをかんがえると、これはまったく異例なことである。ブーヤリーはアラビア語で書かれたみじかい遺書を所持していた。「血にまみれて」と題されたその遺書で、かれは犯行後、警察と銃撃戦をおこなって死ぬことを予期し、自分の行為を正当化し、殉教者の隊列にくわわるという期待を表明していた。ここでも文体は非常に個人的なので、著者は自分の行為をひとりで決意し実行したとかんがえることが妥当であるようにおもえる。実際、かれは後に法廷でそのように証言している。裁判の結果、ブーヤリーは二〇〇五年七月、無期禁固刑に処せられる。事件がおこったその夜から、オランダ人によるモスクやコーラン学校の放火事件がおこった。それまで四十年にもわたってオランダはイスラーム社会を多文化主義の障壁のなかにとじこめて無関心をきめこんでいたのだが、とつぜんイスラーム民衆全体が犯罪集団であるかのようにみなされ、かれらにたいする怒りを爆発させたのである。オランダ社会では移民の個人的統合が社会が総力をあげて実現すべき目標とかんがえられたことはこれまで決してなかった。オランダ国内のイスラーム社会はオランダ人にとって実態のよくわからない集団でありつづけていたのである。あわてふためいて文明間の戦争等という言葉を口にした大臣もいたくらいだが、対応をせまられた政府は監視下にあったジハード主義グループの逮捕にふみきった。メンバーの一部は（なかにはイスラームに改宗したアメリカ黒人学生もいた）警察に手榴弾をなげて抵抗した。「ホフスタッド・グループ」とよばれた一三名の人間（その大部分はモロッコ系）が裁判にかけられた。なかにはブーヤリーと接触があったもの、二〇〇三年五月のカサブランカ・テロ事件や二〇〇四年三月のマドリード・テロ事件の容疑者とつながりがあったものもいた。さらにアフガニスタン・パキスタンのジハード経験者と関係があったものもいた。二〇〇二年一月、モロッコ系オランダ人が二人、カシュミールで殺害されている(124)。これはイギリスより数は圧倒的にすくないものの、オランダからジハードの前線へむけて人のながれが存在することをしめしていた。アブー・ムスアブ・スーリーとつながる線さえ見いだすことができた。しかし最終的に、二〇〇六年三月、裁判は警察を攻撃したり、武器を所持していたものにたいしてきわめて厳しい刑を宣告したが(125)、テオ・ファン・ゴッホ殺害が組織的な計画の産物であったと立証されることはなかった。この事件は結局、スーリーの見解を裏づける結果になった。スーリーはこんな戦略を構想していたのだ、――小グループや個人がジハード主義のネットや説教師によって教育された後、自律的に行動し市民社会のなかの目立つ人物を標的にし、それによって反イスラーム的反応をひきおこし、さらにそれが武装ジハードや「国際的イスラーム抵抗運動」への参加志願者をふやす結果になる……。オランダにはイスラーム系住民が一〇〇万人ほど存在し、これは総人口のほぼ八パーセントに相当するが、以前の自己満足的多文化主義の後、社会全体に不安がひろがり、これまでの意図的な無知が対立の論理にとってかわり、イスラームの拡大を阻止するとか、コーランを禁止するなどというスローガンをかかげた政党が選挙で勝利するようになる。アムステルダム、ロッテルダム、ハーグなどの大都市では、オランダ人は可能なら都心をはなれ、郊外の住宅地に転居するようになった。その結果、都心には移民出身の貧困層だけがのこることになる。オランダのジャーナリズムは二〇一〇年代には国の三大都市ではイスラーム教徒が多数派になるだろうと予言している。元欧州委員会委員フリッツ・ボルケンンシュタインは二〇〇五年一一月、市長を直接普通選挙で選出することに反対だと宣言した。そんなことになればアムステルダムですぐさまイスラーム教徒が市長に選出される恐れがあるためだった(126)。パニックめいた状況のなかでとつぜんナショナル・アイデンティティーの問題が提起されるようになった。伝統的な隔壁社会が多文化主義的な社会を実現するというのんきな期待がうちくだかれ、社会がバルカン化するのではないかという恐れをひとびとがもつようになったのである。

こうした状況はオランダ社会と移民系市民・住民の双方に共通の価値観を共有させることをめざす統合政策を実施するには不都合だった。そうした政策を実施するためには社会自体が努力し、社会的流動性を確保することが必要だからである。だからオランダ政府はそのかわりに移民制限と警察による取り締まり強化という措置を選択した。それは現状に不安をいだく移り気な有権者を安心させ、票を獲得するためであった。この政策転換の恰好の餌食となったのが……アヤーン・ヒルシ・アリーであった。彼女は二〇〇六年春にテレビで放映された『聖アヤーン』というタイトルのドキュメンタリー番組で批判をうけた(127)。その番組は彼女が一九九二年、オランダに政治亡命をもとめた際、虚偽の姓と生年月日を申告したことを暴露したのである。その結果、アヤーンは自由党の同僚議員で当時内務大臣だったリタ・フェルドンクにより国籍を剥奪された。フェルドンクはもと刑務所所長で、首相の座をねらっていたのだが、ヒルシ・アリーの挑発的な言動、さらにはその存在そのものがオランダの安寧をかきみだしているとかんがえ、彼女をスケープゴートにすることによって混乱した秩序を回復しようとしたのである。実際、若き代議士ヒルシ・アリーが治安上の不安をかんじた隣人の要請で裁判所が発した執行命令によって転居することを余儀なくされるという事件もおこっていた。かつてオランダの政教分離原則の旗印となっていたヒルシ・アリーは、今やそのオランダの国籍を剥奪され、住まいからも追いたてられることになったのだが、それは現地のイスラーム協会を満足させただけではなく、近所の不動産所有者・住民にも安堵の念をいだかせたのである。これはオランダ政治における障壁の論理の抵抗力の強さをしめすと同時に、注目すべき文化的盲目さの証でもある。挑発者を追放することによって挑発の原因そのものを消滅させることができると期待したのだ。一九六〇年代のプロヴォがしめしたように、社会システムにたいする不安やその機能不全は挑発という行為によってしか指摘することができないのだけれど、そうした点にかんする根本的な問いかけ自体が黙殺されてしまったのである。

　アヤーン・ヒルシ・アリーを排除するというオランダ政府の決定は国際的なスキャンダルとなり、非難が殺到したために、政府はそれを撤回し、彼女の国籍を回復した。しかし美しきソマリア女性（アヤーン）は国会議員を辞職し、オランダをはなれてワシントンに行き、新保守主義者《ネオコン》の数あるシンクタンクの旗艦ともいうべきアメリカン・エンタープライズ・インスティテュートのメンバーとなる。彼女はそこに一年間とどまることになるのだが、その間、オランダのテレビでは彼女の笑顔が見られなくなる。そのかわりをつとめたのが魅力的なターリク・ラマダーンである。ラマダーンはロッテルダム市によってエラスムス大学に招聘され、その客員教授となっていた。オランダ当局はかれにテレビ視聴者を魅惑し、イスラーム的雄弁の魔術を発揮してジハードによってひきさかれた社会的絆のほころびをつくろうよう依頼したのである。二〇〇七年一月、現代イスラーム主義運動創始者ハサン・バンナーの孫にして継承者たるラマダーンは一六世紀ユマニスムの大思想家の名前を冠した大学内にもうけられた講座に二年契約で就任した。エラスムスは思想にたいする教会の圧力への抵抗のシンボルそのものであり、ヨーロッパ・ルネサンスの批判精神の開花と知的大躍進を代表する人物であったにもかかわらず……。ロンドンの多文化主義的エスタブリッシュメントが二〇〇五年七月七日のテロ事件の後、イギリスの共同体主義を救済するためにラマダーンの助力をもとめたのとおなじように（しかしその成果はあがらず、かれは二〇〇七年六月にイギリスにたいする反感を表明することになる）、オランダのエスタブリッシュメントの一部はテオ・ファン・ゴッホ殺害と国内の民族対立激化の後、かれに救助をもとめたのである。「アイデンティティーと市民権」という名称の講座に就任したラマダーンはオランダの名だたる学者たちとならんで教育活動をおこなうだけでなく、公開討論会を主宰する仕事もまかされた。こうしてかれは大学とオランダ政府の両方から制度的な支援をうけてヨーロッパにおけるイスラームのあるべき姿についての自説を開陳する機会をえた。しかしオランダのパラドクスはそれだけにとどまらない。多文化主義のネットワークに属するひとびとがターリク・ラマダーンを支援したのは当然だし、予想できることでもある。しかし大臣のリタ・フェルドンク――アヤーン・ヒルシ・アリーを追放し、国籍を剥奪した当人――もまたラマダーン支援者にくわわったのである。こうしてラマダーンはオランダ政界のなかば公的な対話相手という地位を獲得し、テオ・ファン・ゴッホ殺害以後、衣がえした「列柱制度」のイスラーム共同体の実質的リーダーとなった。アヤーン・ヒルシ・アリーが彼女なりの挑発的なやり方で提起した面倒な問題はとおざけられ、「マイノリティーのイスラーム法学《フィクフ》」という旗印のもと、伝統的な列柱制度の化粧なおしによる再建がおこなわれた。「マイノリティーのイスラーム法学」という考え方は、西洋に居住するイスラーム教徒にシャリーア（すなわちイスラームの聖典からひきだされる法）にしたがうよう促すものである。そして、もしイスラーム共同体の永続性がおびやかされることがあれば、西洋諸国で施行されている実定法と対立することもいとわない。この「マイノリティーのイスラーム法学」という考え方はムスリム同胞団系の運動、とくに「ワサティーヤ」つまり（急進的ジハード主義と世俗主義の中間の）中道路線を主張するグループ――シャイフ・カラダーウィーがその大立者で、ターリク・ラマダーンはそのもっとも著名な代表者のひとりである――のなかでねりあげられたもので、西洋在住のイスラーム系住民をドグマの掟によって規制された共同体に組織し、そのなかで一体性をもったものにつくりあげることを目的としている。それはヨーロッパ社会との力関係におうじて必要な妥協はおこなうことを推奨する。そうすれば最終的には、かつてのコンスタンティノープルやビザンチン帝国のように、ローマは征服され、ヨーロッパはイスラーム化されるであろう。シャイフ・カラダーウィーは実際にこのような期待を表明している。こうした意味で、ターリク・ラマダーンの構想は、最終目的はことなるにしても、すくなくともその方法においては、オランダやイギリスの多文化主義の考え方とうまく合致する。つまり両者ともイスラーム系住民を閉鎖的な共同体として組織しようとしている。そうした共同体はシャリーアと実定法という二重の歯車をもちいて公共秩序と社会平和を維持するとかんがえられているのである。しかしこうしたあいまいな状況をつづけているとオランダ社会にムハンマド・ブーヤリーがうみだされた状況がふたたびもたらされることになるのではないかと自問する必要があるだろう。

「デンマーク王国で……」

オランダではイスラーム主義テロリズムと多文化主義の破綻がないまぜになって社会不安がひろがっていたのだが、オランダはそうした不安を挑発という伝統的な手法によって表現していた。それは冷静沈着に対処すればロンドニスタンとヨークシャーの労働者街を分離できると信じたイギリス当局の態度と対照的だったが、しかし両者ともおなじような袋小路におちいってしまった。どちらのケースにおいても、多文化主義的な社会組織がほころびはじめると共同体主義の緯糸があらわになり、最終的には地元住民とイスラーム系住民がそれぞれ別個の道を歩んでいくということになった。イスラーム系住民は厳格主義的あるいはサラフィスト的宗教指導者の善導のもとにおかれたが、そうした宗教的指導者は信者が受入社会に文化的に統合されることをめざそうとしない。自分たちの影響力をそぐ結果になるからである。こんなふうに社会統合の必要性をかんがえることを拒否し、差異の表明より国民全員が利害を共有することを優先させることをおこたったために、イギリスでもオランダでも、ひとたび多文化主義が挫折すると支配的な政治的ディスクールが一挙に新保守主義的《ネオコン》《大きな物語》の方にふれてしまった。テロをヨーロッパの社会混乱や国際関係を解釈するための鍵にし、そしてイスラームをテロの元凶とし、世界にたいする西洋のヘゲモニーをおびやかす脅威とする――このような考え方がイスラーム文明にたいする民衆の敵意をあおった。過激主義がイスラームの政治的表現を独占したために、イスラーム全体が過激主義と同一視されてしまった。こうした状況のなかでオランダにちかい小国ながら豊かなデンマークで「預言者ムハンマドのカリカチュア事件」が勃発したのである。この騒動は数ヶ月で世界中に波及してしまった。イスラーム系諸国の指導者もかねてからイスラーム過激派から攻撃をうけていたのだが、この事件にかんしてはイスラーム嫌悪感情に対抗すると称して過激派に同調し、それによって《ジハードと殉教》という《大きな物語》を無力化し、それを自分たちでコントロールしようとした。しかし最終的にこの事件で一番利益をえたのはアフマディネジャードのイランであった。こうしてスンナ派の国々や運動は事件から手をひかざるをえなくなった。これにたいして、《対テロ戦争》という《大きな物語》論者はこの機会を利用して表現の自由の擁護者を自分たちの陣営にとりこもうとした。狂信的なイスラーム主義に対抗すべくジョージ・ブッシュとシャルリー・エブド（訳注：フランスの左翼系風刺新聞）を結集した同盟軍を形成しようとしたのである。カリカチュアという表象芸術、民衆的風刺芸術は作者と読み手のあいだに片言隻語で理解しあうような文化的共犯関係が成立していることを前提としているが、これが預言者ムハンマドにかかわる禁忌・タブーの複雑なシステムとぶつかってしまった。カリカチュアは映像のながれのグローバリゼーションのためにかぎられた読者層と暗黙のうちに理解しあうといったかたちで消費されるだけではすまず、世界中にながれてその意味を誤解された。その誤解をさまざまな政治的アクターが自分の利益のために増幅していった。事件が紛糾したのはとりわけデンマーク社会内部でサラフィストのイマームと政治的エスタブリッシュメントのあいだに緊張関係があったためである。サラフィストのイマームたちはイスラーム民衆の一部のあいだにたかまっていた不満を利用して支持をえることに成功していたし、政治的エスタブリッシュメントは極右政党デンマーク人民党の支持をうけた与党連合に妥協せざるをえなかった。この両者の葛藤が対立の火に油をそそぐ結果をもたらした。おおくの政府有力者がデンマーク社会が「多民族的」な方向に変化していくことを一切拒否するという宣言をくりかえした。かれらはそれが国民的アイデンティティーと国の繁栄にとっておおきな脅威になると主張した。デンマークには五四〇万人の住民がおり、そのうちおよそ四五万人（全体の八・四パーセント）が「移民ないしはその子孫」、そのなかで「イスラーム系」の数は二〇万人ほどと推定されていた(128)。他の北欧諸国やオランダとおなじようにデンマークもひじょうにゆきとどいた福祉国家をつくりあげていた。しかしプロテスタントとカトリックの共存のためのルールが「列柱社会」の原則となり、そこから多文化主義がうまれたオランダとはことなって、デンマークではルター派のプロテスタント教会がほとんど絶対的といってもいいくらい支配的だったので、単一的なつよい国民的アイデンティティーの形成がうながされ、それが世俗化がおこった後にも継続された。のみならずこうした傾向はデンマークの近代史によって強化されさえした。デンマークはヴァイキングの時代以来、何世紀にもわたってアイスランド、スカンディナヴィア、ドイツ、さらにはイギリスにまで支配権をおよぼしてきたのだが、領土はじょじょに縮小し、ついにはユトランド半島と、バルト海と北海をわかつ島々にまでせばまってしまった（グリーンランドとフェロー諸島をのぞく）。こうした国土の縮小がもたらす実存的不安をつぐなったのが、福祉国家というイデオロギーや国民の相互扶助という概念にもとづく非常に強力な社会的連帯感であった。デンマーク政府は二〇〇一年まで社会民主党が政権をになっていたが、ヨーロッパの他の豊かな国々同様、第二次大戦後の数十年間、移民労働力導入を推進していた（とくにトルコとパキスタン）。その後も、スカンディナヴィアの他の国々とおなじように難民保護を手厚くおこなっていたから、中東の危機や悲劇をのがれてきた多数の難民、とくにパレスチナ人、レバノン人、イラク人、イラン人、エジプト人、ソマリア人、アフガニスタン人がデンマークにひきよせられるようにやってきた。一九九〇年代中頃、エジプトのイスラーム団の亡命指導者の中心人物のひとりで、ザワーヒリーともちかいタルアト・ファアード・カースィムはコペンハーゲンを根拠地にして活動していた。かれはそこで何人かのイマームとコンタクトをとっていたが、そうしたイマームたちが一〇年後、カリカチュア事件で中心的な役割をはたすことになる。その前にもエジプトの盲目のシャイフでイスラーム団の団長ウマル・アブドゥッラフマーンが一九九三年、ワールド・トレード・センターにたいする最初のテロ未遂でアメリカで終身刑になる前にはデンマークをヨーロッパでの活動の中継点にしていた。九〇年代、難民が殺到し、そのおおくが生活資金を公的機関から援助され、難民受入機関が満杯になり、大都市周辺の一部の地区でゲットーが誕生するようになった。それにたいして国民のなかには福祉国家維持のために支払っている税金が失業率がきわめてたかい移民系住民や難民(129)によって横取りされているとかんじて、敵対的な反応をしめすようになるものもでてきた。オランダやイギリスでは多文化主義の論理にもとづいてマイノリティーの独自な存在がみとめられ、それにたいして隔離された空間をあたえるということがおこなわれてきたのだが、それとは正反対に国民の数もすくなく単一民族的であるデンマークでは新規移民を受入社会に融合させる同化政策がすすめられていた。人口が一〇倍もあり、世界中からやってきたひとびとによって構成されたフランスのような何世紀にもおよぶ普遍主義的統合政策の伝統をもたなかったからである。ヨーロッパでもっとも豊かであると同時に人口もすくない国のひとつデンマークにおけるこのような社会的な不安や国民的アイデンティティーにたいする危機感はナショナリストで外国人排斥的な要求のたかまりとしてあらわれた。その結果、政権をになっていた社会民主党は難民受け入れを制限する方向に法を改正し、出身国からの家族や配偶者のよびよせをより難しくし、生活保護費を抑制するなどの政策をはじめた。こうした政策のために、デンマーク政府はヨーロッパ連合のさまざまなシンク・タンクやジャーナリズムから外国人排斥的であるという批判をうけた(130)。一部の社会民主党リーダーたちはさらにイスラーム系民衆の存在に焦点をあわせ、かれらが固有の「価値観」を信奉しているために、デンマーク的アイデンティティーとは相いれない異質な存在でありつづけているという発言をくりかえすようになった。以前から「エスニック・マイノリティー」出身青年は警官から執拗に職務質問をうけることに不満をいだいていたが、こうした政治家の暴走気味の発言のために議員・協会指導者など体制内で活動してきたイスラーム系エリートの努力が困難になり、逆にイスラーム主義のイマームが仕事をしやすくなった。かれらはイスラーム系青年たちがうけている差別を逆手にとって、それを文化的孤立とイスラーム信者共同体への結集の旗印にしたのである。状況は九・一一テロ事件でいっそう悪化したが、そうした雰囲気のなか二〇〇一年一一月に総選挙がおこなわれ、保守連合が政権についた。かれらは外国人にたいする法規制と警察のテロ取り締まり権限を強化した。また極右政党のデンマーク人民党が躍進をとげ、議席の一三パーセントをしめることになり、国籍取得や家族よびよせにかんする法をきびしくし、ヨーロッパでもっとも制限的なものとした。マドリードの列車テロや、とりわけ隣国オランダのテオ・ファン・ゴッホ殺人事件は国民に衝撃をあたえた。預言者ムハンマドのカリカチュア発表の直前、デンマーク世論とイスラーム系青年の対立感情は最高潮にたっしていた。デンマーク世論の大半は「イスラーム系住民」をひとかたまりにしてとらえ、集団強制猥褻、麻薬密売、難民保護悪用、宗教的狂信主義などがまざりあったおぞましいイメージをもっていた。一方、イスラーム系青年たちのおおくは自分たちが社会からのけ者にされ、不当に批判されているとかんじていた。極右政党のある女性リーダーはかれらが「ガン」であり、その「転移」を阻止すると公言さえしていた(131)。こうした状況のなか、デンマークの高級紙のなかで一番読まれている中道右派系日刊紙ユランス・ポステンが預言者ムハンマドの一二枚のカリカチュアを発表し、それをきっかけにしてムスリム同胞団やサラフィズム系のイマームの小グループが世界的事件をひきおこすことに成功したのである。

事件から時間がたった現在、事実経過はかなりあきらかになっている。しかし事件のひろがりを理解するためには《テロ》と《ジハード》というふたつの《大きな物語》にこの事件がどんな矛盾する材料を提供したのかという点を分析しなければならない。このふたつの《大きな物語》のそれぞれは事件を利用して自分たちの大義の支持者たちを最大限に動員しようとした。そのためにローカルな一事件を地球規模の文明の衝突のひとつのあらわれのように吹聴したのである。事件の発端はある作家が預言者ムハンマドについて少年むけの本を書いたけれど、その挿絵をかく画家をみつけられなかったことだった(132)。テオ・ファン・ゴッホ殺人の直後だったから、かれは「イスラームの蒙昧主義」を前にしてヨーロッパの言論界が自己検閲をするようになっているのではないかと自問した。それがユランス・ポステン紙の文化欄担当編集長につたわり、その推測がただしいかどうか確かめるために預言者ムハンマドをえがいたデッサンをデンマークの風刺画家協会所属の四〇名の風刺画家に依頼した。これに一二人の画家が応じ、こうして二〇〇五年九月三〇日、かれらの作品が新聞の別刷り文化欄に掲載された。カリカチュアのなかには格別、毒もないものもあったが、預言者を四年前から報道されつづけているテロの煽動者とするものもあった。一番よく知られているのは預言者に爆弾の形をしたターバンをつけてえがいたものである。爆弾は今にも爆発しそうだが、デッサンにはさらに「アッラーの他に神はなく、ムハンマドはその預言者である」というイスラームの信仰告白の言葉がそえられている。また別のカリカチュアは預言者が自爆テロ犯にたいして「やめろ！処女の数がたりない！」と叫んでいる姿をえがいている。映画『サブミッション』で鞭でうたれた傷跡のある女性の裸身にコーランの文章を映写したのと同工異曲のこうしたカリカチュアは挑発によって暴力とテロと宗教の基礎との関係について問題提起することをめざしていたのだ。オランダではその挑発の題材が聖典であり、デンマークではイスラーム的美徳のすべてを体現するとされた預言者だったのである。

デンマークのカリカチュアは、傑作とはよびがたいとはいえ、こうした芸術ジャンル特有のやり方である特徴を誇大化し、西洋のひとびとが自問するひとつの現実的な問題を強調している。すなわち、市民や無実の第三者が殺害され、自分たちとは無関係な紛争の人質にとられているような状況がつづいているが、それは教義としてのイスラームに起因するのだろうか、という疑問である。ザワーヒリーやスーリー、その一党によれば、無実な市民など存在しない。イスラームは戦闘員と非戦闘員を区別するだけである。そして西洋諸国の納税者はすべて（外国人居住者も例外ではない）税金を支払っているという事実によってシオニズム＝十字軍連合の戦闘員である。すべての市民は有権者として、イラクやアフガニスタン、パレスチナ、カシュミールなどに侵攻した自分の国の軍隊の共犯者なのだ。アメリカやイスラエルさらにはインドと経済的・外交的関係をもっていればそれは同盟関係・共犯関係である。西洋でおこなわれたテロのために子供など「法的に無実」である者が殺されるケースがまれにあるが、それは付随的損害の犠牲者であり、ジハード主義者はそれにいっさいの責任をおわない。こうした議論の論拠とするためにザワーヒリーやスーリーはコーランの節やさまざまな種類の預言者の言動にかんする伝承を字義どおりに解釈する。預言者の言動の伝承といってもなかには真正と一般的にみとめられているものもあれば、さほど信頼性があるとかんがえられていないものもあるが、そうしたものをごたまぜにして利用するのである。こうした解釈にたいして、穏健派イスラーム（かれらがこうよばれるのは、過激派がメディアの話題を独占した結果、それが規準となってしまったからにすぎない）はこれらのおなじ聖典をアレゴリックに解釈し、それを別のコンテクストにおきなおして、現代社会にそのまま適用することを拒絶する。かれらは預言者やコーランを盾にとって無辜の人間の殺戮を正当化しようとするひとびとを糾弾し、そうしたひとたちがイスラームの代表とみなされることを拒否する。しかし現代イスラーム社会はパレスチナにおけるイスラエルの政策やイラクにおける英米の行動にはげしい怨念をいだき、イスラエル・英米への抵抗運動・思想にはひろい支持があつまっているから、かれらもそれを考慮にいれざるをえない。こうしてかれらは中間的な立場をとらざるをえなくなり、ジハード主義者を批判しすぎてイスラーム教徒の怨嗟の的となっている西洋の言いなりになっているような印象をあたえないよう気をつけなければならない。実際、シャイフ・カラダーウィーのような説教師はそうした微妙な空間に位置をしめ、コーランの節を根拠にしてイスラエルやイラクにおける「殉教作戦」は抵抗運動であるから「正しいテロ」であるとそれを正当化する。しかしなにが「正しいテロ」かという定義はひとによって変化する。だから他の説教師やイマームやイスラーム法学者がそれを拡大解釈して、アメリカやヨーロッパでのテロやさらにはイスラームの地において背教者・異端者と批判されたイスラーム教徒にたいするテロまで正しいテロとし、そうした自分の見解をインターネットをつかって世界中に発信する。

こうした状況のなかでデンマークの預言者カリカチュアが発表された。テロの問題にたいしてイスラームを代表する（あるいはそう自称する）ひとたちの発言はあいまいでまちまちだったから、ヨーロッパのひとびとはそれに困惑し、疑問をもつようになっていた。カリカチュアはそうした疑問の声にこたえる形で発表されたのだが、しかしそれがイスラーム社会に理解されることはほとんどなく、「穏健なイスラーム教徒」さえそれに耳をかたむけようとはしなかった。というのもカリカチュアはイスラーム一般と「過激派」の主張を同一視してしまっているようにみえたからである。それだけではない。カリカチュアのためにイスラーム民衆はヨーロッパ・西洋が預言者を侮辱し、聖典を冒涜しているとかんじ、その反動で民衆が過激派を支持するようになる恐れさえあった。西洋と同盟をむすんでいるイスラーム系国家の指導者も事件のために微妙な立場におかれた。かれらは反政府派のイスラーム主義者がカリカチュアへの抗議運動を主導し、それが反政府暴動に発展することを恐れた。そのために抗議運動を支持したり、さらにはそれを先導したりすることを余儀なくされた。こうした戦略はスンナ派の世界ではうまくいった。アル＝カーイダもその同調者もカリカチュアへの抗議運動を自分たちのために利用することに成功しなかった。ザワーヒリーが当時発表された声明でこの問題をあまりとりあげなかったことはその証であろう。それにたいしてイランは核問題で西洋との緊張がたかまっていたこの時期、西洋にたいする「イスラーム大衆の怒り」をうまく方向づければ利益をえられるとかんがえた。こうしてアフマディネジャードはデンマークの「風刺画」に対抗してショアーをテーマにしたカリカチュアのコンクールを開催した(133)。かつてホメイニーは一九八九年二月一五日、『悪魔の詩』の出版に際してサルマン・ラシュディーに死刑を宣告するファトワーをだした。アフマディネジャードはその顰みにならって、はずかしめられ、自尊心を傷つけられたイスラーム信者共同体のためにたたかうヒーロー役をかってでたのである。

ユランス・ポステン紙はデンマークのサラフィスト系イマームに評判が悪かった。オーフスの貧困地域にあるモスクで過激な内容の説教がされていることを報道し、それを翻訳・発表していたからである。さらに新聞は、説教をしたイマームはトリポリ出身のスンナ派レバノン人で、子供が重病にかかっていたためにデンマークの社会医療保険の費用で治療がうけられるように人道的理由により居住がみとめられた人物だったこと、そしてイマームがこうした恩恵をうけているにもかかわらず、金曜日の説教で西洋やデンマークをはげしく批判しつづけていたということもあきらかにした。こうしたいきさつもあって「預言者ムハンマド擁護」委員会が敵対的な雰囲気のなかで急遽結成され、カリカチュア発表はイスラームにたいする意図的な侮辱であると批判した。委員会はデモを組織し、数千人の人間があつまった。ただしデンマークには二〇万人のイスラーム教徒が在住すると推定されていることをかんがえると、これは中規模のデモであった。委員会のリーダーは三人のイマームだった。まず、先ほどのオーフスのレバノン人ラーイド・フライヘル。かれは「マディーナ・イスラーム大学卒業生」という名前でいろいろな声明を発表していた。（マディーナ・イスラーム大学はサラフィストとムスリム同胞団が運営している。）第二は数ヶ月前にデンマーク国籍を取得していたやはりレバノン出身のイマーム、そして三番目の人物がこの委員会の中心人物アフマド・アブー・ラバンであった。かれの名前はアラビア語で「チーズ製造人」という意味だが、「名は体を表す」というとおり、酪農国デンマークでイスラーム主義の怒りを醸成する役割をになうのにふさわしい名前だった。かれはパレスチナ人でイスラエルが建国される二年前にうまれ、エジプトでそだち、エジプトで化学技術者の勉強をし、ムスリム同胞団に出入りしていた。政治・宗教運動家としての活動と技術者としての仕事を両立させながら、その二重の才能をエジプトやアラブ首長国連邦で発揮していた。しかしあまり熱心に布教活動をしたためにエジプトでもアラブ首長国連邦でも嫌疑をうけ、国外追放となってしまった。一九八四年、イスラームに改宗したあるデンマーク人のおかげで、かれは中東諸国から迫害をうけた政治亡命者としてデンマークにうけいれられた。コペンハーゲンにはロンドニスタンのミニチュア版のようなものをつくっていたイスラーム主義者のグループがいたが、かれはこのグループに合流する。まだインターネットが普及する前だったこの時期、亡命中のエジプト・イスラーム団の機関誌ムジャーヒドゥーン誌はアブー・ラバンのモスクが発行所となっていた。アブー・ラバンはイスラーム団のリーダー、盲目のシャイフ、アブドゥッラフマーンを自分のモスクに招待したこともあった。社会緊張がたかまった一九九〇年代、マグリブ・中東出身の非行青年や生活保護をうけて生活する亡命イスラーム主義者にたいしてジャーナリズムや一部政治家からはげしい非難が集中するようになった。しかしアブー・ラバンは政府から特別あつかいをうけつづけた。二〇〇四年、かれはデンマーク情報局がひらいたイスラーム過激主義にたいする戦いをテーマにした公開討論会で基調講演をおこなった。六〇代の物腰のやわらかなこの人物はそこで調停者、「原理主義にたいする防波堤」、警察と問題グループの不可欠な仲介者の役割を演じたのである。カリカチュア事件がおこったとき、ユランス・ポステン紙への抗議運動の第一線にたったかれはコペンハーゲンのエジプト大使に接触した。エジプト大使はイスラーム諸国の大使たちの代表としてデンマーク首相に抗議するために会見をもうしいれたが、出版の自由に政府は介入しないという理由で申し出は拒絶された。中東やパキスタンのイスラーム主義グループのあいだで怒りの反応があらわれはじめたので、大使はイマーム代表団がカイロを訪問するのに便宜をはかった。アブー・ラバンは過激派組織との関連がうたがわれていたために相かわらずエジプトから国外追放の処置をうけていたから、この代表団には参加しなかった。代表団をひきいたのは同僚のフライヘルだった。エジプト情報機関はデンマーク情報機関よりも誰が危険人物なのか、よく知っていたのである。しかしアブー・ラバンは「預言者ムハンマド救出――アッラーの祝福と救いがかれのうえにありますように」という四三ページのカラー印刷されたアラビア語文書を作成していた。そこでは、読者の大半はこの国を知らないだろうからと前置きしてデンマークが簡単に紹介され、国の国旗が十字架で、イスラーム教徒は迫害されていると述べられていた。そうした上で問題とされたカリカチュアや別の新聞に掲載されたりインターネットでながされたいくつかの画像が掲載された。なかでも一番侮辱的だったのは、作り物の豚の鼻と耳をつけた人物の写真で、それに「これはムハンマドの本物の写真である」という題がつけられていた。が、実際には写真はフランスのある村でひらかれた「豚の鳴き声コンクール」のもので、写真の説明文は事実をねじまげたものだった。写真はイスラームとも預言者とも無関係だったのである。このように一部は虚偽、一部は「誇張された」証拠品をもとにエジプトの公的宗教機関やアラブ連盟が先頭にたって、デンマークにたいする世界のイスラーム教徒の怒りを表明するキャンペーンが開始されたのである。

おりしも二〇〇五年末から二〇〇六年初頭、エジプトで総選挙がおこなわれ、ムスリム同胞団は候補者をたてることができた選挙区では大躍進をとげることになる。同胞団から信仰に忠実ではないと批判されていた政府はカリカチュア事件を利用して侮辱されたイスラームの最良の擁護者であると世論にしめそうとしていたわけだが、この選挙結果はそうした努力が無駄であったことをしめしている。しかし、こうした危険な遊戯に手を染めてしまったために、政府は自分で発動させた動きをコントロールできなくなってしまう。イスラーム世界のいたるところでイスラーム主義運動主導のデモが勃発し、それをアル＝ジャズィーラが報道する。当時のブログやネット掲示板、アラブ・ジャーナリズムを読むと、イスラームが侮辱されたという意識はきわめてつよく、怒りは民衆のあいだにひろくいきわたっていた。各国政府は自分こそが民衆の怒りを政治的に代弁する役割をになっているのだと見せつけるためにイスラーム主義者ときそっていた。ノーベル文学賞受賞者ギュンター・グラスも意見をもとめられ、デンマークの挑発的行為はイスラーム嫌悪症の極右グループのしわざだと断言した(134)。各地で赤地に白十字の旗（訳注：デンマークの国旗）が燃やされた。この事件はとりわけイスラームと西洋の対立の焦点となっている地域でひとびとの情念をかきたてた。なかでもパレスチナでは二〇〇六年一月二五日にハマースが国民議会選挙で勝利したが、イスラエルやアメリカのみならずヨーロッパ連合（パレスチナの国家予算の大部分を提供している）もハマースを正当な政権としてみとめることを拒否した。ハマースがイスラエルの存在をみとめず、暴力を放棄することを拒否していたからである。このことがはげしい緊張をうみだし、ヨーロッパの国のひとつであるデンマークにたいする怨嗟が反ヨーロッパ感情のはけ口となった。二月三日は祈りと説教の日の金曜日にあたったが、非常におおくの説教師たちが信者に預言者への侮辱にたいする抗議デモに参加するようよびかけた。ガザではヨーロッパ代表事務所が襲撃され、各地ではげしいデモや行進がおこなわれ、その映像がアル＝ジャズィーラでくりかえし放映された。どうしてヨーロッパ（や西洋）がハマースの正当性について価値判断をすることができるのだろう。ハマースはパレスチナ議会で政権党として民主的に選出されたのに。その一方で、カリカチュアが表現の自由という口実でイスラームのもっとも神聖な価値を冒涜している。カタルではシャイフ・カラダーウィーが二月三日を「世界の一五億人のイスラーム教徒」全員にとっての「怒りの日」とすると宣言した。「われわれはひとの言いなりにひきずりまわされるラバの群れではない。イスラーム信者共同体は獅子の群れである。（……）われわれは神聖な価値にたいする侮辱に復讐するだろう。」かれは西洋における出版の自由の「ダブルスタンダード」に怒りを表明する。出版の自由の名のもとにイスラームの預言者への侮辱はゆるされるが、その一方でロジェ・ガロディー（訳注：フランスの左翼系哲学者、イスラームに改宗）はホロコーストの存在に疑問を呈したという理由でフランスの法廷から有罪判決をうけた。サウディアラビアのファイサル国王が一九七三年一〇月に石油禁輸措置を発表したとき、それはアラブの名誉をまもるためである、西洋の製品などなくてもすませられると述べたことをあげて、「中道派《ワサティーヤ》」のシャイフ・カラダーウィーはイスラームの名誉をまもるために西洋の製品を買わず、アジアで製品調達することをよびかける。こうしてデンマーク製品のボイコット・キャンペーンがはじまる。デンマークからハラール証明書を添付して食肉・乳製品を輸入することがかなり昔から行われていたのである。アラブ諸国によるイスラエル製品ボイコット運動をおこなっていたサイトがルアパック・バターからレゴにいたるデンマーク製品を特定する専門サイトとなった。スーパーマーケットも新聞雑誌にチラシ広告をだして、デンマーク製品は販売しないと言明した。〈ノー・フォー・デンマーク・コム〉というアラビア語のサイトは預言者擁護論文のコンクールをおこない、それに一〇万リヤル（約一万八千ユーロ）の賞金をつけた。賞を獲得した論文の題は「我ボイコットする、故に我あり」だったが、そのうえに「デンマーク首相はデモ参加者を過激派とよんだ！　ブッシュはイスラーム教徒にだまれと言った！　そしてヨーロッパではイスラーム教徒抑圧とイスラーム教徒への侮辱がつづけられている！　かれらが自分たちの言論の自由を行使しているのだから、われわれもそれを行使しよう」という文章がつけられていた。「民衆によるボイコットのためのネットワーク」というサイトは「預言者にたいする冒涜の罪《サッブ・アン＝ナビー》」（これはラシュディー事件の時、よくつかわれた表現だった）を批判し、ついでに「コカコーラとペプシコーラは年間四六億ドルもシオニストに資金援助している事実を指摘」した。また別のサイトは「デンマーク女王が預言者とイスラーム教徒に謝罪する」こと、そしてデンマーク政府が「おなじことが二度とおこらないように約束する」ことをもとめた。ラシュディー事件は最初からイスラーム主義運動の影響をうけていたグループを間歇的に動員したにすぎなかった。ラシュディー批判キャンペーンを世界中に展開しようとしても『悪魔の詩』の難解なテクストを第三者の解説をもとに批判するしかなかったからである。それにたいしてカリカチュアはネット上で容易に見ることができ、直接的だったから、批判キャンペーンはイスラーム世界の何百万という「普通の」ネット利用者のひとりひとりの琴線にふれ、怒りをかきたてることができたのである。

オーフスのレバノン人イマームでサラフィストのラーイド・フライヘルはカイロ訪問の後、故国レバノンに帰国し、自分はスンナ派でサラフィストであるにもかかわらず、シーア派で親シリア派の外務大臣をうごかして、運動に協力させようとした。それからかれはダマスカスにおもむく。二〇〇六年初頭のこの頃、シリア政権は元レバノン首相ラフィーク・ハリーリー暗殺事件を調査していた国連特別検察官から容疑をむけられ、国際社会の批判の的になっていた。ハリーリー家はレバノンのスンナ派社会のリーダーで、元首相暗殺後は反シリア派の「二〇〇五年三月一四日運動」の先頭にたっていた。シリアの指導部はオーフスのスンナ派イマームの嘆願に注意ぶかく耳をかたむけた。かれらは少数派のアラウィー派に属しており、シリアの多数派スンナ派のイマームからは忌み嫌われていたのだが、レバノンのスンナ派内部にハリーリー派とちがう勢力が擡頭するようにしむければ、政治的に非常に利益があるとかんがえた。そこでかれらは預言者の熱烈な擁護者というポーズをとってハリーリー派を苦況におとしいれようとしたのである。ハリーリー家はヨーロッパ、とくにフランスと関係がふかかったので、この問題では分がわるかった。パリでいくつもの新聞が一二枚のカリカチュアの転載をおこなっていた。経営不振で部数を大幅に減少させていたタブロイド判日刊紙フランス・ソワールは二月一日、一面にそれを掲載した。(新聞の社主レーモン・ラカフはコプト教徒のエジプト系フランス人だったが、掲載を知って編集長を解任し、コミュニケを発表して預言者の冒涜は拒否すると言明した。)週刊風刺新聞シャルリー・エブドはライシテの擁護・推進に非常に熱心だったが、二月八日におなじように風刺画を掲載した。カリカチュアを掲載した特別号は五〇万部売れ、フランス・イスラーム評議会は新聞を告訴した。一方、政府のスポークスマンは表現の自由の行使も慎重におこなうようよびかけた。シラク大統領は翌月、サウディアラビア公式訪問を予定していたからである。フランスの公式筋は慎重にふるまい、また一九八九年のラシュディー事件にこりていたイギリスの新聞もほとんどがカリカチュアの掲載をしなかった(この点では宗教的信仰を尊重するアメリカの大部分の新聞もそうだった)。が、こうした自制的態度もシリアやその同盟国イランがおこなったはげしい煽動活動にたいしてなんの効果もなかった。イランはスンナ派活動家のうごきを利用し、それを横取りした。ラシュディー事件の時とおなじ戦略をとったのである。

やがてアラブの指導者の大部分は騒ぎがおおきくなりすぎたことに不安をかんじはじめた。サウディアラビア外交筋も抗議のためにコペンハーゲン駐在大使を帰国させた後、デンマーク首相にアル＝アラビーヤ放送で遺憾の意を表明するよう説得することに成功し、事件の沈静化に期待をもった。しかし二月四日土曜日、ダマスカスで大規模なデモがおこった。シリアでは政府にコントロールされない大衆運動などそもそも存在するはずはないのだが、デモ隊はデンマーク大使館を襲撃し、焼き討ちにした。シャイフ・カラダーウィーが「怒りの日」と宣言した金曜日の翌日のことだった。群衆はフランス大使館も襲撃したが、それがフランス・ソワール紙によるカリカチュア掲載のためなのか、シリア政権のシラク大統領にたいする敵対心のせいなのか、よくわからない。シラク大統領はダマスカス政権のレバノン政策に非常に批判的だったからである。しかし大使館にたいする攻撃は非常にはげしかったから、一部の外交官たちは、大衆運動が最初は政権側としめしあわせて行われていたが、力を誇示しようとしたイスラーム主義運動家たちの煽動で最後には政府のコントロールがきかなくなったのだ、とかんがえている。五日、ベイルートでスンナ派イスラーム主義者主催のデモがおこなわれ、参加者がアシュラフィーヤにあるデンマーク大使館事務局を襲撃した。これはレバノン戦争終結以来はじめてのキリスト教徒居住地区への侵犯であり、レバノンの平和をおびやかす象徴的事件だった。三月一四日の連立協議で成立したレバノン政府は事件は「シリア関係者」の仕業だとしたが、レバノンのスンナ派イスラーム主義者の関与があったことが知られている。翌日、テヘランで「自然発生的」デモがあったが、デンマーク大使館にすこし投石があり、柵をのりこえようとした人間が何人かいただけでおわった。一九七九年十一月のアメリカ大使館占拠・外交官人質事件を想起させ、とりあえず警告をあたえたというところであろう。しかしスンナ派のアラブ諸国が出口を模索し、イスラーム諸国会議機構総書記でトルコの大学教授エクメレッディン・イフサンオールがこの問題をヨーロッパ連合代表のハビエル・ソラーナとはなしあっている頃、アフマディネジャード大統領はイランがホロコーストをテーマにしたカリカチュアのコンクールをおこなうことを発表した。これは一石二鳥の効果をねらったものだった。つまりアラブ諸国の国民やイスラーム民衆の期待にこたえるヒーローという役まわりをになうことによってあまりに微温的なスンナ派指導者たちの立場をよわくすると同時に、原子力発電所でウラニウム増殖を再開したために国際社会の非難をあびているなか、テヘラン政府は西洋にたいして倫理的批判のしっぺ返しをしようとしたのだ。ヨーロッパで預言者が侮辱をうけ、イスラーム信者共同体全体がその侮辱によって苦しんでいるのだから、ヨーロッパには道徳的大原則を盾にかたる資格などないというわけである。

かつてのラシュディー事件同様、これ以降、カリカチュア事件は性格と機能を変化させる。それはスンナ派とシーア派のイスラーム世界全体にたいするヘゲモニー争いとなったのである。二〇〇六年初頭、イラクで多数派をしめるシーア派民衆はアメリカ占領軍によって解放されたのだが、スンナ派世界ではかれらが隣国イランとともにシーア派連合を組んで、人口のおおさにものを言わせて湾岸とその石油資源をコントロールしようとするのではないかと疑っていた。スンナ派が中心となり、アル＝カーイダの外国人ジハード主義者の支援をうけた「イラク抵抗運動」はイラクを占領する連合国軍を攻撃するだけではなく、ザルカーウィー一派の教唆をうけながらシーア派虐殺をくりかえしていた。こうした不安定な状況のなかで二〇〇六年三月二二日から二三日、石油君主国にうけのよいいくつかのスンナ派イスラーム組織が「預言者ムハンマド擁護のための国際会議」を開催した。これは事態を収拾するための最後の打ち上げ花火だった。シャイフ・ユースフ・カラダーウィーのイスラーム・オン・ラインやサウディアラビアのシャイフ・サルマーン・アウダ（かつてイスラーム主義者で反体制運動家であったが、今ではリヤード政権の支持をうけている）のイスラーム・アル＝ヤウム（「今日のイスラーム」）などのサイトが中心になったこの会議は湾岸地域の中心部、バハレーン島で開催された。カラダーウィーとアウダはムスリム同胞団や反ジハード主義系サラフィズムとむすびついた「穏健イスラーム主義」の中心人物だった。「ふたつの海の王国」バハレーンではスンナ派のハリーファ家が国民の大多数をしめるシーア派住民を支配していたが、これはシャイフ・カラダーウィーにとって「預言者擁護の国際組織」の開設を宣言するための最適な環境を提供してくれた。この組織は預言者への攻撃に「文明的な」やり方で抗議することをめざしていた。つまりデモをするのではなく、製品不買運動と布教活動の活発化によって指針をなくしたヨーロッパ人をあやまった道から救い、イスラームにみちびこうと言うのである。この時、イスラーム・オン・ラインのサイトで次のような文書が掲載された。これはモロッコのネット利用者スィハームが怒りの表明やデモは預言者にたいする攻撃への最良のこたえになっているのかと質問したのにたいして(135)、シャイフがそれはイスラームの布教に役だってはいないとこたえたものだった。カラダーウィーによれば、ただ「説教の正しさのみが不信仰とあやまりからひとびとを救うことができる。」一連の騒ぎは「今日の世界が、とりわけヨーロッパやアメリカが宗教を放棄して正しい道からはずれてしまったこと、近代の誤謬からかれらを救うためには宗教が必要であることをしめしている。そしてそのような宗教はイスラーム以外には存在しない。」

デンマークのイマームはバハレーンの会議に参加したが、主催者がかれらを前面にだすことはほとんどなかった。旅行前にかれらはコペンハーゲンでアルジェリア系フランス人で反イスラーム主義運動の活動家だったあるジャーナリストの罠にひっかかっていた。そのジャーナリストはイマームの同調者というふれこみでかれらと接触し、その様子をかくしカメラで撮影した(136)。そしてかれらがデンマークを屈服させたことをよろこび、デンマークの世俗主義的イスラーム系議員の死をねがったり、自爆テロがおこる可能性を示唆している様子がカメラにおさめられ、かれらがマナマに滞在中にそれがヨーロッパで放映されたドキュメンタリー番組でながされたのである。かれらはそれにたいして困惑を見せながら前言撤回を余儀なくされた。しかし西洋と戦いをする時期はもうおわっていた。それよりもシーア派の攻勢に対抗すべき時であった。シーア派は預言者擁護運動のたかまりを好機として、スンナ派指導者にたいして自分たちの大義を推進するためにそれを利用しようとしていたのである。こうして火はじょじょに消えていった。イマーム・アブー・ラバンは政治的亡命者というステイタスをもっていたデンマークにもどった。翌年の一年間、かれはハムレットの王国（デンマーク）の評判を回復させようと努力する善意の人としてふるまい、そして二〇〇七年二月、進行性ガンで死亡する。イマーム・フライヘルはうまれ故郷のレバノンのバダウィーにもどった。バダウィーはトリポリ郊外にある町で、ナフル・バーリドのパレスチナ人難民キャンプのすぐそばにあった。かれはそこでベイルートで権力をにぎるスンナ派社会の親西洋的指導者を批判しながら厳格なサラフィスト的イスラームを説いている。ナフル・バーリドのキャンプには二〇〇六年の秋から過激派ジハード主義者がはいりこんで、「イスラーム首長国」をつくっていたが、フライヘルはそうしたジハード主義者とも接触をもっていた。ナフル・バーリドの「イスラーム首長国」は二〇〇七年夏、ながい戦闘の後、レバノン軍によって壊滅させられた。その間、コペンハーゲンでは二〇〇七年五月二〇日、港の入り口にあったちいさなセイレン像に数時間のあいだ、イスラームのヴェールがかぶせられていた。

ローマとコンスタンティノポリス

二〇〇六年九月一二日と言えばニューヨークとワシントンの同時多発テロ五周年の翌日、そしてウィーン攻囲のオスマン・トルコ軍にたいしてキリスト教陣営が勝利してからちょうど三二三年にあたる。ウイーンでのキリスト教の勝利によってヨーロッパへのジハードの進出に終止符がうたれ、トルコ勢力の退潮がはじまったのだが、それから三二三年たったこの日、教皇ベネディクト一六世がレーゲンスブルク大学で「信仰、理性、大学——記憶と省察」と題された重要な講演をおこなった。神学教授だったわかい時代の思い出がいっぱいのレーゲンスブルク大学で、かつてかれ自身がメンバーの一員だった大学教授陣の前で、ヨーゼフ・ラッツィンガーはその日、論争好きの妥協なき知識人として発言をした。そうした資質を買われてかれは前任者ヨハネス・パウロ二世のもとで教理省長官をつとめたのであったが、おそらくその分、意見表明にあたって教皇（前年、教皇に即位したばかりだった）としての外交的慎重さには欠けたのであろう。講演のテーマは信仰における理性の役割であった。つまり神学研究は理性にたいして完全に開放されていなければならず、そしてそれが諸文明間の対話のためには絶対に必要なことだと論じられたのである。しかし教皇は講演で博学なビザンチン皇帝マヌエル二世パレオロゴスが預言者ムハンマドを批判した言葉を引用したために、またまたイスラーム世界の怒りを再燃させてしまった。ようやくカリカチュア事件が沈静化し、イスラエルとヒズブッラーの戦闘やアフマディネジャードのイランによる国際社会への挑発で一騒動あった夏がおわったばかりだというのに……。

これにつづく数日間、前に見たのとおなじ光景がくりかえされた。マグリブ諸国からインドネシアにいたる地域で抗議の声明やデモがくりかえされ、現地政府がヴァティカンに釈明をもとめる。こうした運動にはヨーロッパのイスラーム団体も参加する。エジプトではムスリム同胞団の有力者の一人アブドゥルムネイム・アブドゥル・フトゥーフが声明をだして、「教皇の発言はカリカチュア事件よりもイスラームを傷つけるものである。というのも一介のジャーナリストではなく、多数の信者を代表するリーダーの発言だからである」と述べ、「はげしい反発」がおこるだろうと予想した。今回はイスラーム諸国政府がヨーロッパに圧力をかけようとしておこなうものではなく、「民衆のあいだから自発的に」抗議運動がわきあがるであろう……(137)。九月一五日、ガザ、ヨルダン西岸、イラクでモスクでの礼拝をおえた民衆が教会を焼き討ちにした。イスラームとイスラエルやアメリカとの緊張関係が集約された地域でまたまた事件がおこったのである。キリスト教発祥の地であるパレスチナやメソポタミア地方には東方キリスト教の信者たちが依然として生活しつづけていたが、こうした事件のためにより生活しやすい場所をもとめて先に移住した同宗者のあとを追い、ヨーロッパやアメリカ大陸に亡命するものが多数でてきた。その二日後、ソマリアでイタリア人修道女が殺され、アフマディネジャードのイランでは方々の広場で教皇をかたどった人形が燃やされた。ザルカーウィーが創設した「イラク・ムジャーヒディーン委員会」は「十字架をうちくだき、ワインをながせ」とよびかけ、「アッラーはイスラーム教徒がローマを征服する手助けをしてくださる」とくりかえした(138)。これは預言者ムハンマドのかたった言葉とされている。かれはイスラームはコンスタンティノポリスをうちやぶった後、カトリック教会の総本山に凱旋するだろうと予言したのである。モロッコはヴァティカン駐在大使に帰国を命じ、エジプト政府は教皇大使を召喚した。これにたいして教皇庁は遺憾の意の表明と釈明をくりかえし、教皇はイスラーム教徒を侮辱する意図はなかったと述べた。九月二五日、ベネディクト一六世はカステルガンドルフォの別荘にイスラーム諸国の大使をあつめ、融和的な演説をおこなった。しかしその翌日、ザワーヒリーはアッ＝サハーブ・プロダクション製作のビデオ演説で教皇を嘘つきだと非難した(139)。アル＝カーイダのイデオローグはラシュディー事件からフランスのスカーフ禁止法、カリカチュア事件にいたるまでヨーロッパにおいてイスラームが侮辱される事件がずっとつづいているとし、「教皇の預言者にたいする侮辱」をそのなかに位置づけたのである。一〇月一五日、二五カ国の三八人のウラマーが連名で教皇への公開状を発表した。そこでかれらは「率直な意見を交換することをめざして」教皇のイスラームにかんする主張に反論をおこなった。かれらは穏健なイスラーム主義運動組織に属しており、そのほとんどがそれぞれの国の政権の体制内にいるひとびとだった。かれらは緊張を緩和しようとしたのである。一一月末、ベネディクト一六世は東方正教会総主教の古くからの招待に応じて、まだ緊張ののこるイスタンブールを訪問した。かれは教皇に即位する前、まだラッツィンガー枢機卿だったとき、トルコのヨーロッパ連合への加盟に反対意見を表明していた。教皇は「穏健イスラーム主義者」のタイップ・エルドアン首相のもてなしをうけた。が、歓迎式典は最小限にとどめられ、エルドアンほど穏健ではない多数のイスラーム主義者が抗議デモをおこなった。ザワーヒリーはネットでこうした抗議デモの行動を絶讃した。一三九四年から一四〇二年のあいだ、バヤズィトのひきいるトルコ軍に攻囲されたかつてのコンスタンティノポリス、皇帝マヌエルが六世紀すぎてなおイスラーム世界を憤激させる文章を書いたその場所に聖ペトロの後継者が足をふみいれ、青いモスクを訪問して、メッカの方角をむいて瞑想をおこなったのである。

ベネディクト一六世の言葉にはさまざまな立場から論評がくわえられた。教皇がやっとイスラームと正面から議論するようになったことを歓迎するもの、その過激さや不注意を遺憾とするもの、預言者を侮辱したと批判するものなど、さまざまな意見があったが、しかしこうした論評のほとんどは教皇の発言の内容もコンテクストも無視した論争家や弁護者の手になるものだった。誰でもそうだが教皇ならなおさら、発言者の主観的な意図がどうであれ、公式な宣言は一度公表されると政治的な事件となる。教皇の発言にはラッツィンガー教授とは全然ちがった重みがあるのだ。たしかに教皇はコンスタンティノポリスが陥落する五〇年前に正教会派の皇帝が発した言葉を借用しただけだった。しかしこの皇帝の悲劇的な生涯はシャイフ・カラダーウィーが予言するヨーロッパ・キリスト教世界の運命の前兆とかんがえられなくもなかった。カラダーウィーはヨーロッパがまもなくイスラームに支配されると予言している。七二三年にアラブ人がポワチエでやぶれ、一六八三年にはオスマン・トルコ帝国がウィーン攻囲に失敗したが、以前のこの二度の挫折の時とはことなって、今回は武器をつかう必要はない、移民と人口増、布教とインターネットによってイスラームのヨーロッパ征服は実現するだろう……。このようにさまざまな側面が輻輳したなかで教皇発言がなされたのである。そこでは歴史的事実への言及は現在の出来事のメタファーとなり、イスラームやライシテやグローバリゼーションといった要素が過去に投影される。教皇のレーゲンスブルク発言をめぐる論争はそうした文脈のなかで解明されなければならない。

「ムハンマドがなにかあたらしいものをもたらしたというなら、それを見せてください。たとえばかれは自分の信仰を剣によってひろめよと命じました。かれがもたらしたのは悪と非人間的なものだけです(140)。」教皇はマヌエル二世パレオロゴスのこの言葉を引用する前に簡単にその発言の状況を説明し、表現が「乱暴」だと付言していたにもかかわらず、マヌエル二世の言葉はそのままベネディクト一六世自身の発言だとうけとられてスキャンダルをよびおこした。ヴァティカンは二〇〇六年一〇月六日に講演の全文を注釈つきでホームページに発表したが、教皇は注で引用箇所の原典に言及した後、つぎのように説明している(141)。

「不幸なことにイスラーム世界でこの引用は私の個人的立場の表明と誤解され、そのためにひとびとは憤慨した。その怒りは理解できる。私はこの文章を読んだ人が引用がコーランにかんする私の個人的判断を表明したものではないことをすぐに理解してくれるものと期待している。わたしはコーランにたいして偉大なる宗教の聖典として敬意をもっている。皇帝マヌエル二世の文章を引用したとき、わたしはただ信仰と理性のあいだの本質的関係をあきらかにしたいとのぞんだだけなのである。この点にかんしては私はマヌエル二世と同意見である。しかし論争になった点にかんしておなじ見解をもっているわけではない。」

問題になった一節はマヌエル皇帝とその客人とのあいだでおこなわれた礼儀正しくはあるが、妥協のない議論のなかで発せられたものであった。その客人というのはバグダード出身で、アナトリアのアンキュラ（現在アンカラ）に来たばかりのペルシア人学者であった。かつての栄光をうしなったビザンチン帝国皇太子（かれが父のあとを継ぐのは一三九一年二月）はトルコのスルタン、バヤズィトの封臣のひとりでしかなく、スルタンの遠征や冬期宿営期間に催される狩りの会に随行することを余儀なくされていた。コンスタンティノポリスには帝国の面影はほとんどのこっておらず、領土といっても首都とヨーロッパ大陸側にあるいくつかの土地にかぎられていた。論争がおこなわれた一三九〇年（か一三九一年）の冬、マヌエルはアンキュラでイスラーム勢力に囚われの身となっていた。囚われの身といっても、客人と神学論議を自由にかわせるくらい十分に自由はあたえられていたのだが。当時、極度の政治的危機にあったにもかかわらず（あるいはその故に）、古代からつづく遺産や正教派キリスト教に涵養された東方ギリシャ文明においてルネサンスとでも言うべきものがおこり、ビザンチンのエリートたちの精神を活気づけていた。かれらは当時この千年の都を支配していた知的・宗教的硬直性を打破しようとしていたのだ。とはいえ、かれらのこうした努力も手おくれで無駄な結果におわり、コンスタンティノポリスもやがてオスマン・トルコ帝国に征服されることになる。このギリシャ精神の最後の覚醒のもっとも注目すべき代表者はプラトン主義哲学者ゲミストス・プレトンとその弟子で後に枢機卿となるベッサリオンであった。かれらは古代都市の自立的再生とローマ教会との接近の両方を視野にいれながら帝国救済の道を模索していた。マヌエルはこのグループにちかかった。イスラーム教徒を相手にした議論においてかれの論証はなによりもギリシャ哲学に由来する理性に依拠し、理性を啓示宗教の信仰に役だたせようとする。マヌエルは理性をもちいて自分の信仰の優越性を相手に納得させようとし、そして相手もまた宗教の権威ではなく、論理に依拠した議論を展開しようとするのである。

論争においてイスラーム学者は剣による信仰強制についてマヌエルの見解に直接、反論しない。かれはイスラーム法（シャリーア）全体とキリスト教の法を対比し、後者の不条理（独身・純潔は人類の消滅につながり、攻撃を許すと敵を利する等）を指摘し、ユダヤの法体系とキリスト教の法体系という両極端の「中道」をとるイスラーム法が道理にかない、このましいと結論する。しかし教皇がこの論争を引用するのはこの点をとりあげるためではない。かれの論点は「理性にしたがって行動しないことは神の本性に反する」ということであり、そして戦闘的なジハードは人間にあたらしい信仰をうけいれるように強制するから反理性的である、ということである。つまり、信仰は魂・信念の問題であり、暴力によって強制されてはならないということなのだが、この点にかんして教皇はマヌエルの議論を完全に踏襲している。教皇の講演では「理性にしたがって行動すること」はキリスト教に特有なものである。キリスト教はギリシャの哲学的な問いかけと聖書への信仰をまぜあわせたからである。「この両者の出会いにさらにローマの遺産がつけくわわり、ヨーロッパが創造された。そしてそれがまさしくヨーロッパとよばれているものの基礎となりつづけている。」教皇によれば理性の基礎はギリシャにのみあるのだが、このようにイスラームを理性の支配の外側においた後、教皇はこれまで三度の「脱ギリシャ化の波」が教会をゆるがしたと述べる。「聖書のみ」にもどろうとしたプロテスタントの宗教改革、宗教や倫理の問題を主観性にのみ還元しようとした一九世紀・二〇世紀の自由主義神学、そして現在の文化的多元主義である。文化的多元主義はそれぞれの文化がギリシャ的な理性を経過することなく、直接に福音に回帰して、それを自分の空間に適応させることができるとかんがえている。しかし新約聖書がギリシャ語で書かれたことをかんがえてみればわかるように、ギリシャ的理性こそキリスト教の基礎なのである。教皇は聖ヨハネの福音書の冒頭「はじめに言葉《ロゴス》ありき」という一節の「言葉《ロゴス》」という単語を「理性」と翻訳し、これをみてもギリシャ的理性が信仰に不可欠であることはあきらかだとしている。しかるに、今日、西洋世界において実証主義的理性が支配的になり、それだけが普遍性をもつと主張されている、と教皇はなげく。「しかし世界の諸文化のふかいところには宗教的なものがあるから、理性の普遍性から神的なるものを排除するこのような態度は心の奥底にある確信への侮辱とかんじられる。」だから世俗主義的な理性は諸文化間の対話を成功させることができない。それをおこなう資格があるのはカトリック教会だけである。というのもカトリック教会だけが、みずからが創造したヨーロッパ・モデルのなかで理性と信仰の対話を体現しているからである。

こうした考え方は教皇即位前、教理省長官だった時代のラッツィンガー枢機卿が熱心に擁護し、主張していた教義のまさしく延長線上にあった。プロテスタンティズムや実証主義、諸文化のグローバリゼーションなどにたいする批判はかれの著作をつらぬいていた。そのためにかれは、価値相対主義が浸透した世界のなかでカトリック教会のアイデンティティーを再建したいとかんがえるカトリック信者たちの熱烈な支持をうけていたのであり、逆に、たとえ宗教的制度が弱体化するとしても制度よりも隣人への愛を優先したいとかんがえる信者たちはかれに距離をおいていたのである。教皇がレーゲンスブルクの講演でおこなったこと、それはまずなにより以上のような原則を力強く断言したことである。この原則を基盤、砦として、教皇はイスラームとの議論をおこなおうとかんがえた。マドリードやロンドンでのテロ、アムステルダムでの首切り殺人、そして預言者ムハンマドのカリカチュア（ヴァティカンはその発表に遺憾の意を表明した）にたいしてなにより反キリスト教的暴力という形をとっておこなわれたキャンペーン……。おおくのヨーロッパ人にとってムハンマドに啓示された宗教はこうした事件をとおして表象されるようになっていたのだが、そうした時期に教皇はイスラームと批判的な対話をはじめようとしたのである。九・一一テロの記念日と一日ちがいであったことやオスマン・トルコ帝国のウィーン攻囲失敗の記念日にあたっていたことは偶然とはおもわれない。また教皇は外交的な理由のために自分では発言できない内容をマヌエル二世の口を借りてかたった。しかしかれを批判し、かれに敵対したイスラーム世界のひとびとにはそうした配慮は通じなかった。かれらは引用された言葉を文字どおりに理解した。いずれにせよ、それはヴァティカンの釈明や講演の決定版につけられた注にもかかわらず、ラッツィンガーの従来からの主張にぴったり合致していたのである。皇帝マヌエルはイスラームに敗北したキリスト教世界の象徴である。対話がおこなわれたときマヌエルは封臣あつかいをされており、それが文書化されたときにはコンスタンティノポリスは攻囲をうけていた。二〇〇六年のレーゲンスブルク講演においてベネディクト一六世は皇帝マヌエルが批判し、そしてビザンチンを破壊することになるジハードについて言及したわけだが、これはスペインやイギリスでテロをおこしている現在のジハードを示唆する歴史的メタファーであり、その予兆である。実際、ザワーヒリーやその一党、さらには「穏健派」でもおおくのイスラーム主義者はテロはジハードであると述べ、その成功に快哉をさけんでいる。つまり、教皇はこの講演で皇帝マヌエルがしめしたキリスト教世界再生の運動をみずからが体現すると宣言しようとしたのだ。マヌエルはそのために知的な面で範をしめしたのだが、それを政治的行動にうつす手段をもはやもっていなかった。しかし、現代のヨーロッパは自分のためにマヌエルの努力を再開しなければならない。イスラームにたいする論争で先頭にたつことを主張したベネディクト一六世は返す刀で実証主義と世俗主義の有効性を否定する。それらは「そのふかいところに宗教的なものをもっている世界の諸文化」から理解されることはないのである。

　教皇が講義でジハードや暴力と関連づけながら預言者ムハンマドに言及したのは、もちろん二〇〇六年のこの時点でそれがおおくのヨーロッパ人の関心の的であったからである。ヨーロッパのひとびとはカトリックであれ、キリスト教徒であれ、あるいは非信仰者（さらにはイスラーム教徒）であれ、地下鉄や郊外電車、空港などでいつ「殉教作戦」の犠牲者になってもおかしくない状況におかれていた。教皇はまたキリスト教系のふたりのアラビア学者の業績(142)を参照しながら、イスラーム学についての知識の一端を披瀝したが、これもまた論争の的となった。ベネディクト一六世によると、マヌエルは「宗教には強制があってはならない」（第二章「雌牛」二五六）という一節がコーランにあることを知っていた。しかしかれはまた預言者の啓示の初期に属するこの一節が別の言葉によって否定されていることも知っていた。つまりもっと後で啓示された言葉において、イスラーム教徒はユダヤ教徒やキリスト教徒が税をおさめ、屈服するまでかれらとたたかえ（第九章「悔悟」第二九節「戦い」）とか、「連合論者《ムシュリキーン》」を殺せ（同、第五節「剣」）と命じられているのである。「連合論者《ムシュリキーン》」というのは最初は異教徒や多神教徒、つまり唯一の神（アッラー）に他の神を「むすびつける」ひとたちを意味していた。しかしこの言葉は現代のイスラーム主義者やその先駆者たちのテクストでは三位一体論によってキリストと聖霊を神に「むすびつける」キリスト教徒を意味している。つまりキリスト教徒は根絶すべき多神教徒ということになる。

二〇〇六年一〇月一五日に発表された教皇への反論の文章に署名した三八人のイスラーム神学者はみな穏健派イスラーム主義や神秘主義的教団に属し、おおくが政権にちかく、ヨーロッパでの布教活動に従事しているひとたちで、バルカン半島のイマームも何人かふくまれていた(143)。シャイフ・カラダーウィーやそのおおくの弟子たち(「中道派」とよばれる運動に属し、イスラーム・オン・ラインというサイトを活動拠点にするひとびと)、そしてシャイフ・サルマーン・アウダのイスラーム・アル＝ヤウム(「現代イスラーム」)というサイトに拠るサウディアラビアの元反体制派のひとたちもこのアピールには参加しなかったし、ムスリム同胞団のリーダーもひとりもふくまれていなかった。ザワーヒリーは教皇を「詐欺師ベネディクト」(詐欺師《ダッジャール》という言葉は「反キリスト」という意味でもある)とよんでいたが、サラフィストやジハード主義者が教皇との対話に反対だったことは言うまでもない。この文章に署名したひとびとは、現代イスラームの体制派の内部にいて、カトリック教会との対決を当面はのぞまず、イスラームとキリスト教の対話から不都合よりも利益をひきだせるとかんがえ、不信仰にたいする戦いで教皇と共同戦線をはることができるとかんがえている勢力を代表していた。公開状は冒頭で「ひとびとの生活にたいする実証主義と唯物論の支配」に対抗するためにベネディクト一六世がおこなっている努力に賞讃の言葉をおくる。世俗主義にたいする聖職者階級のこのような客観的な同盟関係を前提にした上で、ウラマーたちは教皇の発言に反論をくわえようとするのである。サラフィストやジハード主義者、ムスリム同胞団やその他の「中道派」の神学者は聖典から直接論拠をひきだす権威主義的な議論を展開するが、それとはことなってこのアピールの署名者たちはマヌエルの対話相手のペルシア人学者とおなじように、議論を演繹的理性のうえに基礎づける。教皇はイスラームにおける暴力の役割を「専門家」の意見を参考にしながら解釈しているが、ウラマーたちはその「専門家」の見解を否定し、逆にキリスト教にたいして宗教による暴力使用の宗教的正当化をおこなってきたと述べる。そして教皇の主張とは正反対に、イスラームもまた信仰と理性の調和のうえになりたっており、それがカトリック教会の専有物ではないと反論する。

ウラマー声明の署名者たちは「宗教には強制があってはならない」という一節が啓示の初期にのみ属しているという主張に反論し、もっと遅い時期だがおなじ趣旨の別の節を引用し、それがこの問題にかんするイスラームのおしえであると述べる。しかしこうした原則的立場をジハード主義者も「中道派」イデオローグの大部分もムスリム同胞団も承認することはないだろう。かれらはみな厳格主義的神学者イブン・カスィール（一三〇〇〜一三七三、つまりマヌエル・パレオロゴスとほぼ同時代、すこし年長の世代に属する）の古典的テクストで教育をうけている。イブン・カスィールの教説はかれらの著作や声明にはふんだんに引用されているし、またスンナ派世界の大部分の神学校やイスラーム大学の教育プログラムにもふくまれている。イブン・カスィールはコーラン注釈書で「宗教には強制があってはならない」という説は「戦争」の節によって無効にされている、「戦争」の節ではすべての民族にイスラームに入信するよう促し、「それを拒否し、しかも人頭税《ジズヤ》の支払いに同意しないものにたいして殺すまでたたかう」とされている(144)。つまり教皇への公開状の署名者たちは明言することなくイブン・カスィールの説を否定していることになるのだが、それはかれらの個人的見解の表明でしかない。そしてまさしくここにイスラームとの宗教間対話のむずかしさの原因のひとつがある。つまりだれが、そしてどの程度、聖典を解釈し、イスラームの名においてかたる資格があるのか、という点がイスラームにおいては不明なのである。このように、三八人のウラマーはまず自分たちのイスラーム教義解釈を擁護した後、キリスト教の創始者が「私は平和ではなく、争いをもたらすために来た」（訳注：マタイ一〇章三四節）と述べたことに言及し、キリスト教もまた暴力からまぬがれてはおらず、十字軍から植民地主義にいたるまでその歴史にはたくさんの暴力が出現していることを指摘する。さらにかれらはイスラーム法において非戦闘員は武力の行使の対象とはなっていないと強調する。しかしすでに見たように、おおくの神学者がイスラエルやイラク、インドの場合には非戦闘員というカテゴリーを最小限にまで限定してかんがえているし、ジハード主義者にいたってはヨーロッパのすべての納税者・有権者はそれだけで「悪」の勢力の大軍団の「戦闘員」とみなされると主張している。最後に、声明文署名者は教皇が自分のイスラーム解釈の根拠としてあげる「専門家」の専門的能力を否定し、ヨーロッパの東洋学研究者がイスラームの教義をねじまげていると批判する。つまりかれらは自分たちウラマーだけが釈義をおこなう資格をもっていると主張するのである。声明はヨハネス＝パウロ二世への讃辞でおわる。ヨハネス＝パウロ二世はその後継者とことなりイスラームにかんするコメントを発することをさしひかえていたからである。しかしウラマーたちはヴァティカンとベネディクト一六世が遺憾の意を表明したことに理解をしめし、敬意にみちた調子で教皇にヨーゼフ・ラッツィンガーの知的非妥協性を放棄し、自分の教会の問題に専念するよう勧告する。

教皇の発言にたいする「誤解」が計算されたものであったか、無意識のものであったかはわからないし、またレーゲンスブルク講演がきっかけとなって世界にまきおこった論争と反応が過剰であったことも事実である。しかしそうした点は別として、この講演はたしかに教皇の立場を表明していたのである。つまり教皇はカトリック教会がヨーロッパ文明の精髄であり、(ギリシャ的) 理性と (聖書の) 信仰の遭遇の唯一無二の到達点であるとかんがえ、そして教会のみが今日、自爆テロによりヨーロッパをおびやかし、暴力 (教皇はジハードという名前でよぶ) 的な姿をとってあらわれているイスラームにたいして知的に抵抗する能力をもった唯一の存在であるとするのである。こうした意味で教皇の発言は《対テロ戦争》という《大きな物語》を神学的に言いかえたものに他ならない。ベネディクト一六世はイスラーム神学者に責任ある態度をとるように促し、それにたいして三八名の神学者が反論をよせた。その反論ははげしくはあったが、暴力やテロといった問題にたいして十分にこたえたものではなかった。しかしいずれにせよ、こうした応酬で展開された議論はすべて神学という狭い枠のなかにとどまっていた。つまり、世界のイスラーム教徒は、とりわけヨーロッパに定住するようになったイスラーム教徒は、まさしくこうした議論をとおしていっそう宗教的ドグマティズムにからみとられてしまうことになるのだ。そして、かれらの宗教について「正しい解釈」をするのは自分だとイスラーム主義「穏健派」ウラマーやジハード主義者がきそいあう。キリスト教宗教者とイスラーム宗教者は世俗主義の経験をアプリオリに否定するという点で共通点をもっている。しかし今こそ世俗主義に注目すべきなのである。フランスは世俗主義を国民的契約の原則として定立した。ロンドンやマドリードで爆弾テロがおこっているのにたいして、西欧で最大のイスラーム系住民が居住しているフランスではかれらの文化的な統合はなしとげられている。それは世俗主義にもとづき、相互に対立するさまざまな宗教的掟よりも国民に共通な法を優先させることによってである。それがどんなふうに実現されたかよく観察してみるべきであろう。

「イスラームの郊外」再訪（訳注：ケペルにはフランスのイスラーム社会を分析した『イスラームの郊外』（一九八七年）という著作がある）

六月末、ロンドンとグラスゴーでテロ計画が未然に摘発されたが、このあらたな衝撃もまだ冷めやらぬ二〇〇七年八月一九日、フィナンシャル・タイムズ紙はヨーロッパ五カ国（イギリス、フランス、イタリア、スペイン、ドイツ）とアメリカの市民がイスラーム教徒の存在をどのようにイメージしているかについてのアンケート結果を発表した(145)。その結果は、イギリス人の約四〇パーセントがイスラーム教徒の存在は国民の安全にとって脅威をもたらしているとしているが、フランスではその割合は二〇パーセント、そうしたかんがえに反対であるとするものは七〇パーセントにのぼる。子供がイスラーム教徒と結婚することに反対するとこたえたものはイギリスでは四〇パーセントちかく（ドイツやアメリカでは四〇パーセント）であるのにたいして、フランスでは一八パーセントだけで、逆に反対しないとこたえたものは五〇パーセント以上にのぼる。四六パーセントのイギリス人がイスラーム教徒は政治的権力をもちすぎているとかんがえているが、フランスでは一〇パーセントである。五〇パーセント以上のイギリス人が今後一年以内にテロ攻撃があると予想しているのにたいして、フランスではその割合は一五パーセント、スペインとアメリカでは三〇パーセントである。学校や職場で宗教的なシンボルや衣服を着用してはならないとこたえるものはフランスがもっともおおい（七〇パーセント程度）が、これはおどろくにはあたらないとしても、現在ではイギリスでもアンケート調査されたひとびとの五〇パーセント程度がこの意見に賛成である。これは多文化主義が国是とされたイギリスにあってはおどろくべき変化である。この問題にかんしてはドイツとスペインでもほぼ同水準でイギリスにつづき、反対意見が多数なのはイタリアとアメリカだけである。最後に、フランスではイスラーム教徒であると同時にフランスの国民であることになんの問題もないとかんがえるものは八〇パーセントであるのにたいして、イギリスでは六〇パーセント弱で、調査対象の五カ国のなかでもっともひくい水準である。シティーの新聞フィナンシャル・タイムズは通常はフランスにたいしてあまり好意的ではないのだが、この記事ではフランスが「イスラーム系住民ともっとも調和的に共存している国として群をぬいている」と驚きの念をもって記し、「イスラーム系の友人をもっているとかたり、子供がイスラーム教徒と結婚することをうけいれ、自国のイスラーム教徒が不当な批判や偏見の犠牲になっているとみとめるひとびとの割合が一番おおきいのはフランスである」と述べる。「フランス人の圧倒的多数がイスラーム系移民がフランス国民の一員であり、子供の結婚相手として受容できるとかんがえ、国民の安全にとって脅威であるとはかんがえていない。これはフランス郊外の暴動から二年たらず、学校でイスラームのヴェールを禁止してから三年しかたっていないことをかんがえると驚くべきことにおもえるかもしれない。」

その一年前の二〇〇六年六月二二日、定期的アンケート調査によって世界の「全体的意識傾向」を調査しているアメリカの大手調査機関のひとつピュー・グローバル・リサーチ・プロジェクトは「おおいなる亀裂、西洋人とイスラーム教徒はおたがいをどんな風に見ているか――ヨーロッパのイスラーム教徒はより穏健(146)」というアンケートの結果を発表した。この調査はフランスの暴動事件から六ヶ月すこししかたっていないにもかかわらず、フランスのイスラーム教徒のいくつかの特徴がはっきりとあらわれている。調査されたすべての国のなかでフランスは敬虔なイスラーム教徒であることと近代社会に生きることとのあいだに矛盾がないとかんがえる人がもっともおおい（七四パーセント）。調査されたヨーロッパ四カ国のなかでこれを肯定する回答が過半数をこえるのはフランスだけである（ドイツ二六パーセント、イギリス三五パーセント、スペイン三六パーセント）。また、二〇〇一年九月一一日のテロはアラブ人がおこなったとかんがえている人の方がおおいのは調査対象となった世界のすべてのイスラーム系住民のなかで唯一フランスのイスラーム系住民だけである（フランスでは否定四六パーセントにたいして肯定四八パーセント、イギリスのイスラーム教徒の五六パーセントがテロはアラブ人とはまったく無関係だとかんがえ、モサドやユダヤ・キリスト教連合の陰謀などではなく、一部のアラブ人の犯行だとかんがえているのは一七パーセントにすぎない）。さらに、フランスでは住民の六五パーセントがイスラーム教徒についてよいイメージをもっている。これはイギリスでは六三パーセント（この後、この数字はかなり下がっている）、アメリカでは五四パーセントである。フランスのイスラーム教徒の九一パーセントがキリスト教徒についてよいイメージをもっている（イギリスでは七一パーセント、パキスタンでは二七パーセント、トルコではたったの一七パーセントである）。注目すべき事柄はフランスのイスラーム教徒の七一パーセントがユダヤ人にたいしてよいイメージをもっている。イスラーム系の国は言うにおよばず、ヨーロッパにおいてもこのような感情を表明する人が多数なのはフランスだけである（最高でもイギリスの三二パーセント、最低はヨルダンの一パーセント）。最後に、西洋の主たる欠点はなにかという問いについて選択肢が六項目（エゴイズム、傲慢、暴力性、打算的、反道徳、狂信的）あげられているが、そのそれぞれについて妥当とかんがえるものはイギリスのイスラーム教徒が六七パーセントから四四パーセントというたかいレベルにあるのにたいしてフランスのイスラーム教徒はひくい水準にある（五一パーセントから二六パーセント）。逆に、西洋人のおおきな美点はなにかという問いにたいして（女性への敬意、寛大、寛容、誠実、信仰心）フランスのイスラーム教徒は、信仰心をのぞく他のすべての項目についてイギリスのイスラーム教徒よりもたかい評価をあたえている（イギリスの五六パーセントから四二パーセントにたいしてフランスは七七パーセントから五一パーセント）。フランス人が信仰深いとかんがえているのはフランスのイスラーム教徒の二六パーセントにすぎない。フランスでは信仰を実践している人がすくなくなり、信仰が社会的な美徳であるとかんがえられることがまずないのだから、この評価は正鵠をえていると言うべきだろう。

以上の数字がしめしている傾向は一致している。ふたつのアンケート調査はフランスびいきとは言えない英米系機関の注文で一年の間隔をおいておこなわれたのだが、その結果はイギリスやアメリカのおおくの観察者たちをおどろかせた。かれらは二〇〇五年秋のフランス郊外の暴動は《テロ》という《大きな物語》の論理にくみこまれるとかんがえていた。だから、暴動発生当時、テレビ局フォックス・ニューズは「パリは燃えている」というセンセーショナルな特別番組をくんで事件を大々的に報道した。これはドミニク・ラピエールとラリー・コリンズの有名な小説のタイトル『パリは燃えているか』を換骨奪胎してスローガンにしたものだった(147)。炎につつまれるエッフェル塔の映像を背景にして新保守主義《ネオコン》ジャーナリズムのスター、ビル・オーライリが担当したこの番組はアメリカのテレビ視聴者にこんな風な説明をしていた。「フランスにおける反乱。フランスは今や暴力的イスラーム教徒によって攻囲されています。シラク政権のよわさが世界に露呈しました。（……）シラクは市民の財産をまもるために軍隊をつかうことさえしようとはしません。シラクとフランスのメディアは対テロ戦争を弱体化させつづけてきました。しかしわれわれは危険にみちた世界にいるのであり、テロリストたちはすきあらばテロを実行しようとしています。フランスは砂のなかに頭をつっこんでいました。フランスは今になってやっと腕に破局をかかえていることに気がついたのです。」何百もの新聞・雑誌の記事やアメリカ発の（あるいは《イスラーム主義のテロリズム》という《大きな物語》に発想をうけた）ネットサイトで同工異曲の議論が展開され、暴動をフランスのシラク政権のおかした罪にたいする神の懲罰であるかのように論じていた。つまりシラクは邪悪で危険なイスラーム世界にたいして弱腰で対応するという罪をおかしたのであり、そのためにイスラームの子供たちがフランスを略奪しまわっているというわけである。典型的な例は《対テロ戦争》を賞讃する代表的サイト、デブカ・ファイルである。このサイトがさまざまな情報を提供し、さらにジャーナリズムがそうした材料を脚色しておおげさに報道する。たとえば一一月七日、暴動がはじまって二週間の時、このサイトにつぎのような記事が掲載された。「大部分イスラーム教徒で構成されたギャングの一団が移民集住地区の郊外からでてきて都市の中心街を占領しはじめた。かれらはまず警官隊に発砲した。焼き討ちされた車の数は一四〇〇という記録的な数になった。たくさんのスローガンがかかげられ、パリは『セーヌ河畔のバグダード』とよばれ、ラマダーン月にヨーロッパ版インティファーダが開始されたことを祝福する声があがる。こうしたスローガンのひとつを聞いただけでも、シラク大統領がジョージ・W・ブッシュがイラクで決行した戦争に距離をおこうと三年間も努力したことの愚かしさがあきらかになる(148)。」暴動が貧困や社会的排除が原因でおきたのではなく組織的イスラーム主義ネットワークの仕業であるという「証拠」を提示した後、サイトはつぎのような「極秘情報」をあきらかにする。すなわち、アル＝カーイダがフランスで三万五千人から四万五千人の戦闘員をリクルートし、かれらを軍事部隊に編成して定期的に召集し、現地リーダー・地域リーダーの指導のもとで武器・爆薬操作の訓練や思想教育をうけさせている、そして中央には地域リーダーを統括するフランス中央司令部さえ存在する……。またジハード・ウォッチというサイトではこんなことが述べられている(149)。「十年前からフランスのアラブ人はシナゴーグやユダヤ教徒用肉屋、ユダヤ教学校などに小規模のインティファーダをおこなってきた。（フランスの）政治家たちはそれがもっと不特定の標的にまでひろがらないよう努力してきたが、それに失敗した。フランスのアラブ人社会はシラクのイラク戦争への反対が意味するところを的確に理解した。つまりそれはフランスのよわさの印なのである。」文章はさらにつづけて、フランスはこうしたことがらについてながい経験をもっており、それは「七・三・二」という数字に集約的に表現できると述べる。七・三・二というのは「暴徒が最初のシトロエン車を焼き討ちにした」七時三二分のことではない。シャルル・マルテルがアブドゥッラフマーン将軍ひきいるイスラーム軍の進軍をとめ、イスラームによるヨーロッパ征服の最初の試みを挫折させたポワチエの戦いがおこった西暦七三二年のことなのだ。それから一三世紀がたった今日、イスラーム教徒はポワトゥー地方をこえて進出した。かれらは今やヨーロッパに何千万人もいる。そして現代版ポワチエの戦いでイスラーム側の遠征軍を構成するのは移民とその子弟である。ヨーロッパはイスラームが旧大陸に進出することを放置した腰抜けの政治家たちのためにこの戦争にすでに敗北している。オグリッシュ・コムというサイトでは燃えさかる車を背景にして、二人のアフリカ系青年がパレスチナ人がかぶる頭巾《カフィエ》になんとなく似た布きれで顔をかくしながら浅黒い肌のレポーターの前でつよい郊外なまりでこう叫んでいる(150)。「アッラーフー・アクバル、いとこよ。ここはどこか、だって？　エ・ル・サ・レ・ムだよ。二人の子供が死んだ。われわれの弟がだ。モスクにむけて発砲もされた。もう我慢できない。」まるで世界のおわりのような雰囲気のなかで暴動鎮圧部隊の突進と暴徒の叫び（「サルコジー（当時の内務大臣）はファシストだ」と字幕で説明入り）をカット反復のモンタージュで交互にうつしだした三七秒のクリップは世界中のネット利用者が目にした。「モスクへの発砲」というのは信者が礼拝所として利用していたクリシー・スー・ボワの元倉庫に催涙弾がなげこまれた事件のことである。暴動がおこったとき、たまたまラマダーンの夜の礼拝のためにひとびとが自発的にそこにあつまっていたのだが、この非公式の礼拝所が標的になったとかんがえる根拠はなにもない。しかし放置された工場跡地を背景にサラフィストの服装をして頭に手編みの帽子をかぶった髭面のイマームが涙をふいている写真が事件の翌日、ヘラルド・トリビューンの第一面をかざった(151)。イギリスの高級紙までが「郊外」を戦場とした西洋とイスラームの衝突というイメージに信憑性をあたえたのである。記事には郊外を意味する「バンリュー」という言葉がそのままつかわれていたが、今やこの単語はモリエールの言語（フランス語）のなかで世界のさまざまな言語で流通する唯一の単語になった。一方、CNNはこの問題のバンリューの至る所で青年たちが「爆弾を製造」していると報道し、この報道とその情報源の信憑性をたかめようとしてフランスとヨーロッパの地図をそえ、炎の形をしたロゴで暴動がおこっている都市をしめした。しかしその地図ではトゥールーズがアルプス地方、リヨンがミディ・ピレネー地方におかれ、カンヌがモンペリエの位置にえがかれていた(152)。

二〇〇五年秋の暴動から二年がたち、いくつもの社会学的調査がおこなわれてきた現在、事実を分析すれば「郊外の反乱」をアメリカのメディアがこのむイスラーム暴動《ムスリム・ライオット》という表現に言いかえて、それを《テロ》という《大きな物語》にむすびつけるという議論の仕方はまったく根拠がないとは言えないまでも、相当に留保をつけなければならないことがわかる。事件の発端はモーリタニア系とチュニジア系の一五歳と一七歳のふたりの青年の死だった。かれらは一〇月二七日、警察の職務質問から逃げるために変電所にはいりこみ、そこで感電死してしまったのである。スポーツをした後、ラマダーンの断食明けの儀式を家族でおこなうために両親の家にかえるところだった。些細な出来事が悲劇に発展してしまったのである。ふたりの父親はどちらもパリ市のゴミ収集の仕事をしており、一方の家族は一一人兄弟、もう一方は六人兄弟だった。事件にはもうひとりの青年もかかわっていたが、かれは二万ボルトの電流に感電したにもかかわらず生きのび、事件の一部始終をかたることになる。この青年はトルコのクルド系で、父親は失業中の石工であった。二〇〇七年春の大統領選挙はニコラ・サルコジーが勝利することになるが、当時、大統領選挙の右派候補者指名を目前にひかえ、移民や犯罪が政治的な争点になっていたために社会は緊張した雰囲気につつまれていた。そうしたなかで、ふたりの青年の死はフランス的移民統合システムが直面している困難さの象徴とされ、そのもっとも極端なケースとかんがえられた。「無駄死に」したこのふたりの青年は「証人」と「犠牲者」という二重の意味で殉教者（訳注：イスラームにおいて殉教とは「死して信仰を証すること」とされる）となった。かれらをこえた問題の所在をあかす証人となり、そしてある大義の殉教者となったのである。しかしフランス政界のひとびともイスラーム主義運動のひとびともその大義をコントロールして、自分たちの政治的言説のなかに翻訳して表現したり、それをかかげてひとびとを動員することに成功しない。車の焼き討ち（より正確には俗語で「ポンコツを焦がす《クラメ・ラ・バニョル》」）という「郊外の反乱」特有の表現様式が意味していたのはそういうことなのである。暴動は一〇月末から一一月なかばまで三週間つづいたが、その方向性を明示するようなスローガンをうみだすこともなかったし、別の社会階層やより年長の世代の支持をえることもほとんどなかった。移民出身者のあいだでさえそうした動きはなかったのである。だからこの動きは「前・政治的」と形容された[153]。暴動を主導した青年たちは孤立していた。毎夜、焼き討ちされた自動車はテレビ視聴者やグローバル化された世界のネット利用者の刺激的映像の欲求を満足させたが、政治家（たとえ極左に属していても）もイスラーム主義者（いかに急進的であっても）もこの動きを代弁すると主張することはできなかった。炎上する自動車の映像はビデオクリップ風にあらかじめフォーマットされていて、テレビのニュース番組やユーチューブには恰好の題材だった。そこには暴力的光景がうつしだされていたからニュース速報でとりあげられたのだが、破壊の光景を演出するそうした映像は自爆テロと似かよった映像言語をもちいていた。車の残骸からオレンジ色の炎がほとばしり、街灯の光の輪が点在して見えるだけの夜の光景を間歇的にてらしだす。その背景には大規模集合住宅や工場密集地があり、そこを青年のグループがよこぎる。青年たちはフランスの都市郊外の服装コードにしたがってみんなフードをかぶっている。それはハリウッド映画でうつしだされたアメリカのゲットーの世界をまねたものだった。こうした光景はすべてアル＝カーイダのカミカゼやバグダードからカーブル、ベイルートからロンドンにいたるテロリストが焼けこげにした車やバスのイメージを想起させるものであった。しかし、変電所で事故死したふたりの青年と、犯罪者に殺されたふたりの大人（写真家と退職年金生活者）という悲しい例外をのぞいて、暴動のあいだ死者はでなかった。「ポンコツ車の生け贄」は古代の動物の生け贄の現代版であり、政治的な言語をあやつることができない住民が自分たちの社会的存在を主張するためにもちいる失語症的表現形式だった。生け贄の動物の殺害とおなじように、暴動は暴力的衝動を四輪の生け贄にむけ、それによって社会のメンバーのあいだに暴力が伝搬することをふせぎ、流血の惨事がおこることが避けられたのである。都市交通が整備されていない郊外の住民にとって車は日常生活に不可欠なものであったが、ふたりの青年が感電して火傷をおったのが地元に電気を供給する変電所であったように、燃やされたのは暴徒とおなじ集合住宅にすむ貧しい住民の所有する車であり、放火され、灰となったのは地域住民のための保育園や幼稚園や体育館その他の公共施設であった。焼き討ちされた車の数が暴動のはげしさをはかるバロメーターとなったが（二〇〇五年一一月六日は一晩で一四〇八台という最高記録を達成した）、その多さを見ても二重の意味で自己破壊的《オート》（訳注：「オート」（自己）は「自動車」という意味でもあるから「自動車破壊的」という意味にもとれる）なこの暴動は、象徴的かつ誇示的なやり方で自己を生け贄にする行為を無限に増殖させ、世界中のテレビ視聴者を証人にしながら、社会にひとつの事実を直視するよう強制しようとしたのである――フランスはライシテという市民宗教をかかげて、それに基礎をおいた国民統合を主張しているが、まずしい郊外の青年たちはそうした論理の埒外におかれつづけているという事実を。おなじように、暴徒グループは自分のテリトリー内だけで騒動をおこし、知らない場所にはいりこんでいくことはなかった。これもまた騒動をおこした青年たちが空間的に自閉していたことをしめすものである。かれらは自分たちの縄張りから外にでると茫然自失してしまう。貧困地域に優先的に配置され、すぐちかくにある学校や保育園がこのんで標的にされたことはそれで説明がつく。一九九二年のロサンゼルスの事件をみてもわかるとおり、イギリスやアメリカの暴動では暴徒は自分たちが居住する地域から外にでて略奪行為をおこなう。それはこうした社会では移民や人種的・宗教的マイノリティーは特有な集団として認知され、（個人的「統合」ではなくて）集団として社会に「参加する」という形をとるからである。それにたいして二〇〇五年秋のフランスの暴動では窃盗や強盗事件がおこることはほとんどなかった。車を燃やす火はひとびとの注意を暴動参加者にむけさせる。そんな事件でもなければかれらが社会の注目をひくことなど決してなかった。「フランス的モデル」の約束に反して移民の社会統合がすすんでいない――これが郊外の騒乱の中心的なメッセージだった。かれらが要求していたのは、フランスの郊外にイギリスのヨークシャーのリーズやブラッドフォード、デューズベリーのようなハラール食肉店が点在し、イマームが指導者となる自治空間をつくり、「イスラミスタン」を樹立するなどということではなかった。暴動や放火がおこった地域を詳細に分析し、おこらなかった地域と比較してみると(154)、その大部分が行政用語で「問題都市地域」（ZUS）とよばれる地域なのだが、なかでもサハラ以南の国々の出身の青年がおおい地域であることがわかる。そうした地域の青年たちは兄弟がおおいが、とりわけ父親の不在のために家庭の求心力がよわい。この集団の宗教的実践度はひくいが、イスラーム教徒だけではなく、カトリックや福音派などのキリスト教徒もいるし、アニミズムの信者もいる。フランスのイスラーム系住民の大半はマグリブ諸国出身者だが、アフリカ系青年とくらべると暴動参加者のなかでマグリブ諸国出身者は少数派である。そしてアフリカ系青年はたいていの場合、イスラーム協会運動に無関心である。フランス・イスラーム組織連合（UOIF，ムスリム同胞団系でフランス・イスラーム評議会の主要メンバー）が一一月六日にだした「フランスでおこっている混乱にかんするファトワ(155)」が空振りにおわったのはそのためである。フランス・イスラーム組織連合は礼拝所のちかくに催涙弾がうちこまれた事件をうけて、つぎのような声明をだした。「われわれは礼拝の時間にクリシー・スー・ボワのモスクを標的にするという無責任な行動と一部政治家の過激な発言に抗議する。そうした事件や発言が火に油をそそぎ、一部の青年たちの怒りをかきたてて略奪行為（原文のママ）にはしらせる結果になっている。」そして組織連合は「この事件に関与したすべての青年に怒りをしずめ、熟考し、本日、ダール・アル＝ファトワー（UOIFを代表してフランスに適用されるファトワーを発する機関）が発表したファトワーにしたがうよう」うったえかける。そして「ラマダーンの神聖なる月に信者の静穏と祈りをさまたげた」ひとびとの行為が裁判をうけ、罰せられることを要求し、最後にこう述べる。「この出来事はフランスの統合モデルに欠陥があることを露呈し、それが困難な地域の何万人もの青年を絶望と困窮におとしいれていることをあきらかにした。」ファトワーはコーランの第五章六四節の「アッラーは混乱をひきおこす者を愛されない」という文章に依拠し、「自分の困惑や不快感を表明する権利は車や店舗を焼かれる無実のひとびとの権利を侵害することはできない」と規定し、そして「つぎのようなファトワー（本体）を発する。イスラーム教徒はそれに厳格にしたがわなければならない。『神の満足と恩寵をもとめるすべてのイスラーム教徒は私有財産や公共の財産を盲目的に破壊したり、他人の生命を危険にさらすいかなる行為にも参加してはならない。そうした暴力行為に参加することは不法である。』（……）」

放火されたのは郊外のイスラーム教徒の車や店舗だったから、ＵＯＩＦは放火をやめるよう訴えて、被害者の支持を獲得しようとしたと同時に、共和国とイスラーム教徒とされる暴動参加者の仲介役をかってでようとした。権威も地におちた共和国の法よりもイスラームの法の方がつよいインパクトをもっている、だからイスラームの信仰の命ずるところを暴徒に教示することによって平和をとりもどすことができるということをＵＯＩＦは誇示しようとしたのだ。かれらはそれによって途方にくれた公権力にたいしてイスラーム民衆を代表するという自分たちの役割をいっそう強化することを期待していた。「フランス式統合モデルの重大な欠陥」を強調しながらＵＯＩＦはフランスのイスラーム共同体の代弁者という役まわりを演じ、イスラーム住民とその社会空間の管理者となろうとしたのだ。つまりイスラーム共同体を代表して共和国と契約をむすび、イスラーム系住民が社会の平穏をみださないようＵＯＩＦが保証する。そしてその見返りに教育や協会運動の運営等々にかんして公共サービスの譲歩を獲得する。ＵＯＩＦのこうした姿勢はムスリム同胞団のヨーロッパ進出のための包括的戦略と合致する（シャイフ・ユースフ・カラダーウィーのようにこの団体に影響力をもったひとびとはひんぱんにそれについて言及している）。一九九〇年代後半にはこの戦略はもうすこしで実現されそうになった。イスラーム活動家が「麻薬取り締まり」パトロール隊を結成して、いくつかの低所得者用集合住宅街から麻薬密売人をおいはらおうとしたのである。が、長期的にはそれはさほど効果をあげられなかった。またもっと最近では、二〇〇四年一月、公立学校での顕示的な宗教的印着用を禁止する法律がフランスでできた直後にもこの作戦はうまくいかなかった。ＵＯＩＦは法案に反対し、二〇〇四年九月の新学期の時、小中学校・高校にヴェールを着用して登校したいとかんがえる女子生徒に裁判をおこし、必要なら欧州人権裁判所までもっていくように勧めたのである。欧州人権裁判所では英米風の法律解釈が優勢なので、フランスの主張がしりぞけられ、こうした立法が無効になることを期待できたからである。しかし八月にイラクでふたりのフランス人ジャーナリストがイスラーム主義者によって誘拐され、宗教的印禁止法が廃止されなければ殺害すると誘拐犯が脅迫した事件があったために、こうしたはたらきかけに終止符がうたれた。共同体主義的な要求をかかげてひとびとを動員することに失敗したのだが、この点でのＵＯＩＦの無力は二〇〇五年一一月の「暴動禁止ファトワー」の際にもおなじような形で露呈したことになる。《対テロ戦争》という《大きな物語》は郊外で自動車が焼き討ちされているのは過激イスラーム主義が陰で糸をひいているためだとしていた。おそらくＵＯＩＦはメディアでこのような言説があふれていたために防戦一方になり判断をあやまったのであろう（あるいはこうした言説にクレディットをあたえて、それを自分たちの役にたつように利用しようとしたのかもしれない）。が、ともあれ組織のリーダーたちはこの機会を利用して、アッラーの名において自分たちが暴動をおわらせることができると信じさせようとした。そしてムスリム同胞団のイスラームがおだやかで社会性のある信仰であるというイメージをあたえようとしたのである。この作戦が成功したらＵＯＩＦの政治的な信用がおおいにたかまることが期待できた。とは言っても、ＵＯＩＦのコミュニケやファトワーにもちいられた表現にはおどろかざるをえない。アラビア語原文を少々不器用に翻訳したような調子のこの文章は文法的にも不正確で、不適切な法律用語をでたらめにもちいている。それは組織の「ムフティー」がフランス社会の状況をアラビア語で思考し、自分たち流の状況把握と当事者の青年たちの認識のあいだにずれがあることに気がついていないためであろう。ムスリム同胞団のイスラーム主義的言説と暴動参加者の郊外言語のあいだにはおおきな乖離が存在していた。両者のあいだには完全な誤解が存在し、相手の言葉を聞く耳をまったくもっていなかった。ファトワーに一部が引用されたコーランの一節（第五章「食卓」第六四節）

はと言うと、それはまちがった信仰をもち、「地上に腐敗」をまきちらすユダヤ人にたいする攻撃にあてられたものである（「ファサード」という単語を「混乱」と翻訳するのでは意味がよわい）。引用は節の最後の文章（「そしてかれらは地上に腐敗をまきちらそうとする。神は腐敗をまきちらす者たちを愛されない」）の一部である。郊外で車を焼き討ちする主としてアフリカ系の青年たちとコーランのこの一節が言及する「腐敗をまきちらす」ユダヤ人の関係は、ひかえめに言っても、きわめて希薄である。しかしなにより問題なのは、イスラーム教徒だと自認するフランス市民・住民の大多数が暴力と無縁であるばかりか、非イスラーム教徒フランス人とおなじようにそのために途方にくれているということが忘れられていることだ。暴動に参加した青年たちはフォックス・ニューズやその同類の託宣めいた断言や愚論は言うにおよばず、ＵＯＩＦの戦略にも、アル＝カーイダのレトリックにも無関心だったのである。

こうしてヨーロッパは《テロ》という《大きな物語》と《殉教》という《大きな物語》の板ばさみとなり、防戦一方になることを強いられた。ふたつの《大きな物語》はともに規範となるという野心をもち、ヨーロッパに自分の規範を適用しようとしたのである。旧大陸は両者の反響箱となり、イギリスでの自爆テロ、テオ・ファン・ゴッホ殺害、デンマークのカリカチュア事件、レーゲンスブルクでの教皇ベネディクト一六世の講演、フランスの都市郊外暴動などは世界を支配すべく競合するふたつのイデオロギーの媒介手段となった。われわれは新聞の派手な見出しやテレビ・ニュースの衝撃的な映像のために安直な議論や単純化をしてしまいがちである。しかしここまで見てきたように、そうした事件が発生した特有な歴史的・社会的条件を観察してみれば、そのそれぞれがことなったコンテクストに位置づけられているということがわかる。《大きな物語》のそれぞれが自分流の事実解釈の正しさを主張し、支持者をあつめたり動員したりするためにそれを利用するのだが、その力が増大したり、逆に減少したりしたのは、個々の事件に特有なコンテクストが重要な役割をはたしたためであった。

イギリスやオランダは多文化主義の論理を極端にまでおしすすめ、現地住民とイスラーム系移民および定住したその子弟たちとのあいだで共通なアイデンティティー像をつくりあげる必要性を無視した。両国の実験の結果、誕生した社会はきわめて脆弱で、テロにつながる急進化の傾向を阻止する力をもたない。暴力的ジハード・殺人・自爆テロの論理はそこで恰好の土壌をみいだした。たしかにそれを支持する者はせいぜい数百人の人間にかぎられているのだが、その政治的衝撃力ははかりしれない。信頼を回復するためには積極的な統合戦略を実施し、国民に共通な帰属意識を優先させ、さらにはヨーロッパの一員であるという自覚をうながす必要があるだろう。超国家的イスラーム主義組織に政治的・宗教的に帰属しているという意識は打破すべきなのだ。そうした組織は世界的ジハードやそれぞれの地域での小ジハード遂行の誘惑にかられやすい体質をもっている。

ひとびとが超国家的イスラーム主義にながれ、それが危険な感情の暴発をもたらした恰好の例はデンマークのカリカチュア事件とレーゲンスブルクのベネディクト一六世発言事件である。どちらのケースでもヨーロッパとそのイスラーム系市民・住民との関係がイスラーム主義組織によって問題化され、それを汎アラブ・テレビ局、ネットのサイト、さらには国家が増幅した。かれらはヨーロッパにおいてイスラーム系住民が犠牲者になっているというイメージを過度に誇張したのである。そして中東の内部矛盾のために、事件がスンナ派とシーア派、国家とイスラーム主義組織の対立へと様相をかえていくと、事件に関係した主要アクターたちは緊張を緩和させる。かれらの利益に反するようになったからである。しかしこのふたつの事件は、たしかにそれを利用した勢力があったことは事実としても、まず何よりヴァティカンやデンマークの政治体制が在欧イスラーム系市民・住民にどんなふうに対処しているかを象徴的にしめしている。つまりヴァティカンもデンマークもイスラーム系住民にたいして現代ヨーロッパ文化に十全に参加しているという資格を否定しているのである。ここにはイスラーム系住民の市民的統合とそれを実現するためにヨーロッパ諸国がおこなうべき政策はどうあるべきかという難題が姿をあらわしている。

最後に、フランス郊外暴動事件がなによりもしめしていることはフランスの社会組織がテロの浸食に十分に抵抗力があるという事実である。新聞雑誌の性急な大見出しやテレビのクローズショットはまるで暴動が《対テロ戦争》という《大きな物語》にくみこまれるものであるかのようにわれわれにおもわせたのだが、実際にはそれとはまったく無関係である。暴動は社会の周辺においやられた住民の社会的統合に不十分な点があることをあきらかにした。しかしかれらもフランス社会と幅広い文化を共有している。かれらはフランス社会の枠のなかで要求をしているのである。その要求の仕方が政治的には成熟していないとしても、それはジハードや殉教というスローガンとは無縁なのだ。古代の子羊の生け贄同様、現代の自動車を生け贄にする行為は社会全体と一体感をもちたいという意志のあらわれでもある。それは公共政策の不十分さを糾弾し、機会の平等実現のための方策を再検討するよう要求している。将来、イスラーム系移民がヨーロッパ市民のなかに溶けこんでいけるかどうかはそこにかかっている。そのためにも《テロ》という《大きな物語》と《殉教》という《大きな物語》の両方を決定的に克服しなければならない。

終章　文明の挑戦に応じる

ジョージ・W・ブッシュとウサーマ・ビン・ラーディンの戦いでふたりともが敗北を喫し、かれらがひろめようとした《テロ》と《殉教》をめぐる《大きな物語》も一緒に破綻してしまった。パレスチナからイラク、イスラエルからアフガニスタン、レバノンからパキスタン――二〇〇一年秋から中東のこうした地域でつぎつぎと紛争がおこったが、民主主義もジハードも優位を確立することができなかった。レヴァント地方や湾岸地域でくすぶっていた紛争の火種は軍事的圧力やテロのおどしがかけられてもいっこうにおさまる気配がない。それどころかイランの核開発疑惑や石油価格の異常な高騰のために深刻化さえした。イランの核開発疑惑にはアメリカのみならず湾岸諸国も懸念をいだいており、世界の平和を直接おびやかす危険があるし、また石油価格高騰も世界の経済的バランスを根底からゆるがすおそれがある。豊富で安価なエネルギーに依存する成長モデルが破綻し、社会的状況が悪化すると西洋のみならずまずしい国のひとびとの生活がおびやかされることになるだろう。こうした試練をうけてアメリカのリーダーシップは弱体化し、疑問視されるようになった。アメリカはその圧倒的な軍事力を《対テロ戦争》のために展開したが、前線がどこかも定かではない戦争をしいられて、そうした戦略は不適切であることが判明した。中東では宗教も民族もいりまじっており、地理的境界線さえはっきりしていない。この地域にはながい歴史があって、アメリカの（善意であれ、なんであれ）ヘゲモニーのもとでのグローバリゼーションという一極的秩序におしこめられることにつよい抵抗をしめしている。ジョージ・W・ブッシュの二期の任期のあいだ、新保守主義的イデオロギーの中核にあった「あたらしいアメリカの世紀」という単純な考え方は「複雑なオリエント」の抵抗にあって粉々にくだけてしまった。

だからといってアル＝カーイダやその一党の主張がイスラーム世界をふるいたたせ、西洋に対抗するためにひとびとを動員することに成功したというわけではない。ザワーヒリーやビン・ラーディンは二〇〇一年九月一一日のビッグ・バンにおおいに期待したのだが、現実のイスラーム信者共同体において権力をにぎることができず、インターネットや衛星テレビのヴァーチャルな信仰共同体に撤退してしまった。自爆テロがイラクやアフガニスタン、パキスタンで惨事をくりかえし、パレスチナで第二次インティファーダの中核的戦術となった後、最後にヨーロッパにも飛び火した。ザワーヒリーたちはそうした殉教行為の高揚のなかに急進的イスラーム主義の未来の勝利を予感するのだが、しかしジハードの宣言やコミュニケが延々とくりかえされるデジタル世界と自爆テロが日常的にくりかえされる現実とのあいだにはおおきな乖離があり、その乖離はジハード主義のイデオロギーが破綻していることをしめしている。二〇〇七年一二月一六日、ザワーヒリーはアッ＝サハーブ・プロダクションでの第四インタビューで一〇〇分ほどをついやして、ジハードが勝利するであろうことをネット利用者に説得しようとする(156)。しかしかれの発言のひとつひとつが実際にはその挫折を糊塗する努力でしかない。ザルカーウィーの後継者によって樹立された「イラク・イスラーム国家」は最初から破綻していたのだが、ザワーヒリーはそれを擁護し、賞讃する。しかし話はすぐにスンナ派やその他の「宗教を売りわたす勢力」の対米協力へのはげしい非難に転じる。とりわけかれはヒズブッラーやイランが「背後からイスラームに短剣をつきさした」として、かれらにたいする激烈な嫌悪感を表明する。孤立したザワーヒリーは支持者拡大をめざしてウェッブで質疑応答のためのあたらしいサイトを開設せざるをえなくなった。しかしアル＝カーイダの《大きな物語》は仲間内からもたえず批判されるようになっている。一部のジハード主義運動家は九・一一テロが結局はかれらに政治的破局をもたらし、運動の解体をもたらしたとかんがえるようになっている。エジプトのジハード団の初期の指導者のひとり「ファドゥル博士」などがそうだが、かれは二〇〇七年一一月、獄中からザワーヒリーをはげしく非難する声明をだし、イスラーム主義が逆境におちいったのはひとえにザワーヒリーの責任であると批判している(157)。《対テロ戦争》が誘発した西洋やアメリカにたいする反感をうまく利用したのはスンナ派世界ではムスリム同胞団やそのながれをくむさまざまな政治組織であるが、かれらはジハード主義者の不倶戴天のライバルである。そしてまたジハード主義者にとっては唾棄すべきアフマディネジャードのシーア派イランも西洋との戦いに参加している。核兵器装備の野心をもち、石油で潤沢な資金をもったイランは西洋との戦いに大国に相応な手段をもちいている。だからアル＝カーイダはこの舞台でも主役の座をうばいとられてしまったのである。

ワシントンとトラ・ボラの未熟な魔法使いたちが中東と世界を袋小路にみちびいてしまった今、それとはちがうどんな道が存在するのだろうか。新保守主義者《ネオコン》のプログラムもジハード主義者の計画も完全に破綻してしまった。イデオロギー的幻想が常軌を逸した軍事行動とテロ至上主義的陶酔をうみだした。そうしたものを克服して中東やその周辺の地域的状況・社会的要素を考慮にいれたあたらしい、現実主義的な地政学的主張がなされるべきであろう。

そうした主張をまずおこなうべきなのはヨーロッパである。ヨーロッパは中東や北アフリカの直接の隣人であるし、将来はそうした地域とともにアジア圏やアメリカ圏のような世界の大地域圏のひとつを構成することになるだろう。またヨーロッパはレヴァント地方や湾岸地域の混乱の影響をうけやすく、ヨーロッパにとってそれは国内問題とも密接にかかわっている。だからこの問題に緊急に関与すべきである。しかしジョージ・W・ブッシュの二期にわたる任期のあいだ、ヨーロッパの声に耳がかたむけられることはなかった。アメリカは二〇〇一年九月一一日に本土を攻撃された。だから反撃のイニシアティヴはまずアメリカに属していた。旧大陸は最初からアメリカの同盟国として同一歩調をとっていたのだが、やがてイラク侵攻の際には新保守主義者の政策を無条件に支持するよう要求された。新保守主義者の戦略には中東再編のみならず、「あたらしいアメリカの世紀」を実現するという計画がふくまれていた。そしてそのなかでは、(ドナルド・ラムズフェルドの皮肉な表現によれば)「古いヨーロッパ」はせいぜいユーロ・ディズニーランドが大陸規模でひろがったくらいの価値しかなかった。新大陸の観光客はそのなかでジハード主義者のイスラーム教徒がたくさんいる都市郊外のジャングルは避けて、ロワール河の城めぐりをしたり、ヴェニスの大運河を見物したりする。イラク侵攻の後、ヨーロッパは仏独の反対同盟とイギリスの対米追随主義とに分裂した。仏独はワシントンで嘲笑の的となり、イギリスの追随主義はイギリスとアメリカの「特別な関係」を復活させた。その結果、ヨーロッパの政治的脆弱さが露呈し、ヨーロッパは国際関係で受け身の姿勢を余儀なくされると同時に、テロの恰好の標的となった。二〇〇五年秋のフランス郊外の暴動は《対テロ戦争》という《大きな物語》の讃美者にとってフランスの臆病さを批判する口実をあたえた。つまりかれらによればフランスはイラク侵攻を拒否するという臆病な態度をとったために、郊外の鎮圧困難なインティファーダがおこってしまったのだというのだが、こうした主張がまちがっていることはすでに見たとおりである。このような虚構的原因と想像上の結果とのあいだにはいかなる関係もない。しかしヨーロッパが世界的ジハードの戦場のひとつとなったことは事実である。それはフランスの郊外暴動とはちがう実際の出来事、イギリスのテロ事件やアムステルダムのテオ・ファン・ゴッホ殺人事件、デンマークのカリカチュアのためにおこった世界的大騒動がしめしているとおりである。しかしこうした現象は、たしかにドラマティックな様相を呈してはいるが、ヨーロッパに定住したイスラーム系住民全体の政治的・文化的・社会的変化の指標とはなりえない。デンマークのケースでさえ事件には意外な展開が見られた。ジャーナリズムの記事を読んでいると、この事件は現地人とイスラーム系移民との対立を鮮明にさせただけに見えるが、同時にある世俗主義的シリア・

パレスチナ系議員が事件をあおりたてるイマームに対抗し、中道派政党を設立するという動きもおこっている。この政党は二〇〇七年一一月の総選挙で十分な数の議員数を確保し、少数派ではあるがもし政権党が外国排斥主義的政策をとれば、それを阻止するのに十分な力をもった。かれらがいなければ政権党は極右政党の言うがままにならざるをえなかっただろう。一方、批判のおおいテレビ番組の女性司会者も立候補していた。彼女はヴェールをかぶり、男性と握手することを拒否するイスラーム主義者だったが、メディアが大々的にとりあげて有名人になったにもかかわらず落選した。イスラーム諸国出身のあたらしいヨーロッパ市民はさまざまな公的場面に登場するようになっている。言うまでもなく、かれらを代表するのはアル＝カーイダの殺人者でもなければムスリム同胞団やその仲間たちでもない。イスラーム主義者たちは宗教の名において「イスラーム共同体」と公権力のあいだの特権的仲介者の役割をはたそうとする。かれらが「イスラーム共同体」の存在を主張するのは、それを代表する役割を自分たちで独占するためである。オランダやイギリスでは国家自体がイスラームをひとつの共同体として組織することを奨励していたために、そうした傾向が優勢である。政府はモスクの仲介で社会平和を安価に実現できると期待したのである。しかしファン・ゴッホ殺人事件やジハード主義者のテロ事件のためにそうした国々でもイスラーム世界出身の住民内部で自分たちの存在のあり方をめぐる論争がはじまっているし、政府の方でも多文化主義的ドグマを見なおさざるをえなくなっている。二〇〇五年七月七日のテロをおこしてザワーヒリーから賞讃されたヨークシャーの「殉教者」ムハンマド・スィッディーク・カーンやオランダのビデオ作家を殺害したムハンマド・ブーヤリー――こうした人物の逸脱を助長したのは多文化主義なのである。移民出身者は学業挫折から就職差別にいたるまでさまざまな社会的困難をかかえ、貧困地域で暴動がくりかえされているのは事実ではあるが、ヨーロッパにおいて文化的統合の動きがゆっくりと、しかし抗しがたくつづいている。だから最後には、その矛盾がどんなものであれ、すべてのひとびとがひとつのアイデンティティー、ひとつの運命を共有するようになり、差異を称揚したりイスラームの復興をとなえる主張はおとろえていくにちがいない。また

「混合」カップルの子供もうまれ、成長しつつある。かれらはヨーロッパに属しながら、その根の一部をマグリブや中東にもっている。移民出身のエリート層も形成されつつあり、行政や企業で責任のある地位をしめたり、重要な大臣職に任命されはじめている。芸術家やトップ・レベルのスポーツ選手となって、さまざまな出身のヨーロッパ住民の心をひとつにするような感動をあたえるひとびともいる。

こうした異文化の共生状態はすでにさまざまな形で地中海の南側や東側でみいだされる。たとえば北アフリカや中東の一部ではフランス語が、中東の大部分や湾岸諸国では英語がグローバル化された世界に参入するための重要な手段になっているし、テレビ・ラジオその他のメディアを媒介とした人や思想や情報・娯楽のながれがアメリカのみならずヨーロッパさらにはアラブ゠イスラーム圏のなかをかけめぐっている。それによって公式ではない、日常的なひとつの文化的アイデンティティーが形づくられている。それはアッ゠サハーブ・プロダクション版《ジハードと殉教》という《大きな物語》が主張するような西洋にたいするはげしい敵意という形で要約できるようなものではない。むしろたえず行われる異種交配作用のなかで形成されていくものである。たしかにそれはその時々の世界・地域の政治状況やうつろいやすいさまざまな要素の影響をうけて幻惑と拒絶、好感と嫌悪感のあいだでたえずゆれうごいてはいる。ここでは好意と敵意が個人個人の内面のなかでいりまじっている。他者を人間ではない悪魔のような存在とみなす言説がくりかえされ（殺人狂ザルカーウィーのおぞましい行為はその極点である）、デンマークの事件のように他者を戯画化してあつかうことが頻繁におこなわれる。しかしヨーロッパと「近東」（この地域は伝統的にヨーロッパからこのようによばれていた）のあいだにはこれまでとはちがった政治的選択肢が存在する。アメリカの新保守主義者やアル゠カーイダのジハード主義者がためしてみた《テロと殉教》という政治的選択肢が破綻したのだから、もうひとつ別の選択肢をためしてみるべきであろう。

ヨーロッパはアメリカの《対テロ戦争》に際して軍事的に重要な役割をはたすことができなかった。これは一見、ヨーロッパの弱点のように見えるが、しかしこの弱点は実際には力である。上から力ずくで民主化をおしすめようとする軍事的オプションが失敗したのだから、もうひとつの選択肢、中東を旧大陸と経済的に統合するというプロセスをためしてみるべきであろう。そうすれば地中海の南側と東側に企業家の集団が形成され、民主化プロセスが根づいていくだろう。トルコではすでにそれがおこっている。政治的統合は紆余曲折があるだろうが、トルコのヨーロッパ連合との経済的統合は着実にすすんでいる。それによってトルコの市民社会形成が強化され、複数体制と民主主義が確保された。その結果、イスラーム主義の野党が政権をにない、アタテュルクによって建設された共和国のライシテを尊重すると同時に、かつての権威主義的・軍事偏重的傾向を是正するにいたったのである。ヨーロッパ大陸に定住したイスラーム系住民の社会統合にはフランス式ライシテからイギリス・オランダの共同体主義までさまざまな様式が存在する。しかし、さまざまな差異をこえて、そのすべてがポストモダンの世界における異文化共生を実現するための生きた実験場となっている。そこにはたしかに困難はある。しかしそれはさまざまな異種交配を実現し、そこからあらたな豊かさと優れたものがうみだされているのである。

昨日まで弱点であったものから明日の力をひきだすこと――ヨーロッパのこのような逆説的な性格は地中海という地理的条件にかかわるある必要性と密接にむすびついている。地中海は地域交流の一大幹線であり、これを軸にして人類史上もっとも豊かな文明がいくつも形成されてきたのに、それが今では休眠状態である。大西洋という太いパイプで新大陸とつながれたヨーロッパ連合は顔を西にむけている。一方、湾岸地域は石油を渇望し資金力もある極東ばかりに目をむけている。このふたつの逆方向の志向性のあいだで、地中海の役割は極端にちいさくなってしまっている。しかし人口の数や人的資源の可能性という点ではその重要性はきわめておおきい。それが発展のために利用されなければ、地域はあらたな中世（アル＝カーイダの狂気はその予兆だ）へ退行し、制御不能な人口増加がおこり、貧困が蔓延すると同時にジハードの嵐がふきあれ、湾岸地域のみならずヨーロッパも危機におちいるだろう。中世の再来という悪夢やそれがもたらす黙示録的状況を阻止するためには地中海の再活性化を推進するという選択肢しかない。それはなにも厳密な意味での沿岸国に限定された狭義の「地中海連合」を形成するということにはかぎられない。実際、沿岸国の経済的補完性というのは今のところは限定的なものでしかない。私が言いたいのは、地中海を「ハブ」化して、そのまわりに文化的・地理的隣接性によってむすばれた一大地域圏を形成するということである。そうしたまとまりをもってはじめて、二一世紀のグローバル化された世界においてこの地域は存在感をみせることができる。さもなければアジアとアメリカのあいだで板ばさみになって、従属的な地位に甘んじるしかないだろう。

地中海を中心軸にしたこの一大地域圏は北海からペルシア湾にまでひろがり、ヨーロッパと湾岸諸国とレヴァント地方・北アフリカ地域という三つの地域を統合する。そのなかでヨーロッパは確固とした産業構造と豊かな技術力、先進的な大学教育や科学研究という切り札をもっており、湾岸諸国は石油資源と資金力をもっている。そしてレヴァント地方と北アフリカの人口増加は将来、おおきな切り札となるだろう。こうした利点はそれぞれ補完的にはたらくが、しかしそれぞれは短所ももっている。老いつつあるヨーロッパには新世紀において現在の地位をたもつための活力や熱気が欠けている。人口がすくない湾岸諸国は産業・経済政策のみならず、教育研究機関を整備して先進国への離陸を確実にしなければならない。一方、過剰で教育水準が不十分な人口をかかえた北アフリカとレバノンは自国民のために雇用を確保しなければならない。移民は一時しのぎの策でしかない。こうした欠点にくわえて長びく構造的紛争という問題がある。それが現在、世界の危機の中心点になっているのだ。ジョージ・W・ブッシュの二期の政権のあいだ、アメリカの政治工学はそれを強攻策で解決しようとしたのだが、失敗し、世界を、そしてこの地域を一触即発の状況におとしいれてしまった。

中東にはその固有なアイデンティティーや中東と世界の関係におおきな影響をあたえているふたつの重要な係争地帯がある。それはレヴァント地方と湾岸地域である。レヴァント地方の紛争のもともとの原因はイスラエルとパレスチナの対立にあり、それが一九七〇年代までヨルダンをまきこんだ後、レバノンやシリアに拡大した。湾岸地域の対立はもっと複雑な性質をもっているのだが、ある海域をめぐるペルシア人とアラブ人の覇権争いが主因のひとつになっている。その海域の呼称についてさえ対立があり、イランや大半の資料はそれを「ペルシア湾」とよび、アラブ人は「アラビア湾」とよんでいる。この海域が重要なのはそれが地球のエネルギーの供給源になっているからである。対立の底流にはイスラームの解釈をめぐるスンナ派とシーア派のライバル関係がある。とはいえ、シーア派はペルシア世界に限定されず、アラブ文化にふかく根ざしているから、宗教的対立がそのままペルシアとアラブの対立に重なるというわけではない。この点はとりわけイラクやレバノンのケースをみればわかる。イランはレバノンのヒズブッラーをコントロールすることによってレヴァント地方におけるゲームで切り札をにぎっている。イランの同盟者レバノンのシーア派は二〇〇六年夏、イスラエルを攻撃し、「神聖なる勝利」をかちとったと主張したし、二〇〇七年一二月、エミール・ラッフードの任期がおわった後、意にそまぬ候補者がレバノン大統領に就任するのを阻止するほどの影響力をもっているからである。ジョージ・W・ブッシュは二期の任期中、シャロンやその後継者エフード・オルメルトの政策を支持するだけで満足していたが、二〇〇七年の一一月、やっとイスラエル＝パレスチナ紛争の平和的解決をうながすためにアナポリスに関係国をあつめて会議を開催させようとした。しかし実際にはあつまったイスラエルやアラブの指導者たちはイラン枢軸に対抗するための共同戦線を形成しようとしただけだった。実際、この会議はイラク侵攻によって地域の力関係を修正し、イラクを手始めにしてパレスチナ問題を解決しようとしたアメリカの戦略の失敗をあきらかにしただけだった。《対テロ戦争》が破綻した結果、パレスチナ問題はさらに混迷をふかめ、その解決のためにはシリアやベイルート南部、ガザ地区、イランなども考慮にいれなければならなくなった。アメリカ政権の上層部では、ディック・チェイニー副大統領の周辺にあつまったイデオローグたちが国防省や国務省の責任者たちの組織的抵抗に直面している。イスラーム共和国（イラン）への軍事攻撃を予告するような勇敢な発言にペンタゴンの戦略専門家たちは懸念をふかめている。かれらは実戦部隊がイラン攻撃とイラクのシーア派地域占領統治とを両立できないことをよく知っているからである。イランを攻撃すればすぐさまバソラやナジャフ、バグダードで民衆がはげしく反発するだろう。二〇〇七年一二月七日、アメリカのさまざまな情報機関が公表に同意した情報を総合して作成される国家情報評価という報告書が発表されたが、この報告書はイランが核兵器保有の能力をちかい将来もつことはないとして、ホワイトハウス内の好戦的イデオローグたちの主張に根拠がないことをあきらかにした。これはジョージ・ブッシュの任期がおわればアメリカの中東政策が一新されるであろうことを予兆するものであった。

二〇〇七年春、筆者はテヘランを訪問したが、たいていの人はアメリカの軍事攻撃はありえないと予想していた。というのも、そんなことをすればイランがすぐさま周辺の石油が豊富な首長国に報復攻撃をおこなうことをアメリカは知っているからである。そうなれば、瞬時にして世界的なエネルギー危機・経済危機がおこるだろう。湾岸地域を舞台にしたこの「恐怖の均衡」を背景にしてアフマディネジャード大統領は核開発のおどしをかけている。これはかれ自身にとっても危険な賭である。こうした脅迫をつづけていると、イラン政府は自縄自縛におちいってしまう。イランはエネルギー資源と海外からの投資資金を結合させれば湾岸地域をきわめて豊かにすることができるのに、その道をみずからふさぐことになる。暴力や社会混乱を拡大し、エスカレートさせていくと、ワシントンの新保守主義者《ネオコン》とテヘランのネオ・ホメイニー主義者の立場をつよくするばかりである。こんな奈落に転落するような競争はやめて、イランをペルシア湾対岸のアラブ系諸国や、さらにはパイプライン網をつうじてヨーロッパにむすびつけ、地域全体を繁栄させることができれば、政権の態度も変化するだろう。それはイランの政治体制が変化する第一歩となるだろう。イランは宗教指導者や革命親衛隊の桎梏から解放されさえすれば、その市民社会はもともと相当な底力をもっている。湾岸地域の危機が解決されるとしたら、それは経済的繁栄という善意の強制によるほかはない。たとえばイランからヨーロッパへ天然ガスを輸出するとしよう。石油は柔軟な輸送路がつかえ、輸出先も簡単に変更できるが、ガス輸送は固定的なパイプラインによるから、生産国と消費国のあいだで長期にわたる協定がむすばれ、関係が安定していることが必要となる。そうなれば破局をもたらすような脅しはかけられなくなる。それはまずなによりも脅しをする当人にとっての本当の利益をおびやかすことになるからである。逆説的だが、もうひとつ明日の平和と安寧にとって重要な要素がある。核エネルギーである。たしかにそれは今日、世界の破局をもたらすかもしれないと恐れられている。しかし地球は温暖化におびやかされ、石油産出量のピークもすでにすぎたとかんがえられているから、数十年後、石油は地球の主要なエネルギー源とはみなされなくなっているだろう。だから、それにそなえるためにも湾岸諸国は今から核エネルギー開発に投資しなければならない。さもなければ「黒い黄金」時代以前の遊牧民時代の窮乏状態にもどるとまでは言わないまでも、世界からとりのこされてしまう。軍事的核拡散とは正反対に、ペルシア湾の両岸で民生核施設ができれば、あらゆる軍事的冒険主義にたいする抑止力になるだろう。イランのバンダレ・アッバースであれサウディアラビアのダンマームであれ、原子力発電所が爆撃されれば、そこから発生する放射性物質をふくんだ雲は風の吹くまま、民族や宗派に無関係に、ペルシア人もアラブ人も、シーア派もスンナ派もなぎたおしていくだろう。しかし原子力エネルギー開発が可能になるためには、地域が経済的に十分に統合され、ヨーロッパがそのパートナーとなって施設を提供すると同時に、その稼働、維持、安全を確保して、第二のチェルノブイリがおこらないようにしなければならない。繁栄によってもたらされる相互信頼が好循環をうみだし、テロの危険性を無化するだろう。また原子力エネルギーが原子爆弾による地球の破壊という亡霊をもたらすのではなく、石油濫用による地球温暖化を克服し、世界の持続的発展の鍵となることができるとしたら、それもまた経済的繁栄によってひとびとのあいだに相互信頼がうまれるときだけであろう。

わたしは夢物語をかたっているのではない。《対テロ戦争》や《武装ジハード》が失敗におわったのだから、地中海を軸としたヨーロッパからペルシア湾にいたる地域の一体的な経済発展を実現し、それによって平和を構築する以外、選択肢はのこっていないというだけのことである。イスラエルとアラブの紛争を解決しようとする試みがなされてきたが、過去のその失敗もわたしの主張を裏づけてくれる。一九九〇年代のオスロ合意は途中で頓挫し、第二次インティファーダの暴力のなかで終焉をむかえた。それはイスラエルとパレスチナというちいさな地域（たとえそれにヨルダンとエジプトをくわえても）には経済的に持続する力はないと世界の大投資家たちがかんがえたからである。ヨルダンやエジプトにしてもおなじことだった。オスロ合意は政治的操作にすぎず、国家が主導しただけで、銀行界や多国籍大企業は関与しなかった。だから最初から失敗を運命づけられていたのである。パレスチナの失業者たちはフラストレーションと絶望をつのらせた。それは最初の期待がおおきかっただけにいっそうはげしかった。かれらは数年後、失望のはけ口を自爆テロのなかにみいだすことになる。今日、一見するとレヴァント地方と湾岸地域のあいだには紛争の伝播という関係しかないようにおもわれる。つまりイランがレバノンに介入したり、パレスチナの「殉教作戦」がイラクに伝播したりするなどということが両者のあいだで頻繁におこっている。しかし両者のあいだには、そうしたものほど注目されないが、それとおなじくらい重要な平和的な交流が存在する。レバノンやパレスチナの青年のなかでも大胆なひとたちはベイルートやラマッラー、ガザでは職が見つからないから、カタルやドバイ、アブ・ダビに行って、事業をおこしたり、銀行業や仲買人をしたり、王家の顧問になったりしている。だから、もし故国で平和が実現すれば、かれらはアラビア半島の首長国・王国で苦労して築きあげてきたネットワークを故国でいかすことができるだろう。かれらは出稼ぎ先で他の外国出身者と交流をもった。湾岸地域で自分の知識や人脈をいかしたいとかんがえたヨーロッパ出身者やヨーロッパに移民したイスラーム教徒たち（その数はどんどんふえている）である。さらにイスラエルで活動する銀行のなかにはサウディアラビアにも進出し、現在の石油収入を将来の核エネルギー開発資金にするという計画に関心をもつものがおおくなっている。一部の銀行はイスラーム金融であつめられた資金の投資業務に参加している。

このように湾岸地域から北海にいたる全地域において交流のネットワークをたえず緊密にすることによってはじめて平和を構築し、繁栄を持続させることができる。そのためには資本や財やサービスがいきかうだけではなく、わかい世代に地域共通の教育をほどこすために大規模に投資し、文化を共通化させる努力が必要である。言語や知識の習得と将来のエリートが違和感をかんじることなく行き来できる空間の構築がなによりも先決である。古代ヘレニズム時代、アレクサンドロス大王の帝国が繁栄したのはギリシャとレヴァント地方とペルシアの文明が広大な空間のなかで融合したからであった。国境は人間を足どめし、商品の流通を阻害し、思想の伝播を阻止する。スーサでの集団結婚式（訳注：前三二四年アレクサンドロス大王はイランのスーサで自分の将兵をイラン女性と結婚させ、自身もペルシア王の娘と結婚した）はそうした国境線をこえた交配・雑種化による普遍的文化の誕生を象徴する出来事だった。ついで、ヒジュラ直後の数世紀のあいだ、イスラーム帝国がビザンチン帝国の地中海とササン朝イランというかつては異質であり、敵対的であったふたつの文化をおどろくべき形で交流させ、科学と技術の異例なまでの発展によって特徴づけられたあたらしい時代をつくりだした。その一五世紀後、この地域はもはや世界の唯一の中心ではなくなったが、それは依然として世界のもっとも敏感な地域のひとつでありつづけている。というのもその地域は内部の対立のために、世界の地政学において苦痛にみちた、対処のむずかしい地域でありつづけているからである。しかし、ヨーロッパ連合の経験は、広大な経済的・法的・文化的統一体を征服や戦争によるのではなく、そのメンバーの相互の同意によって実現することができるということをしめした。もちろん、現在のような形での政治的連合が湾岸にまでひろがるという所まで、ひとびとのメンタリティーはすすんではない。それどころか、トルコの連合加盟にさまざまな障害が発生しているのをみてもわかるとおり、そうした予想をするのはまったく非現実的である。近東でも、ヨーロッパでも、まだだれもそうした気持にはなっていない。しかし経済的共同体や大学間の協力関係や文化交流の推進は、まだ十分なレベルに達してはいないにしても、はじまりつつある。また湾岸地域の資本がいろんな分野でマグリブ諸国の開発に出資している。それはヨーロッパの産業やテクノロジーが大量に輸出される可能性をひらくと同時に、現地での雇用を創出し、ひいてはヨーロッパへの危険な人口流入圧力を緩和し、北アフリカの社会不安定化の危険を減少させるだろう。ヨーロッパと湾岸と地中海という三つの地域をつなげて、ひとつのインターフェイスを構成するためには、政治的意志を発揮して、この三空間のうちの前者ふたつ（ヨーロッパと湾岸）が今もっている自然な経済的志向性に対抗することが前提となる。現在のように湾岸地域がアジアに、ヨーロッパが大西洋にひたすら顔をむけつづけるとしたら、地中海はあらゆる危険にみちた見捨てられた空間になってしまうだろう。これが《テロ》と《殉教》の時代の教訓である。ヨーロッパと近東にとって、共同して文明の挑戦をうけてたつしか選択肢はない。そして地中海を再生することによってレヴァントから湾岸にいたる地域に平和と繁栄をきずくのだ。さもなければ両者はともに没落し、消滅した世界のひとつとして博物館にその遺品が陳列されるだけの存在になってしまうだろう。

原注

第一章

(1) 現代サウディアラビアのイスラーム主義については次の参考文献を参照。ステファンヌ・ラクロワ『諍いの場――サウディアラビアにおけるイスラーム主義の政治社会学、一九五四年から二〇〇五年』政治学院博士論文、二〇〇七年一二月。

(2) ル・モンド紙、二〇〇七年五月二日号参照。

(3) 『グアンタナモ全拘留者公式リスト』国防省、二〇〇六年五月一五日。

(4) フィリップ・Z・ゼリコウ「黄昏の戦争における司法政策」二〇〇六年三月一〇日、http://www.state.gov/s/c/rls/rm/65947.htm.

(5) 二〇〇五年六月七日の発言。ナショナル・ジャーナル紙二〇〇六年二月四日号に引用。

(6) デンボー・アンド・デンボー弁護士事務所によっておこなわれた最初の調査は拘留者の大半が戦闘でたまたま捕虜となったにすぎず、情報収集という点ではあまり価値のない存在であると報告した。「グアンタナモ拘留者にかんするレポート――国防省データにもとづく五一七名の拘留者のプロファイル」(law.shu.edu/aaafinal.pdf)、「グアンタナモ抑留者にかんする第二のレポート――誰がわれわれの敵かという点について政府機関相互および内部の意見の不一致」(law.shu.edu/news/

second_report_guantanamo_3_20_final.pdf）「拘留中のグアンタナモ拘留者――国防省記録からのデータ」（law.shu.edu/news/guantanamo_third_report_7_11_06.pdf）。これにたいして国防省はウェスト・ポイント陸軍士官学校対テロ戦争センターに二度目の調査を委託した。センターは第一次調査と反対に拘留者の大半が危険人物であることを実証し、デンボー・レポートを批判した。陸軍中佐ジョゼフ・フェルター博士、ジャレット・ブラックマン博士『対テロ戦争センター・レポート――五一六名の戦闘員身分再審法廷の評価、非機密扱い要旨』（二〇〇七年七月二五日）（www.ctc.usma.edu/csrt/ CTC-CSRT-Report-072407.pdf）参照。

（7）人権団体ヒューマン・ライツ・ウォッチの責任者のひとりトム・マリノフスキーによればグアンタナモの拘留者は社会学的に言えば固有の意味でのテロリストの核を構成しているひとびとというよりはビン・ラーディンを賞讃する「何十万人もの怒れるイスラーム青年たち」の抽出サンプル見本である。ロサンゼルス・タイムズ紙二〇〇六年三月一六日号参照。マイケル・ショイアーはアノニマスというペンネームで『われわれの敵の目をとおして』（ニューヨーク、二〇〇三年）と『帝国の傲慢』（ニューヨーク、二〇〇四年）を出版している。

（8）二〇〇四年七月二六日に「憲法上の権利センター」がネットに掲載したシャフィーク・ラスール、アースィフ・イクバールおよびルハール・アフマドの証言「合同陳述――アフガニスタンとグアンタナモ湾での拘留」参照。かれらの物語はマイケル・ウィンターボトムの映画『グアンタナモへの道』（二〇〇六年）でもとりあげられた。フランスのムラード・ベンシェッラーリーも『地獄への旅』（パリ、二〇〇六年）を出版している。ル・モンド紙に掲載されたかれの論説「グアンタナモのキャンディー」（二〇〇六年六月一七日）やヒューマン・ライツ・ウォッチのレポート『数字によって――拘留者虐待調査と責任追及プロジェクト』（二〇〇六年四月二六日）、http://hrw.org/reports/2006/ct0406）も参照。

（9）マーク・ダナー『拷問と真実』ニューヨーク、二〇〇四年、一〇八～二一四ページ参照。

（10）ジョルジョ・アガンベン『目的なき手段』パリ、リヴァージュ、一九九五年、五〇ページ、アン・アルヒテクトゥーア誌「治外法権地域と収容所――《テロとの戦い》における法的・政治的空間」（二〇〇三年二月、http:// eipcp.net/transversal/0603/anarchitektur/fr）スコット・マイケルソン、スコット・カトラー・シャーショー共著「グアンタナモの《ブラックホール》――戦時法と主権的例外」（ミドル・イースト・レポート・オンライン、二〇〇四年一月一一日）を参照。

（11）ジョン・H・ヨー（新保守主義のシンクタンク、アメリカン・エンタープライズ・インスティテュートと関係がふかいカリフォルニア大学法学教授)の「ケリーはグアンタナモの試験に落第」(ウォール・ストリート・ジャーナル誌、二〇〇四年一一月二月号)参照。司法省高官であるヨー氏は二〇〇二年八月、グアンタナモで実施されている尋問方法は拷問ではないという法的論拠を発表した。M・ダナーの前掲書一〇八~一一四ページを参照。

(12)「グアンタナモへの帰還――ウィリアム・ブルドン氏との対談」(『チャレンジ――自由と治安』二〇〇五年二月一四日、http://www.libertysecurity.org/article136.html)

(13) オンライン版タイムズ(二〇〇六年六月一四日)

(14) 著名な調査ジャーナリスト、セイモア・ハーシュの記事の内容は後にその著書『命令系統』(ニューヨーク、二〇〇四年)に再掲された。フランス語翻訳は『付随的損害――《対テロ戦争》のかくされた姿』(パリ、ガリマール、二〇〇五年)

(15) メアリー・アン・テトロー「アブー・グレイブの性の政治学――ヘゲモニー、スペクタクルと国際的対テロ戦争」(NWSAジャーナル第一八巻第三号、二〇〇六年、三三~五〇ページ)参照。

(16) タグバ=シュレジンジャーの報告書全文はM・ダナー前掲書(二七一~四〇〇ページ)に掲載。

(17) ファード・アジャミー『外国人の贈り物――イラクにおけるアメリカ人とアラブ人とイラク人』(ニューヨーク、二〇〇六年、二四八ページおよび二五〇ページ)

(18) ルルワ・ラシード嬢は政治学院で私の指導のもと現代イラクにかんする博士論文を完成させたが、以下の考察をおこなうに際してわたしはラシード嬢の現地調査と注目すべき分析を参考にした。ラシード嬢に感謝したい。

(19) 日刊紙ハヤート(二〇〇四年九月二日)に掲載されたファトワーでシャイフ・カラダーウィーは「アメリカの民間人とたたかうことはイスラーム教徒にとって義務である。というのもかれらは兵士や占領軍を援助するためにイラクにいるからである」と述べている。このファトワーは一一月一九日にも確認されているが、後にカタルでの欧米の外交官にたいする説明では否定されている。実際、「民間人」という概念にはあいまいなところがある。シャイフ・カラダーウィーにとって「戦闘員」(戦闘員を援助するものもすべてそこにふくまれる)と「非戦闘員」の区別だけが重要なのである。このファトワーに注意を喚起してくれた政治学院博士課程学生のナビル・ムリーヌに感謝する。

(20)「シャイフ・ウサーマ・ビン・ラーディンの指揮下にあるアル=カーイダ組織への忠誠の誓い、二〇〇四年一〇月一七日」参照。これはザルカーウィーの声明集『誇り高き信仰をもつシャイフ・アブー・ムスアブ・ザルカーウィーの演説と発言集。

イスラームの獅子シャイフ・アブー・ムスアブ・ザルカーウィー（神がかれに慈悲を賜りますよう）の演説アーカイヴ（発表年代順）、二〇〇六年六月一〇日』第一版、シャバカ・ブラーク・イスラーミーヤ、一七二ページ（http://press-release.blogspot.com/）に収録。

（21）アブー・ムハンマドという署名で「ヒジュラ暦一四二六年ジュマーダー・アーヒラ月二日サブト」（つまり二〇〇五年七月九日土曜日）の日付がうたれ、ザワーヒリーからザルカーウィーにあてられた手紙（http://www.fas.org/irp/news/2005/10/letter_in_arabic.pdf）を参照。

（22）以上のデータついては二〇〇六年一〇月二六日のBBCニューズの「イラクにおける暴力——事実と数字」（http://news.bbc.co.uk/2/hi/middle_ east/5052138.stm）を参考にした。

（23）http://www.youtube.com/watch?v=sLuYoIT1hi0 のビデオを参照。

（24）ムハンマド・M・ハーフィズ『イラクの自爆テロ実行犯——殉教の戦略とイデオロギー』（ワシントン、二〇〇七年）参照。

（25）選挙後、二度目にテレビに出現した二〇〇五年七月二五日のイラン大統領マフムード・アフマディネジャードの発言。演説抜粋については『MEMRI特別配信シリーズ』九四五号を参照。この後もイラン大統領は殉教を何度も賞讃している。

（26）サドル家についてはハミード・ナースィル『サドル派の父から子への継承』（パリ政治学院修士論文、二〇〇五年）や国際危機グループ報告書「イラクのムクタダー・サドル——破壊者か、それとも安定をもたらすものか」（『ミドル・イースト・レポート』第五五号、二〇〇六年七月一一日）が役だつ。

（27）現代の状況下でシーア派の黙示録的文献が政治的にもてはやされるようになっているが、これについてはジャン＝ピエール・フィリューが研究指導資格論文『イスラーム世界における黙示録』（政治学院、二〇〇八年）で調査している。

第二章

（28）ダマスカスとヒズブッラーの関係の変化についてはエミール・ホカイム「ヒズブッラーとシリア——代理関係の増大」（ワシントン・クォータリー誌第三十巻第二号、二〇〇七年春、三五〜五二ページ）

（29）二〇〇七年九月、筆者はヒズブッラーの本拠地であるベイルート南部郊外で副書記長シャイフ・ナイーム・カースィムにインタビューをおこなった。その際、カースィムはイランと連合したヒズブッラーが中東のアメリカ化に対抗できる唯一の反対者であると述べ、ワシントンがレバノン大統領に誰をえらぶにせよ、ヒズブッラーにとってうけいれられない人物なら選出を妨害するつよい決意をもっていると明かした。アメリカがイラクにおける敗北をベイルートでの政治的成功によって穴埋めするのを容認しないということである。本書が印刷にかけられている時点（二〇〇八年一月）で、ヒズブッラーはエミール・ラッフードの後継者選出を妨害することに成功した。ヒズブッラーが間接的にうごくことで、テヘランはレバノン状況を完全にコントロールしているようにみえる。

(30) この分類はジョゼフ・アラーガーがあきらかにした。『ヒズブッラーのイデオロギーの変換』（アムステルダム、二〇〇六年一〇八～一〇九ページ）

(31) ナイーム・カースィム『ヒズブッラー――内部からの物語』（ロンドン、二〇〇五、五五～五七ページ）

(32) 同右、四五ページ。

(33) 同右、四四ページ。

(34) 同右、四七ページ。

(35) 同右、四八ページ。

(36) ナスラ・ハサン「信者たちの武器庫」（ニューヨーカー誌、二〇〇一年一一月一九日）

(37) シャウル・ミシュアル、アブラハム・セラの『パレスチナのハマース』（ニューヨーク、二〇〇〇年、とりわけ四九～八二ページ）

(38) ムハンマド・M・ハーフィズ（『人間爆弾製造――パレスチナ自爆テロ実行犯の養成』ワシントンDC、二〇〇六年、二〇〇ページ）の作成した表によると、一九九〇年代の世論調査では「殉教作戦」への支持は二一・一から三二・七パーセントのあいだを動いており、反対は五四・五から七〇・一パーセントだった。ミア・ブルーム（『殺すために死ぬ――自爆テロの魅力』ニューヨーク、二〇〇五年、一九三ページ）が提示する表もほぼおなじような傾向をしめしている。

(39) この文書とそれにかんするコメントについてはハーリド・フルーブ『ハマース――その政治的思考と実践』（ワシントン、二〇〇〇年、三〇六～三一二ページおよび二四六ページ以降）参照。

(40) こうした見解をめぐる議論についてはデイヴィッド・ブライアン・クック『過激イスラームと殉教作戦――合衆国はなにを

すべきか?』(ライス大学、二〇〇五年三月)参照。

(41) この発言についてはクウェートの雑誌アル=ムジュタマゥ誌(クウェートのムスリム同胞団機関誌)の一九九六年三月一九日号を参照。

(42) ハヤート誌、一九九七年八月四日。

(43) このファトワーはヨルダンの週刊誌アッ=サビール誌(ムスリム同胞団機関誌)第一二一号(一九九六年三月一二日)に掲載された。

(44) 『クルアーン』「アル=アンファール(戦利品)章」第六〇節。翻訳はジャック・ベルク(パリ、二〇〇二年、アルバン・ミシェル)のものを踏襲するが、ベルクが「おどろかせる」と訳している単語(『クルアーン』のアラビア語原文はtourhibouna)は「恐怖におとしいれる」にした。もちろん、カラダーウィーはクルアーンのアラビア語テクストに準拠している。これは『クルアーン』でつかわれている単語の多義性の非常に印象的な例となっている。ジャック・ベルクの翻訳はその単語を非常に陳腐な意味に還元してしまっているが、シャイフ(カラダーウィー)はそれを別の文脈のなかにおきなおし、アッラーの敵を恐怖におとしいれることについて肯定的な含意をあたえ、それに宗教的な基礎を付与する。アッラーの敵というのはこの節の前の節で「正しい信仰をもたないもの」、つまり不信仰者《カーフィル》とされているが、この言葉を最大限に拡張すると、それはイスラエル人やユダヤ人だけに限定されず、すべての「アッラーの敵」を意味することになる。つまりそれぞれのウラマーやジハード主義者がファトワーを書く時に、好き勝手にどんな人間でもそこにふくめることができるのである。

(45) アル=ジャズィーラの報道姿勢のこのような解釈はカタルのテレビ局にかんして政治学院で博士論文を執筆したクレール・タロン嬢の独創的でふかい考察に非常におおくを負っている。タロン嬢にここで感謝の意を表明したい。

(46) このテクストの翻訳と注釈はG・ケペル、J・P・ミレリ共編『テクストで読むアル=カーイダ』(パリ、PUF、二〇〇五年、六二~六九ページ)に掲載されている。

(47) ローレンス・ライト『蜃気楼にうかぶタワー――アル=カーイダと九・一一への道』ニューヨーク、二〇〇六年(フランス語版『かくされた戦争――アル=カーイダとイスラーム主義テロリズムの起源』パリ、二〇〇七年)

(48) ムハンマド・M・ハーフィズ(前掲書、二〇ページ)によれば自爆テロの支持率は二〇〇〇年一二月には六六・二パーセントにまで上昇、その後もそれと同程度か、あるいはそれよりもたかい水準で推移し、二〇〇三年一〇月には七四・五パーセントにたっした。同様の傾向をミア・ブルーム（前掲書、一九三ページ）も指摘している。

(49) 二〇〇二年四月二四日のコミュニケ。英語版がデイヴィッド・B・クック『ジハードを理解する』（バークレイ、二〇〇五年、一七七ページ）に掲載されている。

(50) バルバラ・ヴィクトル『シャヒーダ――パレスチナのカミカゼ女性』パリ、フラマリオン、二〇〇四年、四一ページに引用

(51) ルネ・ジラール『暴力と聖なるもの』パリ、再版一九九〇年、一九ページ。

(52) 二〇〇一年九月一一日直後から二〇〇五年二月まで。ムハンマド・M・ハーフィズ（前掲書）の表による。

第三章

(53) 以下で言及するサイトのアドレスはユーチューブの検索エンジンからひきだしたものである。www.tajdeed.net や www.alhesbah.org などのサイトはいくつかのビデオ閲覧のためにたくさんのリンクをはっているが、以下のサイトもそうしたリンク先にふくまれている。両サイトはしばしばリンク先の多数のビデオを画像の質によって分類している。

一部ビデオはネットから削除されたり、あるいはビデオ検索エンジンで検索できなくなっているので、現在有効ではないアドレスはあげないことにした。そうした資料は www.terreuretmartyre.com. のサイトで入手可能である。

(54) アブー・ムスアブ・スーリー『国際的イスラーム抵抗運動へのアピール』（http://www.mjotd.com/Library/books.rar）。英語の部分訳が二〇〇六年一〇月、DCIA対テロセンター、テロリズム分析事務局によって『イスラーム抵抗運動へのアピール――アブー・ムスアブ・スーリー、ウマル・アブドゥル・ハキーム』という題で出版されている。

国際的ジハード主義運動内部の戦略と目標にかんする議論については『基盤の亀裂――一九八九～二〇〇六年のアル＝カーイダ内部の主導権あらそい』（ウェストポイント・対テロ戦争センター、二〇〇七年九月、http://ctc.usma.edu）を参照。

(55) 「シャイフ・ウサーマ・ビン・ラーディンの指揮下にあるアル＝カーイダ組織への忠誠の誓い、二〇〇四年一〇月一七日」（『ザルカーウィーの演説アーカイヴ』前掲書、一七二ページ、http://press-release.blogspot.com/）

(56) アブー・バクル・ナージー、『無法地帯の管理――イスラーム信仰共同体が経験するであろうもっとも危険な局面』。このテクストはアブー・ムハンマド・マクディスィーのサイト（http://www.tawhed.ws/a?i=416）で入手可能。ウィル・マッカン

ツによる翻訳（題は同一）は www.wcfia.harvard.edu/olin/ と「対テロ戦争センター」のサイト www.ctc.usma.edu で入手可能。

(57) 二〇〇六年七月二七日、アッ＝サハーブ・プロダクションがながしたビデオ「ガザとレバノンにたいするシオニストの攻撃」参照（http://www.youtube.com/watch ?v=RShJVZqGINg）

(58) アッ＝サハーブ・プロダクション製作のビデオ「イスラーム共同体の殉教者と殉教のプリンス」参照。このビデオは二〇〇六年六月二三日、アル＝ジャズィーラによって放映された。http://www.youtube.com/watch ?v=FXuwCFzMCBg で入手可能。

(59) ビデオ「行動のための知――マンハッタン襲撃、二〇〇六年九月」全二巻、アッ＝サハーブ・プロダクション。

(60) ビデオ「ニューヨークとワシントンの襲撃から四年たって、二〇〇五年九月」アッ＝サハーブ・プロダクション参照。アル＝ジャズィーラは二〇〇一年九月一一日テロの四年目の記念日にこのザワーヒリーのインタビュー・ビデオの抜粋を放送した。このビデオの完全版は二〇〇五年一二月七日以降、複数のジハード主義者のサイトで入手可能。

(61) ビデオ「騎士たちの遺言、二〇〇五年八月」アッ＝サハーブ・プロダクション参照。

(62) ビデオ「イラク・ムジャーヒディーン諮問委員会、メディア委員会、全世界のイスラーム教徒にたいするニュース、イラクにおけるイスラーム国家創設の告知。国家公式スポークスマンの演説、情報局」参照。このビデオは以下のサイトで入手可能。http://video.google.fr/videoplay?docid=6913627400804182578&q=%D8%AF%D9%88%D9%84%D8%A9+%D8%A7%D9%84%D8%B9%D8%B1%D8%A7%D9%82+%D8%A7%D9%84%D8%A5%D8%B3%D9%84%D8%A7%D9%85%D9%8A%D8%A9&total=231&start=30&num=10&so=0&type=search&plindex=1

(63) 二〇〇五年一二月八日にアル＝ジャズィーラで放映されたビデオでザワーヒリーはイスラーム信者共同体にパキスタン地震被災者であるイスラーム教徒を援助するために運動するようよびかけた。

(64) 二〇〇六年一月六日、アル＝ジャズィーラはザワーヒリーのビデオをながした。そこでザワーヒリーはアメリカ大統領ジョージ・W・ブッシュにイラクでの「敗北をみとめる」ようながし、アラブ連盟がイラク和解会議を主催してワシントンの利益のために行動したことを批判した。

(65) アル＝ジャズィーラは二〇〇六年一月三一日、ニュース番組でアッ＝サハーブ・プロダクション製作のビデオの一部を放映した。そのビデオでザワーヒリーはジョージ・ブッシュにたいして激しい攻撃をおこない、アフガニスタンとイラクでの敗北が間近であると予告する。またムシャッラフ大統領にもその対米協力に警告を発し、パキスタン国民に弔意を表明し、ムッラー・ウマルやターリバーンに合流するようよびかける。このビデオはアメリカ軍がアフガニスタンの村を爆撃した後に発表された。爆撃はアル＝カーイダのイデオローグであるザワーヒリーをねらったものだった。ビデオは http://www.memritv.org/clip/en/1015.htm で入手可能。

(66) 二〇〇六年三月五日にアル＝ジャズィーラで放送されたビデオで、ザワーヒリーは冒涜的カリカチュアによって侮辱された預言者ムハンマドの名誉をまもるために欧米、とりわけ「その先頭にたつアメリカ」にたいして「あらゆる戦線で」たたかうよう激励している。

(67) アイマン・ザワーヒリー「トラボラからイラクへ、二〇〇六年三月」、http://www.tawhed.ws/r?i=4001 で入手可能。

(68) アッ＝サハーブ・プロダクション製作のビデオが二〇〇六年四月一二日に al-hesbah.org をはじめとするいくつかのジハード主義のサイトでながされた。

(69) 「ウンマの殉教者にして殉教者のなかの第一人者であるアブー・ムスアブ・ザルカーウィーへの弔辞、二〇〇六年六月三〇日」(『ザルカーウィーの演説アーカイヴ』前掲書、三二〇ページ、http//www.e-prism.org/images/Osama_speeches_-_Ver2_-_3-7-06.pdf.)

(70) ビデオはアッ＝サハーブ・プロダクションにより二〇〇六年七月七日にネットにながされた。http://fr.youtube.com/watch?v=jjsnG20DDPg で三部構成で入手可能。

(71) ビデオ「イスラームへの誘い、二〇〇六年九月」(アッ＝サハーブ・プロダクション製作、alhesbah.org というサイトで二〇〇六年九月二日に放映) 参照。

(72) 二〇〇六年九月二九日にネットに発表されたアッ＝サハーブ・プロダクション製作ビデオ参照。http://www.youtube.com/watch?v=poYTuxHMvwk で入手可能。

(73) 「焦眉の問題、シャイフ・アイマン・ザワーヒリーに聞く、二〇〇六年九月」アッ＝サハーブ・プロダクション。http://video.google.fr/videoplay?docid=3771828952133265057&q=zawahiri&total=433&start=10&num=10&so=0&type=search&plindex=3 で入手可能。

（74） ビデオ「宣教と戦闘のためのサラフィスト・グループ司令官アブー・ムスアブ・アブドゥルワドゥード――シャイフ・アブー・アブドゥッラー・ウサーマ・ビン・ラーディンのグループへの合流の宣言、二〇〇六年九月一三日」および「エジプト・イスラーム団の信者のコミュニケ。隊列の統一、二〇〇六年四月」アッ＝サハーブ・プロダクションを参照。

（75） ビデオ「イスラームと異教徒の戦いの真実、二〇〇六年一一月」アッ＝サハーブ・プロダクション（二〇〇六年一一月一一日、ネット公開）を参照。

（76） ビデオ「正しい等式」アッ＝サハーブ・プロダクション、http://www.youtube.com/watch?v=KFdMPLuvUGs 参照。

（77） ビデオ「ヒジュラ暦一四二七年（西暦二〇〇六年）の教訓と偉業」アッ＝サハーブ・プロダクション、ヒジュラ暦一四二八（西暦二〇〇七年）参照。これは二〇〇七年二月一五日にネット上に公開された。

（78） ビデオ「シャイフ・アイマン・ザワーヒリーとの対話、二〇〇七年五月」アッ＝サハーブ・プロダクション参照。二〇〇七年五月五日にネット公開。

（79） ビデオ「殉教者の長ムッラー・ダードゥッラーへの弔辞。神がかれに憐れみをあたえられますことを」アッ＝サハーブ・プロダクション参照。http://www.youtube.com/watch?v=XasU9lltFP4

（80） 二〇〇七年六月二五日に静止画ビデオ「エルサレム陥落後四〇年」（アッ＝サハーブ・プロダクション）がalhesbah.orgのサイトに公開された。

（81） ビデオ「二〇〇七年七月のある気配り深き人物の忠告」アッ＝サハーブ・プロダクション、http://video.google.fr/videopay?docid=6916812079755110706&q=zawa.iiri&total=424&start=0&num=10&so=0&type=search&plindex=8 参照。

（82） ビデオ「解決策、二〇〇七年九月七日」アッ＝サハーブ・プロダクション http://www.dailymotion.com/video/x2xe4o_2007-ben-laden-reapparait-en-video_news, および「ニューヨークとワシントンの同時襲撃の殉教者の遺言、二〇〇七年九月」アッ＝サハーブ・プロダクション参照。

（83） 「隊列に合流せよ、二〇〇四年一月四日」参照。（前掲書『アーカイヴ』収録、三二ページ、http://press-release.blogspot.com/）

（84） 「アブー・ムスアブ・ザルカーウィーからウサーマ・ビン・ラーディンへ」（前掲書『アーカイヴ』、五八ページ）参照。

（85） 「シャイフ・ウサーマ・ビン・ラーディン指揮下のアル＝カーイダ組織への忠誠の誓い。二〇〇四年一〇月一七日」（同右、一七二ページ）参照。

（86）「一連の声明」、二〇〇五年九月一九日、二〇〇五年九月三〇日、二〇〇五年一〇月七日、二〇〇五年一〇月一四日（同右、三九〇ページ、四二〇ページ―、四三七ページ、四五七ページ）

（87）アブー・ムハンマド・マクディスィー「ザルカーウィー――援助と叱責、希望と苦痛、二〇〇四年七月」、www.tahhed.ws で入手可能。

（88）「アラン（原文のまま）・アームストロング斬首ビデオについて一言、二〇〇四年一〇月一〇日」（『アーカイヴ』前掲書、一六八ページ）

（89）「これはひとびとへの宣言である、二〇〇六年四月二四日」、同右、五一一ページ。

（90）二〇〇六年一〇月の「カリフ国家の声」によるイラク・イスラーム国家創設宣言は www.cvc-online.blogspot.com および http://video.google.fr//videoplay?docid=6913627400804182578&q=%D8%AF%D9%88%D9%84%D8%8A9+%D8%A7%D9%84%D8%B9%D8%B1%D8%A7%D9%82+%D8%A7%D9%84%D8%A5%D8%B3%D9%84%D8%A7%D9%85%D9%8A%D8%A9&total=231&start=30&num=10&so =0&type=search&plindex=1 で入手可能。

二〇〇七年四月一九日におこなわれたイラク・イスラーム国家内閣メンバー発表は www.alhesba.org/v/showthread?t=122910 および http://www.youtube.com/watch?v=iTG1Ah9clMg で入手可能。

（91）イラク・イスラーム軍の軍事行動実行声明はアル＝ボラク・プロダクションによってネットに発表され「イラク・イスラーム軍声明のフォーラム」（シャバカ・ブラーク・イスラミーヤ、http://www.alboraq.info/archive/index.php/f-5.html）で参照可能。

（92）アブー・ムスアブ・スーリー『国際的イスラーム抵抗運動のアピール』前掲書、二七ページ。

（93）スーリーの講義のビデオは次のアドレスでダウンロード可能である。http://video.google.fr/videoplay?docid=5366640494334019 5&q=%D8%A7%D8%A8%D9%88+%D9%85%D8%B5%D8%B9%D8%A8+%D8%A7%D9%84%D8%B3%D9%88%D8%B1%D9%8A&total=31&start=0&num=10&so=0&type=search&plindex=1, http://video.google.fr/videoplay?docid=5333499318791818148&q=%D8%A7%D8%A8%D9%88+%D9%85%D8%B5%D8%B9%D8%A8+%D8%A7%D9%84%D8%B3%D9%88%D8%B1%D9%8A&total=31&start=0&num=10&so=0&type=search&plindex=2, http://video.google.

fr/videoplay?docid=4097601721146345830&q=%D8%A7%D8%A8%D9%88+%D9%85%D8%B5%D8%B9%D8%A8+%D8%A7%D9%84%D8%B3%D9%88%D8%B1%D9%8A&total=31&start=0&num=10&so=0&type=search&plindex=3, http://video.google.fr/videoplay?docid=6120829405577619378&q=%D8%A7%D8%A8%D9%88+%D9%85%D8%B5%D8%B9%D8%A8+%D8%A7%D9%84%D8%B3%D9%88%D8%B1%D9%8A&total=31&start=0&num=10&so=0&type=search&plindex=5.

(94) http://ekhlaas.biz/forum/showthread.php?t=112263 というサイトを参照すること。

(95) アブー・ムスアス・スーリー、前掲書、三七ページ。

第四章

(96) 以下のものを参照。ロレンゾ・ヴィディーノ『ヨーロッパのアル＝カーイダ――国際的ジハードのあらたな戦場』（二〇〇五年）、バット・イェオール『ユーラビア、欧州＝アラブ枢軸』（ワシントン、二〇〇六年：フランス語版も同年パリで出版）、ブルース・バウワー『ヨーロッパが眠っているあいだに――いかにして急進的イスラームが西洋を内部から破壊しているか』（ニューヨーク、二〇〇六年）、マーク・スタイン『アメリカだけが――今ある世界の終焉』（ニューヨーク、二〇〇六年）

(97) 二〇〇四年七月二八日にドイツの日刊紙ディ・ヴェルト紙のインタビューでヨーロッパの将来について問われたバーナード・ルイス教授はつぎのようにこたえた。「ヨーロッパはおそくとも今世紀のおわりまでにはアラブ西部地域つまりマグリブ地方の一部となるだろう。移民や人口増加がそうした方向に事態をすすめることになる。ヨーロッパ人は晩婚傾向にあり、子供を少ししかもたないし、まったく子供を産まないものもおおい。一方、ドイツのトルコ人、フランスのアラブ人、イギリスのパキスタン人など移民は依然としておおい。かれらはわかく結婚し、たくさんの子供を産む。現在の傾向がつづけば、遅くとも二一世紀のおわりまでにはヨーロッパの人口でイスラーム教徒が多数派をしめることになるだろう。」

(98) ロバート・ケーガン『天国と力について――新世界秩序におけるアメリカとヨーロッパ』ニューヨーク、二〇〇三年。

(99) 二〇〇三年一月二三日、ラムズフェルド氏はフランスとドイツは後退しつつある「古いヨーロッパ」を代表しているにすぎないと宣言した。「わたしはヨーロッパがドイツやフランスによって代表されているとはかんがえない。両国は古いヨーロッパにすぎない。ヨーロッパ全体をみれば、その重心が東に移動したことがわかる」とワシントンでの記者会見でかれは宣言した。「侮辱と『古いヨーロッパ』発言」（BBCニュース、二〇〇三年一月二三日）参照。

(100)「アメリカのイスラーム」（ニューズウィーク誌、二〇〇七年七月三〇日号、二四〜三三ページ）

(101) 欧州委員会の意見表明にもかかわらず三月一一日のテロをうけて、ホセ・ルイス・ザパテロのスペイン政府は二〇〇五年二月から三月にかけて大量の不正規移民の正規化をおこなった。スペインに六ヶ月以上滞在し、就労証明書を提示できるものは、不正規滞在者であっても、出頭すれば滞在許可証が発行された。スペインの労働大臣で社会党のヘスス・カルデラによれば、八〇万人いると推定される不正規外国人労働者の八〇パーセント以上がこの措置の対象となった。申請が却下されたのは申請者の三・一五パーセントのみであった。

(102) http://usmedia.over-blog.com/article-1159693.html 参照。

(103) ジル・ケペル『アッラーの西』（前掲書、第二章）参照。

(104) マイク・イングラムの記事「英国：七月七日の爆弾事件には未解決の問題があり、独立調査委員会が必要である」（二〇〇五年八月六日、http://www.wsws.org/articles/2005/aug2005/lond-a06.shtml）および二〇〇五年七月一八日のインディペンデント紙、二〇〇五年七月一八日のサンデイ・タイムズ紙、二〇〇五年七月一八日のワシントン・ポスト紙、二〇〇五年七月二一日のAFXニューズを参照。

(105) アブー・ムスアブ・スーリー、『国際イスラーム抵抗運動へのアピール』前掲書、七二三ページ。

(106) 二〇〇七年七月二二日、BBCのホームページ（http://news.bbc.co.uk/1/hi/uk/6275574.stm）に発表されたアンケート。

(107) ジル・ケペル『アッラーの西』（前掲書）、リサ・アピナネシーおよびサラ・メイトランド『ラシュディー・ファイル』（シラキュース大学出版、一九九〇）参照。

(108) ジル・ケペル、同右。

(109) この事件をあつかった著作のうち、とくにベルナール＝アンリ・レヴィ『誰がダニエル・パールを殺害したか？』（パリ、グラセ、二〇〇三）、マリアンヌ・パールおよびマルク・アルベール『負けない心――夫ダニエル・パールの勇気ある生と死』（パリ、プロン、二〇〇七）を参照。

(110) エリトリア出身のムフタール・サイード・イブラーヒーム（二七歳）はロンドン東部で二六番の市バスにのりこんで自爆テロを実行しようとした。一九九六年二月、かれはルートンの裁判所で五年の禁固刑をうけたが、この犯罪歴にもかかわらず二〇〇四年九月、イギリスのパスポートを取得した。かれは二〇〇五年七月二九日、ロンドンで逮捕された。二〇〇七年一月一六日のタイムズ紙を参照。

(111) レイモンド・ウィタカーおよびポール・ラシュマー「七月七日の記念日——ジープ乗員が自爆テロ事件で裁判所に出廷」(インディペンデント紙、二〇〇七年七月九日)

(112) イギリス内務省「共同して過激主義を予防する(作業グループ報告書)」(二〇〇五年八月~九月)参照(http://www.communities.gov.uk/pub/16/PreventingExtremismTogetherworkinggroupreportAugOct2005_id1502016.pdf)

(113) 「ケン・リヴィングストーン特集記事」(プロスペクト誌一三三号、二〇〇七年四月)。ケン・リヴィングストーン、サイモン・パーカー、デイヴィッド・グッドハート、トニー・トラヴァースの討論を参照。

(114) ジル・ケペル『フィトナ——イスラーム内部の戦い』(パリ、二〇〇四年、三八三ページ)参照。

(115) イギリスのタブロイド紙はロンドンとグラスゴーのテロ未遂事件に関与した医師たちのプロフィールを記事にした。二〇〇七年八月一二日、サン紙は一連のテロ未遂事件の主犯ムハンマド・アシャーの写真を一面に掲載し、それに「邪悪な医師」というタイトルをつけた。デイリー・メイル紙は二〇〇七年八月二七日、七人の医師グループを「テロリスト集団の医師たち」と形容した。

(116) デイヴィッド・グッドハート「ターリク・ラマダーンへの公開状」(プロスペクト誌一三五号、二〇〇七年六月)

(117) ピュー・リサーチ・センター・プロジェクト、ピュー・グローバル・プロジェクト・アティテュード「より穏健なヨーロッパのイスラーム教徒——大いなる分断、西洋人とイスラーム教徒はどのようにたがいを見ているか」(ネイション・ピュー・グローバル・アティテュード・サーヴェイ、二〇〇六年六月二二日、www.pewglobal.org)

(118) クリストフ・ド・ヴォークト『オランダの歴史——起源から現代まで』パリ、ファイヤール、二〇〇四、二一三ページ。

(119) マリー=クレール・セシリア「多文化主義的理想の再検討——イスラームの挑戦をうけるオランダ的寛容」、ル・モンド・ディプロマティック誌、二〇〇五年三月、二一ページおよび二三ページ。http://www.monde-diplomatique.fr/2005/03/CECILIA/11988 でアクセス可能。

(120) フリッツ・ボルケンシュタイン「オランダのイスラーム教徒」(フォーリン・ポリシー誌、第一一二号、一九九八年秋、一三八~一四一ページ)およびパウル・シェーフェル「多文化主義のドラマ」(NRC・ハンデルスブラッド誌、二〇〇〇年一月)、マリー＝クレール・セシリア「オランダのイスラーム——統合モデルをめぐる議論」(二〇〇四年、http://www.islamlaicite.org/article285.html でアクセス可能)

(121) ピム・フォルタインにかんしてはピーター・ファン・デル・フェール「ピム・フォルタイン、テオ・ファン・ゴッホおよびオランダの寛容政策」(パブリック・カルチャー・ジャーナル誌、第一八巻、第一号、http://www.publicculture.org/articles/volume_18_number_1/pim_fortuyn_theo_van_gogh_and_th.)参照。テオ・ファン・ゴッホ殺害についてはイアン・ブルマ『アムステルダム殺人事件——テオ・ファン・ゴッホと寛容の限界』ロンドン、二〇〇六年、二七八ページ。アヤーン・ヒルシ・アリーは『不信心者』(仏語版『私の反抗的人生』パリ、ニル出版社、二〇〇六年)、『檻に入れられた処女——女性解放宣言とイスラーム』(ニューヨーク、フリープレス、二〇〇六年)など多数の本を出版している。

(122) ドニーズ・マソン(ガリマール、一九六七年)の翻訳ではその一節は以下のようになる。「男たちは女たちにたいして権威をもつ。神が女性より男性をこのんだからであり、また女性の生活を保証するために男性が出費をおこなうためである。貞潔な女性は敬虔である。彼女は神がまもられるものを秘密のなかにまもる。不実をおかす恐れのある女性を叱責せよ。そうした女を別室につれて行き、そこで打て。しかし女があなたに従順でいるなら、喧嘩をしてはならない。神はいとたかく、偉大である。」ジャック・ベルクの翻訳(アルバン・ミシェル、二〇〇二年)と比較してみよう。「男は女よりすぐれているが故に、また女のために出費をするが故に女を自分の責任下におく。一方、よい妻は敬虔で、神がまもられるものを不在のなかでまもる。不実をなす恐れのある女性には道徳を説き、臥所をともにせず、矯正せよ。しかし一度、女が従順になれば、(争いの)口実をもとめてはならない。神は荘厳で偉大である。」ふたつの翻訳のあいだにははっきりとした表現の強さのちがいがあることに気がつく。これはイスラーム教徒のあいだでもこの点について解釈がさまざまであることを反映している。

(123) このテクストはオランダ司法省のサイトで入手可能である。http://www.om.nl/dossier/moord_op_theo_van_gogh/moord_op_theo_van_gogh_documenten/20821/

(124) AIVD(オランダ情報・治安機関)の報告書『オランダにおけるジハード参加者徴募——偶発事からトレンドへ』五ページ、参照。http://english.nctb.nl/Images/Recruitment%20for%20the%20jihad%20in%20the%20Netherlands_tcm127-97477.pdf で入手可能。

(125) オランダ司法省サイトのブーヤリー裁判書類を参照。http://www.om.nl/dossier/moord_op_thoe_van_gogh/_moord_op_

theo_van_gogh_nieuwsberichten/25299/

（126）二〇〇五年一一月二七日日曜日のオランダのテレビ放送での発言。セプタントリオン誌（第三五巻第一号、二〇〇六年第一四半期、八二ページ）参照。

（127）二〇〇六年五月一一日、オランダ国営テレビＮＰＳは『聖アヤーン』という題のドキュメンタリー番組を放映した。そこで彼女は名前、誕生日、本当の身分、そして強制結婚にかんして嘘をついたと批判された。番組ビデオは www.zembla.vara.nl/dossiers.19630.html で視聴可能。

（128）オープン・ソサイアティー・インスティテュート「ヨーロッパ連合におけるイスラーム教徒――シティーズ・レポート、ヨーロッパ連合監視・唱道プログラム、デンマーク編――予備調査報告と文献調査」二〇〇七年、五ページ。http://www.eumap.org/topics/minority/reports/eumuslims/background_reports/download/denmark/denmark.pdf

（129）同右、二〇ページ。

（130）「デンマークの極右が保守的な外国人排斥感情を助長している」（ル・モンド紙、二〇〇六年二月九日）参照。

（131）「極右政党党首ピア・クラスゴーはイスラーム教徒を《ガン腫瘍》にたとえるなどして、外国人排斥的見解を陳腐化した」同右。

（132）二〇〇五年夏、『コーランと預言者ムハンマドの人生』という本を書いたカーレ・ブルイトゲンは著書に挿絵をえがく仕事をひきうける画家をひとりも見つけることができなかった。

（133）イランの日刊紙ハムシャフリー紙が主催したホロコーストにかんするカリカチュア・コンクールは二〇〇六年二月テヘランで開かれた。このコンクールをうけて、「イラン・カリカチュア」という協会が展覧会を開催し、六〇以上の国からおくられてきた一一〇〇点のカリカチュアから二〇〇点をえらんで作品が展示された。この展覧会は二〇〇六年九月一四日におわった。九月二日、五人のカリカチュア画家で構成された審査委員会が三点の「最優秀作」をえらび、受賞作には五千ドルから一万二千ドルの賞金がおくられた。

（134）二〇〇六年二月一一日にアル＝ジャズィーラ・ネットのサイトに掲載されたハーリド・シャムトの記事を参照。http://www.aljazeera.net/news/archive/archive?ArchiveId=310984

（135）二〇〇六年二月六日にイスラーム・オン・ラインのサイトに発表された「預言者擁護のための実践的勧告」と題された

アブドゥル・サッタール・ファトフ・アッラー・サイード博士との対談を参照。http://www.islamonline.net/LiveFatwa/Arabic?Browse.asp?hGuestID=pc58id

(136) ムハンマド・スィファーウィー『カリカチュア事件』パリ、プリヴェ出版、二〇〇六年。

(137) 二〇〇六年九月一五日、ル・モンド紙に掲載された記事「ベネディクト一六世の発言はカリカチュア事件より深刻な危機を発生させる恐れがある」参照。

(138) 二〇〇六年一二月一八日のアル＝アラビーヤ・ネットを参照。

(139) 第三章を参照。ビデオは http://www.youtube.com/watch?v=poYTuxHMvwk で視聴可能。

(140) テオドール・フーリー（序文、本文校訂、翻訳と注）『マヌエル二世パレオロゴス、イスラーム教徒との会見、第七論争』パリ、一九六六年、参照。

(141) 教皇庁のサイトで入手可能な注釈付き演説本文。http://www.vatican.va/holy_father/benedict_xvi/speeches/2006/september/dcouments/hf_ben-xvi_spe_20060912_universityregensburg_fr.html

(142) 一九三〇年にレバノンでうまれ、コーランのドイツ語訳をおこなったカトリック神学者テオドール・フーリー教授と、フランスのイスラーム学者ロジェ・アルナルデ（一九一一〜二〇〇六）。二人ともイスラームとキリスト教の対話に努力した。

(143) http://www.islamicamagazine.com/letter/ の「教皇聖下ベネディクト一六世への公開状」を参照。

(144) ジャン・ボラック、クリスチアン・ジャンベ、アブドゥルワッハーブ・メッデブ共著『レーゲンスブルク講演――その焦点と論争』に掲載されたアブドゥルワッハーブ・メッデブの明快な解説を参照（パリ、バイヤール、二〇〇七年、九一ページ）。

(145) ダニエル・ドンブ、サイモン・クーパー「イギリス人はイスラームに〈より不信感を〉もっている」（フィナンシャル・タイムズ紙、二〇〇七年八月一九日、http://www.ft.com/cms/s/0/114ea332-4e8a-11dc-85e7-000079fd2ac.html?nclick_check=1）

(146) ピュー・リサーチ・センター・プロジェクト、ピュー・グローバル・プロジェクト・アティテュード編『ヨーロッパのイスラーム教徒はより穏健――おおいなる亀裂、西洋人とイスラーム教徒はおたがいをどんな風に見ているか』ネイション・ピュー・グローバル・アティテュード・サーヴェイ、二〇〇六年六月二二日、www.pewglobal.org

(147) ドミニック・ラピエール、ラリー・コリンズ『パリは燃えているか？ 一九四四年八月二五日』パリ、ロベール・ラフォ

ン、一九六四年

(148) デブカ・ファイルの特別レポート「フランスにおけるラマダーン月の蜂起――ヨーロッパの時限爆弾?」二〇〇五年一一月七日。http://www.debka.com/article.php?aid=1107 で入手可能。

(149) ジハード・ウォッチは英米系のタブロイド新聞に掲載された記事を転載している。その一つが二〇〇五年一一月六日のシカゴ・サン・タイムズに掲載されたマーク・スタインの記事である。この記事は http://www.jihadwatch.org/ に転載され、http://orionnewsblog.blogspot.com/2005/11/muslim-riots-in-france-and-denmark.html に再掲された。

(150) ビデオは http://www.ogrish.com/archives/2005/french_riots.wmv. で入手可能。

(151) http://www.heraldtribune.com/apps/pbcs.dll/artic.e?AID=/20051104/API/511040531。また http://www.jihadwatch.org も参照。これはさらに http://orionnewsblog.blogspot.com/2005/11/muslim-riots-in-france-and-denmark.html に再掲。

(152) フランス郊外の暴動の際にCNNが参照したこのフランス地図はその後、たくさんのインターネットのサイトに掲載され、コメントされた。たとえば在米フランス人が運営するブログ、USメディア・ニューズ(http://usmedia.over-blog.com/article-1159693.html)

(153) ジェラール・モージェ『二〇〇五年一一月の暴動――前・政治的反抗』パリ、クロカン出版、二〇〇六年。

(154) ユーグ・ラグランジュ、マルコ・オベルチ『都市暴動と抗議――フランス的特殊性』パリ、政治学院、二〇〇六年。

(155) ファトワーのテクストはUOIFのサイトで入手可能。http://www.uoif-online.com/modules.php?op=modload&name=News&file=article&sid=414

終 章

(156) 「最近の出来事の解説、二〇〇七年一二月」という九七分三五秒のビデオ録画。http://lauramansfiled.com/Sm.rm

(157) サイイド・イマーム・シャリーフ(「ファドゥル博士」)「エジプトおよび世界におけるジハード主義者の行動指針にかんする文書」(二〇〇七年一一月一七日)参照。http://islamists2day-a.blogspot.com/2007/11/blog-post_26.html
ファドゥル博士はエジプトのリーマーン・トゥラ牢獄で日刊紙ハヤートのカイロ特派員のながいインタビューをうけ、それが二〇〇七年一二月八日から次のサイトに公開された。http://www.daralhayat.com/special/issues/12-2007/Item-20071207-b5cd7958-c0a8-10ed-00cl-a41e8318c8b6/story.html

訳者あとがき

本書はジル・ケペル著 *Terreur et Martyre: Relever le défi de civilisation*, Flammarion, 2008 の翻訳である。ケペルはフランスの代表的な現代アラブ世界研究者で、その著作は多くの言語に翻訳されているが、邦訳もすでに三点出版されている。『宗教の復讐』（晶文社、一九九二年）、『ジハードとフィトナ』（NTT出版、二〇〇五年）、『ジハード』（産業図書、二〇〇六年）であるが、著者の略歴や著作活動についてはそうした既刊書（とりわけ拙訳『ジハード』）の訳者あとがきに多少なりとも詳しい紹介が記述されているので、それを参考にしていただきたい。

原著奥付をみると本書は二〇〇八年二月に印刷されたとあるから、執筆は主として二〇〇七年におこなわれたものと思われる。もちろんオバマ大統領の当選以前、というより民主党の大統領候補予備選挙戦開始前夜であり、大統領選の行方はいまだまったく不明な時期である。しかし当時、すでにイラクでの戦況には出口がみえず、アフガニスタン状況も悪化し、「ブッシュの戦争」の道義性を信じるものは皆無となり、政権末期のブッシュ大統領の支持率は文字どおり地に落ちていた。そうした状況の中で書かれた本書において、ケペルは二〇〇一年以後の世界状況を《対テロ戦争》と《殉教》というふたつの《大きな物語》の世界認識の覇権をめぐる争いとして総括しようとする。ジハード主義者の論理や殉教礼讃が奇矯でその行為がおぞましいものであることは論をまたないが、九・一一テロを契機に展開されたブッシュ政権の外交戦略にたいしてヨーロッパ諸国がいだいた違和感もきわめて大きかった。オバマの大統領当選の報に沸いたのはアメリカ国民だけではなく、ヨーロッパでも熱狂的な反応がみられた。当選を報じるフランスのテレビ局の報道は過熱気味であり、ある局の番組ではワシントン駐在員が現地からの実況中継をしながら涙ぐむという信じられない光景さえ見られた。フランスでは「オバマニア（オバマ狂）」という言葉さえできたが、こうした反応は「オバマによってブッシュ時代の異常事態に終止符がうたれる」というヨーロッパの大きな期待を反映したものであろう。もちろん、いかに超大国とはいえ一国の大統領の交代だけで一変するほど国際情勢はやわな問題ではないだろうし、オバマの外交戦略もいまだ具体的な成果があがっているとは言い難い。またごく最近も飛行機自爆テロ未遂事件が報道され、アル＝カーイダとの関連がとりざたされ、過激イスラーム主義をめぐる世界の緊張はまだ継続している。とはいえアメリカの大統領交代は二〇〇一年に始まった歴史の一局面の折り返し点となったことは確かだろう。この折り返し点から歴史があたらしくどのような方向に進んでいくかを見定めるためにもヨーロッパの立場からブッシュ時代の国際情勢を総決算しようとした本書はおおくの興味深い視点をわれわれに提供してくれている。

もちろんケペルの真骨頂はアラブ世界の注意深い観察者として、イスラーム過激主義グループの動向の詳細と同時に運動の大きな展望をわれわれに提示してくれることにある。ジハード主義運動は一般大衆を組織化することをめざすのではなく、突出した活動家による「前衛運動」であるから、その活動は普通の政治団体のような形態をとらない。それはなによりもテロ活動とインターネットによって自分たちの存在を誇示するのである。本書にみられるとおり、ケペルはネットに流された情報を縦横無尽に利用して、当然のことながら輪郭のつかみにくい地下組織グループの思想・戦略を解明していく。ケペルによればジハード主義運動は三つの時期に分類される。第一は八〇年代以来エジプトやアルジェリアで展開された自国のナショナリスト政権打倒をめざす「近くの敵」戦略時代、つぎにそれが挫折した後、欧米を標的にした「遠くの敵」戦略時代（九・一一テロがその頂点となる）。そしてビン・ラーディンとアル＝カーイダによる超大国アメリカを相手にした国際的ジハード運動がアメリカの圧倒的な軍事力・情報力による弾圧で壊滅的打撃をうけた後、第三の世代が出現し、あらたなジハード戦略をうちだしたとケペルは論じる。それは中央の指令機関をもたず、各地に散在する同調者が現地で自発的に小規模なテロを実行し、そうしたテロをつうじて公的機関が介入できないような例外的な地域を形成し、その拡大をつうじて最終的に世界的イスラーム革命を実現するという戦略である。中央的な機関がないと（九・一一のような）大きな資金やロジスティックを必要とする大規模な作戦行動は実行できないが、治安当局による捜査の網にはかかりにくい。また欧米先進国にとってはたとえ小規模のテロでもその反響は大きく、社会を混乱させるに十分な力をもつ。そうした欧米社会の混乱がイスラーム民衆を鼓舞し、真の信仰への覚醒をうながすと彼らは期待するのである。つまりこの「第三の世代」は、ネット時代にふさわしいヴァーチャルな世界での連帯が命令系統が確立された組織の代わりとなると考えるのだが、こうした戦略を提示したのはビン・ラーディンの側近のひとりでありながら、かれに批判的な立場をとるようになったスーリーという人物である。近年、イスラーム過激主義の周辺にいる人物によるテロ事件が頻発しているが、ケペルはそうした事件がスーリーの戦略と合致する要素が多いと示唆する。もちろん、そうした事件の当事者がスーリーの著作から直接影響をうけたかどうかは不明である（とケペル自身が留保をつけている）が、有名なザルカーウィーへのアル＝カーイダ・ブランドの「フランチャイズ」化などは確かにそうした方向へのステップのひとつと考えられるし、イスラーム世界の各地にビン＝ラーディンとの関連性が不明なままアル＝カーイダという名称を冠する組織が出現しているのをみると、説得力のある議論である。

ケペルはイスラーム世界の研究家であると同時に、ヨーロッパ社会における宗教現象の動向を分析する社会学者でもあり、この方面での著作も数多くある。実際、イスラーム系移民出身者を地域内におおくかかえたヨーロッパにおいてイスラームは国際政治の問題であるだけではなく、「国内問題」でもある。ハンチントンは世界が欧米、イスラーム、中華圏など宗教的伝統をベースにしたいくつかの「文明圏」にわけられるとし、そうした文明圏の境界に「文明の断層線」があって、異なった文明相互で必然的に「衝突」がおきると論じた。ハンチントンの「文明論」の本質主義的・運命主義的要素を共有することなくこのイメージ喚起力の強い言葉を借用することができるとすれば、ヨーロッパはその内部にこの「文明の断層線」をもっている。ケペルは本書の第四章においてヨーロッパ内部にあるこの文明の断層線にそっておこったいくつかの事件を詳細に論じる。ロンドン・テロ、ファン・ゴッホ殺人事件、預言者ムハンマド・カリカチュアー事件、教皇ベネディクト一六世発言事件、フランス大都市郊外暴動事件……。こうした事件の分析をとおしてケペルはヨーロッパにおける社会統合のあり方の国ごとの伝統の違いを明らかにする。この点にかんするケペルの結論を単純化すれば、《多文化主義モデルの破綻とフランス的統合モデルの成功》と要約することができよう。ケペルによれば、異文化の自律性を尊重すると称して、実際には異文化間の交流を拒絶し、隔離主義的政策をとってきた多文化主義の国々は多文化主義モデルの破綻を自覚し、従来の政策を放棄しつつある。それに対してフランスの共和主義的統合モデルは移民統合に成功した。たしかに二〇〇五年の郊外暴動のような事件はあったが、それは都市貧困層・失業青年の存在（それが移民出身者グループと重なる部分がかなりあるとしても）という社会問題であって、民族問題ではない……。この点にかんしては、なぜフランスにおいてはそうなのに、たとえば多文化主義を「国是」としてきたイギリスにおいてはそうではないのか、という反論がおこるかもしれない。実際、本書でも言及されたガーディアン誌への寄稿でターリク・ラマダーンはイギリスにおいて「イスラーム問題」とされているものが実際には社会問題であり、イギリスの世論は解決できない社会問題の責任を「イギリス的なるものを受け入れようとしないイスラーム系住民の特殊性」という口実で回避しているだけだと批判したのである。

ケペルのこうした議論のなかで弊害を指摘される多文化主義の内容については行き届いた説明がされているが、その対極にあるとされる「フランスの共和主義的統合モデル」が具体的にどんな政策を指して言われているのかが明言されていない点や、タータリク・ラマダーンなどの「イスラーム主義者」とヨーロッパの反グローバリゼーション運動や極左勢力との連携について皮肉なコメントが付されるだけで詳細な分析がない点など，本書についてさまざまな批判が可能であるに違いない。しかし、これは望蜀の嘆であろう。一冊の著作としてはすでに十分大部の本書において扱うにはそうした問題はあまりにも複雑であるからだ。ケペルの旺盛な執筆活動がそうした側面もカバーする日がくることを期待したい。

＊＊＊

前回の『ジハード』にひきつづき、本書の翻訳に際してもイスラーム関係の固有名詞の標記に関しては斉藤剛氏の協力をあおいだ。前回同様、細心の調査をいただき、氏には深く感謝をもうしあげたい。

最後に、編集・校正は鈴木正昭氏の手をおわずらわせした。心からお礼をもうしあげる。

二〇一〇年一月

丸岡高弘

Robert CASTEL, *La Discrimination négative : citoyens ou indigènes ?*, Paris, Seuil, 2007.

Jeanne FAVRET-SAADA, *Comment produire une crise mondiale avec douze petits dessins*, Paris, Les Prairies Ordinaires, 2007.

Mario GIRO, *Gli occhi di un bambino ebreo : storia di Merzoug terrorista pentito*, Milan, Guerini e associati, 2005.

Robert KAGAN, *Of Paradise and Power : America and Europe in the New World Order*, New York, Knopf, 2003. (Trad. fr. : *La Puissance et la Faiblesse, L'Europe et les États-Unis ont-ils encore un avenir commun ?*, Paris, Plon, 2003.)

Gilles KEPEL, *À l'ouest d'Allah*, Paris, Seuil, 1994.

Théodore KHOURY (Introduction, texte critique, traduction et notes), *Manuel II Paléologue, Entretiens avec un musulman, 7ème Controverse*, Paris, Cerf, 1966.

Stathis KOUVELAKIS, *La France en révolte, Luttes sociales et cycles politiques*, Paris, Textuel, 2007.

Hugues LAGRANGE, Marc OBERTI, *Émeutes urbaines et protestations : une singularité française*, Paris, Les Presses de Sciences-Po, 2006.

Nafeez MOSADDEQ AHMED, *The London Bombings*, London, Duckworth & Co, 2006.

Laurent MUCCHIELLI, Véronique GOAZIOU, *Quand les banlieues brûlent, Retour sur les émeutes de novembre 2005*, Paris, La Découverte, 2007.

Mohamed SIFAOUI, *L'Affaire des caricatures*, Paris, Éditions Privé, 2006.

Mark STEYN, *America Alone : The End of the World As We Know It*, New York, Regnery Publishing, 2006.

Lorenzo VIDINO, *Al-Qaeda in Europe : The New Battleground of International Jihad*, New York, Prometheus Books, 2005.

Christophe de VOOGD, *Histoire des Pays-Bas des origines à nos jours*, Paris, Fayard, 2004.

Bat YE'OR, *Eurabia, the Euro-Arab Axis*, Washington, Fairleigh Dickinson U.P., 2006. (Trad. fr. : *Eurabia, l'axe euro-arabe*, Paris, Jean-Cyril Godefroy, 2006.)

Palgrave, 2004.
Jean-Charles BRISARD, Damien MARTINEZ, *Zarkaoui, Le nouveau visage d'Al-Qaida*, Paris, Fayard, 2005.
David COOK, *Understanding Jihad*, California, University of California Press, 2005.
Fawaz A. GERGES, *The Far Enemy : Why Jihad Went Global*, New York, Cambridge U.P., 2005.
Fu'ad HUSSEIN : *Al Zarqawi, al jil al thalith li al qa'ida* [Zarqawi, la troisième génération d'Al-Qaida], Beyrouth, Dar al Khiyal, 2005.
Raymond IBRAHIM, *The Al Qaeda Reader*, New York, Broadway Books, 2007.
Gilles KEPEL, Jean-Pierre MILELLI (dir.), *Al-Qaida dans le texte*, Paris, PUF, 2005.
Bruce LAWRENCE, James HOWARTH, Osama bin LADEN, *Messages to the World : the Statements of Osama bin Laden*, London, Verso, 2005.
Brynjar LIA, *Architect of Global Jihad : The Life of Al Qaeda Strategist Abu Mus'ab al-Suri*, London, Hurst & Co, 2007.
Loretta NAPOLEONI, *Insurgent Iraq : Al Zarqawi and the New Generation*, New York, Seven Stories Press, 2005.

第四章

Bruce BAWER, *While Europe Slept : How Radical Islam is Destroying the West from Within*, New York, Doubleday, Random House, 2006.
Jean BOLLACK, Christian JAMBET, Abdelwahab MEDDEB, *La Conférence de Ratisbonne : enjeux et controverses*, Paris, Bayard, 2007.
Sylvain BROUARD, Vincent TIBERJ, *Français comme les autres ? Enquête sur les citoyens d'origine maghrébine, africaine et turque*, Paris, Les Presses de Sciences-Po, 2005.
Ian BURUMA, *Murder in Amsterdam : The Death of Theo van Gogh and the Limits of Tolerance*, London, Atlantic Books, 2006. (Trad. fr. *On a tué Théo Van Gogh. Enquête sur la fin de l'Europe des Lumières*, Paris, Flammarion, 2006.)

al hadi, 2004

Naim QASSEM, *Hizbullah : The Story from Within*, Saqi, London, 2005. (Trad. anglaise modifiée du précédent.)

Christoph REUTER, *My Life is a Weapon : A Modern History of Suicide Bombing*, Princeton, Princeton U.P., 2004.

Marc SAGEMAN, *Understanding Terror Networks*, New York, U. Penn Press, 2004. (Trad. fr. : Marc SAGEMAN, Maurice BERRAC, *Le Vrai Visage des terroristes : psychologie et sociologie des acteurs du jihad*, Paris, Denoël, 2005.)

Amal SAAD-GHORAYEB, *Hizbu'llah : Politics Religion*, London, Pluto, 2002.

Rif'at SAYYED AHMED, *Hassan Nasrallah : tha'ir min al janoub* [Hassan Nasrallah : un révolutionnaire du sud], Damas, Dar al kitab al 'arabi, 2006.

Ray TAKEYH, *Hidden Iran : Paradox and Power in the Islamic Republic*, New York, Times Books, 2006.

Azzam TAMIMI, *Hamas : Unwritten Chapters*, London, Hurst & Co, 2007.

Virginia TILLEY, *The One-State Solution, A Breakthrough for Peace in the Israeli-Palestinian Deadlock*, Ann Arbor, U. of Michigan Press, 2005.

Barbara VICTOR, *Army of Roses : Inside the World of Palestinian Women Suicide Bombers*, New York, Rodale Books, 2003. (Trad. fr. : *Shahidas, Les femmes kamikazes en Palestine*, Paris, Flammarion, 2004.)

Lawrence WRIGHT, *The Looming Tower : Al Qaida and the Road to 9/11*, New York, Knopf, 2006. (Trad. fr. : *La Guerre cachée, Al Qaida et les origines du terrorisme islamiste*, Paris, Robert Laffont, 2007.)

第三章

Abdel Bari ATWAN, *The Secret History of al-Qa'ida*, London, Saqi, 2006.

Richard BONNEY, *Jihâd : From Qor'ân to bin Laden*, London,

Khaled HROUB, *Hamas : Political Thought and Practice*, Washington, Institute for Palestine Studies, 2000.

Alireza JAFARZADEH, *The Iran Threat : President Ahmadinejad and the Coming Nuclear Crisis*, New York, Palgrave, 2007.

Avi JORISCH, *Beacon of Hatred : Inside Hizballah's Al-Manar Television*, Washington, WINEP, 2004.

Farhad KHOSROKHAVAR, *Les Nouveaux Martyrs d'Allah*, Paris, Flammarion, 2002.

Farhad KHOSROKHAVAR, *Quand Al-Qaida parle, Témoignages derrière les barreaux*, Paris, Grasset, 2006.

Yossi MELMAN & Meir JAVEDANFAR, *The Nuclear Sphinx of Tehran : Mahmoud Ahmedinejad and the State of Iran*, New York, Carroll and Graf Publishers, 2007.

Shaul MISHAL & Avraham SELA, *The Palestinian Hamas : Vision, Violence and Coexistence*, New York, Columbia U.P., 2000.

Aminah MOHAMMAD-ARIF, Jean SCHMITZ (éd.), *Figures d'Islam après le 11 Septembre : disciples et martyrs, réfugiés et migrants*, Paris, Karthala, 2006.

Yitzhak NAKASH, *Reaching for Power : The Shia in the Modern Arab World*, Princeton, Princeton U.P., 2006.

Vali NASR, *The Shia Revival : How Conflicts within Islam will Shape the Future*, New York, Norton, 2005.

Nichols NOE, *Voice of Hezbollah : The Statements of Sayyed Hassan Nasrallah*, London, Verso, 2007.

Augustus Richard NORTON, *Hezbollah*, Princeton, Princeton U.P., 2007.

Anne Marie OLIVER & Paul F. STEINBERG, *The Road to Martyrs' Square : A Journey into the World of the Suicide Bomber*, New York, Oxford U P., 2005.

Robert A. PAPE, *Dying to Win : The Strategic Logic of Suicide Terrorism*, New York, Random House, 2005.

Naim QASSEM, *Al Mehdi al Mukhaless* [Le Mahdi sauveur], Beyrouth, Dar al hadi, 2007.

Naim QASSEM, *Hezb allah : al minhaj, al tajriba, al mustaqbal* [Hezbollah : la doctrine, l'expérience, le futur], Beyrouth, Dar

Ali M. ANSARI, *Iran, Islam and Democracy : the Politics of Managing Change*, London, Chatham House, 2nd ed. 2006.

Talal ASAD, *On Suicide Bombing (The Welleck Library Lectures)*, New York, Columbia U.P., 2007.

Christian BAUDELOT, Roger ESTABLET, *Suicide : l'envers de notre monde*, Paris, Seuil, 2006.

Mia BLOOM, *Dying to Kill : The Allure of Suicide Bombing*, New York, Columbia U.P., 2005.

Abbas Ahmad Al-BOSTANI (trad.), *L'Imam al-Husayn et le jour de 'Âchourâ*, Paris, Bibliothèque Ahl-Elbeit, 1984.

Zaki CHEHAB, *Inside Hamas : The Untold Story of the Militant Islamic Movement*, New York, Nation Books, 2007.

David COOK, *Martyrdom in Islam*, New York, Cambridge U.P., 2007.

Thierry COVILLE, *Iran : la révolution invisible*, Paris, La Découverte, 2007.

Hamid DABASHI, *Iran : A People Interrupted*, New York, The New Press, 2007.

Felice DASSETTO, Brigitte MARÉCHAL (dir.), « Le suicide offensif en islam », *Maghreb Machrek*, n° 186, hiver 2005-2006.

Thérèse DELPECH, *L'Iran, la bombe et la démission des nations*, Paris, Autrement, 2006.

Thérèse DELPECH, *Le Grand Perturbateur : réflexions sur la question iranienne*, Paris, Grasset, 2007.

The Emirates Centre for Strategic Studies and Research, *Iran's Nuclear Program : Realities and Repercussions*, Abu Dhabi, ECSSR, 2006.

Reuven FIRESTONE, *Jihad : The Origin of Holy War in Islam*, New York, Oxford U.P., 1999.

Diego GAMBETTA (ed.), *Making Sense of Suicide Missions*, London, Oxford U.P., 2005.

René GIRARD, *La Violence et le Sacré*, Paris, Hachette Pluriel, rééd. 1990.

Mohammed M. HAFEZ, *Manufacturing Human Bombs : The Making of Palestinian Suicide Bombers*, Washington, USIP Press, 2006.

américaine, Paris, La Découverte, 2007.)
John MUELLER, *Overblown : How Politicians and the Terrorism Industry Inflate National Security Threats, and Why We Believe Them*, New York, Free Press, 2006.
George PACKER, *The Assassins' Gate : America in Iraq*, New York, Farrar, Straus and Giroux, 2005.
Kenneth M. POLLACK, *The Persian Puzzle : The Conflict Between Iran and America*, New York, Random House, 2005.
Christopher PREBLE (dir.), *Exiting Iraq : Why the U.S. Must End the Military Occupation and Renew the War Against Al Qaeda*, Washington, CATO Institute, 2004.
Louise RICHARDSON, *What Terrorists Want : Understanding the Enemy, Containing the Threat*, New York, Random House, 2006.
Thomas RICKS, *Fiasco : The American Military Adventure in Iraq*, New York, Penguin, 2006.
Alan K. SIMPSON, *The Iraq Study Group Report*, Washington D.C., United States Institute for Peace, 2006.
Julianne SMITH & Thomas SANDERSON (ed.), *Five Years after 9/11 : an Assessment of America's War on Terror*, Washington, CSIS Press, 2006.
Bob WOODWARD, *State of Denial : Bush at War Part III*, New York, Simon & Schuster, 2006.
John YOO, *War by Other Means : An Insider's Account of the War on Terror*, New York, Atlantic Monthly Press, 2006.

第二章

Joseph ALAGHA, *The Shifts in Hizbullah's Ideology : Religious Ideology, Political Ideology and Political Program*, Amsterdam, Amsterdam U.P., 2006.
Nasser Hassan ʿALIQ, *Falsafat al istish.had ; Allah wa-l watan fi khitab al muqawama al islamiyya* [La philosophie du martyre ; Allah et la nation dans le discours de la résistance islamique], Beyrouth, Dar al Mawassim, 2004.

London, Hurst & Co, 2006.
Jack GOLDSMITH, *The Terror Presidency, Law and Judgment inside the Bush Administration*, New York, Norton, 2007.
Michael R. GORDON & General Bernard E. TRAINOR, *Cobra II : The Inside Story of the Invasion and Occupation of Iraq*, New York, Pantheon, 2006.
Philip GORDON, *Winning the Right War : The Path to Security for Iraq and the World*, New York, Times Books, 2007.
Karen J. GREENBERG (ed.), *The Torture Debate in America*, New York, Cambridge U.P., 2006.
Karen J. GREENBERG & Joshua L. DRATEL, *The Torture Papers : the Road to Abu Ghraib*, New York, Cambridge U.P., 2005.
Mohammed M. HAFEZ, *Suicide Bombings in Iraq : The Strategy and Ideology of Martyrdom*, Washington D.C., United States Institute of Peace Press, 2007.
Ahmed S. HASHIM, *Insurgency and Counter-insurgency in Iraq*, London, Hurst & Co, 2006.
Eric HERRING & Glen RANGWALA, *Iraq in Fragments : The Occupation and its Legacy*, New York, Cornell U.P., 2006.
Seymour HERSH, *Chain of Command*, New York, Harper Collins, 2004. (Trad. fr. : *Dommages collatéraux, La face obscure de la guerre contre le terrorisme*, Paris, Gallimard, 2005.)
Faleh A. JABAR, *The Shi'ite Movement in Iraq*, London, Saqi, 2003.
Robert KAGAN, *Dangerous Nation, America's Place in the World from its Earliest Days to the Dawn of the Twentieth Century*, New York, Knopf, 2006.
Fanny LAFOURCADE, *Le Chaos irakien, Dix clefs pour comprendre*, Paris, La Découverte, 2007.
Brynjar LIA, *Globalisation and the Future of Terrorism, Patterns and Predictions*, London, Routledge, 2005.
Joseph MARGULIES, *Guantánamo and the Abuse of Presidential Power*, New York, Simon & Schuster, 2006.
John J. MEARSHEIMER & Stephen M. WALT, *The Israel Lobby and U. S. Foreign Policy*, New York, Farrar, Straus and Giroux, 2007. (Trad. fr. : *Le Lobby pro-israélien et la politique étrangère*

文　献

この文献表は網羅的なものではない。また研究書ばかりではなくさまざまな陣営に属する著者による論争的な文書もふくまれている。

第一章

Giorgio AGAMBEN, *Moyens sans fin*, Paris, Rivages, 1995.
Fouad AJAMI, *The Foreigner's Gift : The Americans, the Arabs and the Iraqis in Iraq*, New York, The Free Press, 2006.
Ali A ALLAWI, *The Occupation of Iraq : Winning the War, Loosing the Peace*, New Haven and London, Yale U.P., 2007.
L. Paul BREMER III, *My Year in Iraq : The Struggle to Build a Future of Hope*, New York, Simon & Schuster, 2005.
Kurt CAMPBELL & Michael E. O'HANLON, *Hard Power : The New Politics of National Security*, New York, Basic Books, 2006.
Rajiv CHANDRASEKARAN, *Imperial Life in the Emerald City : Inside Iraq's Green Zone*, New York, Knopf, 2006.
Youssef COURBAGE, Emmanuel TODD, *Le Rendez-vous des civilisations*, Paris, Seuil, 2007.
Ivo H. DAANLDER & James M. LINDSAY, *America Unbound : The Bush Revolution in Foreign Policy*, Washington D.C., Brookings Institution Press, 2003.
Marc DANNER, *Torture and Truth : America, Abu Ghraib and the War on Terror*, London, Granta, 2004.
Larry DIAMOND, *Squandered Victory · The American Occupation and the Bungled Effort to bring Democracy to Iraq*, New York, Henry Holt, 2005 (réed. 2006).
Philippe DROZ-VINCENT, *Les Vertiges de la puissance. « Le moment américain » au Moyen-Orient*, Paris, La Découverte, 2007.
Sigrid FAATH (ed.), *Anti-Americanism in the Islamic World,*

リ

ル

レ

ワ

ミ

ム

メ

モ

ヤ

ヨ

ラ

へ

ホ

マ

ヒ

フ

コ

サ

シ

ス

エ

オ

カ

キ

ク

ケ

イ

ウ

索　引

ア

〈訳者略歴〉

丸岡高弘（まるおか　たかひろ）

1975年　東京大学文学部仏文科卒業
1978年　東京大学大学院人文科学研究科修士課程修了
1986年　パリ第三大学第三課程博士
現　在　南山大学外国語学部教授

テロと殉教—「文明の衝突」をこえて—

2010年3月15日　初　版

著　者　ジル・ケペル
訳　者　丸岡高弘
発行者　飯塚尚彦
発行所　産業図書株式会社
〒102-0072 東京都千代田区飯田橋 2-11-3
電話 03（3261）7821(代)
FAX 03（3239）2178
http://www.san-to.co.jp
装　幀　戸田ツトム

印刷・平河工業社　製本・小高製本工業
ISBN978-4-7828-0167-3　C0031

ジハード
イスラム主義の発展と衰退

ジル・ケペル
丸岡高弘　訳

A5 判・上製
662 頁
5460 円（税込）
ISBN978-4-7828-0158-1

イランでイスラム主義革命は成功したのに、なぜアルジェリアでは成功しなかったのか。現在、なぜイスラム主義者の多くが民主主義を支持するようになったのか。同時多発テロにおけるビンラディーンの戦略的意図は何か…。現代アラブ社会研究の第一人者が世界のイスラム主義運動を統合的に分析する。